高职高专规划教材

商务沟通与谈判

第二版

高 琳　林宇乔　主编

化学工业出版社

·北京·

本书是经济管理类的教材。全书从实践出发，以必要的商务沟通与谈判理论为依据，以培养商务沟通与谈判的实际技能为重点，对商务沟通与谈判的基本理论和在实际中的具体运用做了全面的阐述，使理论与实践紧密地结合在一起。

本书主要介绍了商务写作、沟通技巧、公共关系与礼仪、商务谈判四大模块。每一大模块中又包含一些具体技能，并采取了"知识铺垫——方法和技能培养——实践能力演练"的模块化设计，将能力培养贯穿于教材内容的始终，从而实现了知识学习与技能提升的有机统一。本书内容新颖、通俗生动，突出知识的系统性和实用性，强调实践能力的培养。各章均设计安排了学习目标、回顾与小结、讨论题等内容，并在各章正文中穿插有实例，为该课程的教学提供方便。

本书可作为高职高专经济类、管理类等相关专业的专业课教材，也可作为高职高专各专业的公共基础课教材，还可作为各企事业单位公共关系工作人员的培训教材和参考读物。

图书在版编目（CIP）数据

商务沟通与谈判/高琳，林宇乔主编．—2版．—北京：化学工业出版社，2015.4（2023.1重印）
高职高专规划教材
ISBN 978-7-122-23277-9

Ⅰ.①商… Ⅱ.①高…②林… Ⅲ.①商务谈判-高等职业教育-教材 Ⅳ.①F715.4

中国版本图书馆CIP数据核字（2015）第045634号

责任编辑：于 卉	文字编辑：赵爱萍
责任校对：蒋 宇	装帧设计：关 飞

出版发行：化学工业出版社（北京市东城区青年湖南街13号　邮政编码100011）
印　　装：涿州市般润文化传播有限公司
787mm×1092mm　1/16　印张13½　字数345千字　2023年1月北京第2版第7次印刷

购书咨询：010-64518888　　　　　　　　　　售后服务：010-64518899
网　　址：http://www.cip.com.cn

凡购买本书，如有缺损质量问题，本社销售中心负责调换。

定　价：39.00元　　　　　　　　　　　　　　　　　　版权所有　违者必究

编写人员名单

主　　编　高　琳（广东食品药品职业学院）

　　　　　林宇乔（广东食品药品职业学院）

编写人员　（按姓名笔画排序）

　　　　　于丽萍（广东食品药品职业学院）

　　　　　王涛涛（广东工程职业技术学院）

　　　　　严立浩（广东食品药品职业学院）

　　　　　时　健（沈阳药科大学高等职业技术学院）

　　　　　吴　蕊（广东食品药品职业学院）

　　　　　林宇乔（广东食品药品职业学院）

　　　　　高　琳（广东食品药品职业学院）

第二版前言

商务沟通与谈判技巧是一种工具，一种技能，它能适用于日常管理以及项目运作，不一而足。商务沟通与谈判的原则、策略、方法、技巧，是现代商务人员必须掌握的一项职业技能。为此，我们从培养高等技能型人才的目标出发，以商务沟通与谈判的实务程序与谈判要素为线索，精心设计《商务沟通与谈判》的内容体系，力求生动、易懂、实用、系统而又实际地反映商务沟通与谈判的实务内容与方法。

本书从适应高职教育的需要，培养生产、管理、服务第一线所需高等技术应用型专门人才的需要，强化学生综合职业能力的培养，基础理论知识的创新和整体素质的提高。本书编写的指导思想是，从实践出发，以必要的商务沟通与谈判理论为依据，以培养商务沟通与谈判的实际技能为重点，对商务沟通与谈判的基本理论和在实际中的具体运用做了全面的阐述，使理论与实践紧密地结合在一起。

本书的内容主要包括了商务写作、沟通技巧、公共关系与礼仪、商务谈判四大模块。每一大模块中又包含一些具体技能，并采取了"知识铺垫—方法和技能培养—实践能力演练"的模块化设计，将能力培养贯穿于教材内容的始终，从而实现了知识学习与技能提升的有机统一。本书内容新颖、通俗生动，突出知识的系统性和实用性，强调实践能力的培养。各章均设计安排了学习目标、回顾与小结、讨论题等内容，并在各章正文中穿插有实例和背景资料，为该课程的教学提供方便。本书在2009年初版基础上，在各大模块后面添加了不同形式的实训内容，让学生及时运用所学理论知识进行有针对性的实训，从而强化理论内容的掌握。

本书由高职院校的专业教师分工编写而成，广东食品药品职业学院高琳、林宇乔任主编。具体分工是，于丽萍、时健负责第Ⅰ模块的编写；严立浩、王涛涛负责第Ⅱ模块的编写；吴蕊负责第Ⅲ模块的编写；高琳负责第Ⅳ模块的编写；林宇乔负责各大模块的实训内容的编写。全书的框架与结构策划以及修改定稿由高琳、林宇乔完成。

本书可作为高职高专经济类、管理类等相关专业的专业课教材，也可作为高职高专各专业的公共基础课教材，还可作为各企事业单位公共关系工作人员的培训教材和参考读物。

本书在编写过程中，得到了广州市合生元生物制品有限公司朱定平经理的大力支持和帮助，广东食品药品职业学院吴海侠主任在本书再版过程中提出了宝贵意见，在此一并表示感谢。

商务沟通与谈判是一门涉及面广、实践性强的综合性课程，由于笔者水平有限，书中难免存在不足之处，敬请同行专家和广大读者批评指正。

编　者
2015年2月

目 录

第Ⅰ模块 商务写作

第一章 行政公文 —————————————————————— 2

第一节 行政沟通的概述 ··· 2
一、行政公文的概念 ··· 2
二、行政公文的特点 ··· 2
三、行政公文的作用 ··· 3
四、行政公文的种类 ··· 3
五、行政公文的语言要求 ··· 4
六、行政公文的格式 ··· 4

第二节 通告 ··· 6
一、通告的概念 ··· 6
二、通告的分类 ··· 6
三、通告的特点 ··· 7
四、通告的结构与写作要求 ·· 7
五、例文与评析 ··· 7
六、病文与评析 ··· 8

第三节 通知 ··· 8
一、通知的概念 ··· 8
二、通知的分类 ··· 9
三、通知的特点 ··· 9
四、通知的结构与写作要求 ·· 9
五、例文与评析 ··· 9
六、病文与评析 ··· 10

第四节 通报 ··· 11
一、通报的概念 ··· 11
二、通报的分类 ··· 11
三、通报的特点 ··· 11
四、通报的结构与写作要求 ·· 11
五、例文与评析 ··· 12
六、病文与评析 ··· 12

第五节 报告 ··· 13
一、报告的概念 ··· 13
二、报告的分类 ··· 13
三、报告的特点 ··· 13
四、报告的结构与写作要求 ·· 13
五、例文与评析 ··· 14

六、病文与评析 …………………………………………………………… 14
第六节　请示 …………………………………………………………………… 15
　　一、请示的概念 …………………………………………………………… 15
　　二、请示的分类 …………………………………………………………… 15
　　三、请示的特点 …………………………………………………………… 16
　　四、请示的结构与写作要求 ……………………………………………… 16
　　五、例文与评析 …………………………………………………………… 16
　　六、病文与评析 …………………………………………………………… 17
第七节　批复 …………………………………………………………………… 18
　　一、批复的概念 …………………………………………………………… 18
　　二、批复的分类 …………………………………………………………… 18
　　三、批复的特点 …………………………………………………………… 18
　　四、批复的结构与写作要求 ……………………………………………… 18
　　五、例文与评析 …………………………………………………………… 19
　　六、病文与评析 …………………………………………………………… 19
第八节　函 ……………………………………………………………………… 20
　　一、函的概念 ……………………………………………………………… 20
　　二、函的分类 ……………………………………………………………… 20
　　三、函的特点 ……………………………………………………………… 20
　　四、函的结构与写作要求 ………………………………………………… 20
　　五、例文与评析 …………………………………………………………… 21
　　六、病文与评析 …………………………………………………………… 21
第九节　会议纪要 ……………………………………………………………… 21
　　一、会议纪要的概念 ……………………………………………………… 21
　　二、会议纪要的分类 ……………………………………………………… 22
　　三、会议纪要的特点 ……………………………………………………… 22
　　四、会议纪要的结构与写作要求 ………………………………………… 22
　　五、例文与评析 …………………………………………………………… 22
　　六、病文与评析 …………………………………………………………… 23
第十节　行政公文写作实训 …………………………………………………… 24

第二章　商务文书 ——————————————————————— 26

第一节　计划 …………………………………………………………………… 26
　　一、计划的概念 …………………………………………………………… 26
　　二、计划的特点 …………………………………………………………… 26
　　三、计划的类型 …………………………………………………………… 26
　　四、计划的格式和一般写法 ……………………………………………… 26
　　五、例文 …………………………………………………………………… 27
　　六、病文与评析 …………………………………………………………… 28
第二节　总结 …………………………………………………………………… 28
　　一、总结的概念 …………………………………………………………… 28
　　二、总结的特点 …………………………………………………………… 28
　　三、总结的类型 …………………………………………………………… 28
　　四、总结的格式和一般写法 ……………………………………………… 28

五、例文 ··· 29
　　六、病文与评析 ·· 30
　第三节　调查报告 ·· 31
　　一、调查报告概述 ·· 31
　　二、调查报告的格式和一般写法 ·· 31
　　三、例文 ··· 32
　　四、病文与评析 ·· 33
　第四节　经济活动分析报告 ··· 34
　　一、经济活动分析报告概述 ··· 34
　　二、经济活动分析报告的格式和一般写法 ···························· 35
　　三、例文 ··· 36
　　四、病文与评析 ·· 36
　第五节　可行性研究报告 ·· 38
　　一、可行性研究报告概述 ·· 38
　　二、可行性研究报告的格式和一般写法 ······························· 38
　　三、例文 ··· 38
　　四、病例与评析 ·· 40
　第六节　合同类文书 ·· 41
　　一、意向书概述 ·· 41
　　二、经济合同概述 ··· 43
　　三、授权委托书概述 ·· 48
　　四、招标书概述 ·· 51
　　五、投标书概述 ·· 54
　第七节　商务文书写作实训 ··· 57

第Ⅱ模块　沟通技巧

第三章　沟通的概述 —————————————— 60
　第一节　沟通的概念 ·· 60
　　一、沟通的定义 ·· 60
　　二、沟通的类型 ·· 61
　　三、沟通模型 ··· 62
　第二节　有效沟通的原则及程序 ··· 63
　　一、有效沟通的原则 ·· 63
　　二、有效沟通的程序 ·· 64

第四章　有效沟通技巧（一）——听话的技巧 —————— 67
　第一节　全心的投入 ·· 67
　　一、专注 ··· 67
　　二、跟随 ··· 68
　　三、保持公正 ··· 70
　第二节　适当的鼓励 ·· 71
　　一、启发 ··· 72

二、提问 ··· 73
　　三、复述 ··· 74
　　四、保持沉默 ··· 74

第五章　有效沟通技巧（二）——说话的技巧 —— 76
第一节　说话前的准备 ·· 76
　　一、分析听话者 ··· 76
　　二、选择话题 ··· 78
第二节　恰当的表达 ·· 79
　　一、注意场合和对象 ··· 79
　　二、把握时机 ··· 81
　　三、控制语言 ··· 82
　　四、美化声音 ··· 86

第六章　非语言沟通技巧 —— 89
第一节　非语言沟通概述 ·· 89
　　一、非语言沟通的定义 ··· 89
　　二、非语言沟通与语言沟通的关系 ··· 90
　　三、非语言沟通主要功能 ··· 90
第二节　非语言信息解析 ·· 91
　　一、常见形体语言解析 ··· 91
　　二、姿势的解析 ··· 91
　　三、眼神的解析 ··· 91
　　四、形体暗示的辨析 ··· 92
　　五、空间暗示的解析 ··· 93
　　六、时间暗示的解析 ··· 94
　　七、沟通距离的解析 ··· 94
　　八、音质的解析 ··· 95

第七章　与领导沟通的技巧 —— 98
第一节　领导者的领导风格 ·· 98
第二节　与不同风格的领导沟通的技巧 ·· 101

第八章　与下属沟通的技巧 —— 104
第一节　与下属进行日常沟通的技巧 ·· 104
第二节　命令和赞扬下属的技巧 ·· 106
　　一、向下属下达命令的技巧 ··· 106
　　二、赞扬下属的技巧 ··· 106
第三节　批评下属及处理下属之间问题的技巧 ·· 107
　　一、批评下属的技巧 ··· 107
　　二、如何处理下属的反对意见 ··· 108
　　三、如何处理下属之间的矛盾 ··· 109

第四节　沟通技巧实训 109

第Ⅲ模块　公共关系与礼仪

第九章　公共关系概述 ——— 113

第一节　公共关系的定义 113
一、公共关系的定义 113
二、公共关系的几层含义 114
第二节　公共关系的三要素 114
第三节　公共关系的原则 115
第四节　公共关系工作的一般程序 116
一、公共关系调查分析 116
二、公共关系决策与计划 117
三、公共关系活动实施 119
四、公共关系效果评估 119

第十章　公共关系实务 ——— 123

第一节　记者招待会 123
一、记者招待会的特点 123
二、举办记者招待会的注意事项 123
第二节　展览会 124
一、展览会的传播特点 124
二、展览会的组织与实施 124
第三节　赞助活动 125
一、举办赞助活动的目的 125
二、实施赞助活动的程序 125
第四节　开放参观日 126
一、对外开放参观的接待对象 126
二、开放参观的内容 126
三、开放参观活动的组织与安排 126
第五节　公共关系危机 127
一、公共关系危机的含义 127
二、公共关系危机的类型 127
三、公共关系危机的特点 128
四、公共关系危机处理程序 128
五、公共关系危机处理的策略 129
第六节　公共关系实训 129

第十一章　公关礼仪 ——— 132

第一节　公关礼仪概述 132
一、公关礼仪的含义 132
二、公关礼仪的基本原则 133

第二节 仪态礼仪 ··· 133
一、站姿 ··· 133
二、坐姿 ··· 134
三、走姿 ··· 134
四、手势 ··· 134
五、眼神 ··· 135

第三节 仪表礼仪 ··· 135
一、服饰穿着的基本原则 ····························· 135
二、正式场合着装的基本要求 ······················· 136
三、首饰佩戴的基本要求 ····························· 137

第四节 会面的礼仪 ······································· 138
一、介绍的礼仪 ····································· 138
二、握手的礼仪 ····································· 138

第五节 宴请礼仪 ··· 139
一、宴请的种类 ····································· 139
二、宴请的礼仪知识 ································· 140

第六节 会务礼仪 ··· 141
一、会议组织者的礼仪 ······························· 141
二、主持人的礼仪 ··································· 141
三、发言人的礼仪 ··································· 141
四、会议代表的礼仪 ································· 141

第七节 馈赠礼仪 ··· 142
一、赠送礼品的原则和禁忌 ························· 142
二、馈赠鲜花 ······································· 143

第八节 商务通讯礼仪 ····································· 143
一、电话礼仪 ······································· 143
二、电子邮件礼仪 ··································· 145

第九节 商务谈判礼仪 ····································· 145

第十节 商务礼仪实训 ····································· 147

第Ⅳ模块 商务谈判

第十二章 商务谈判概述 ——————————————————— 150

第一节 商务谈判的概念、特征与要素 ························ 150
一、商务谈判的概念 ································· 150
二、商务谈判的特征 ································· 150
三、商务谈判的要素 ································· 151

第二节 商务谈判的作用 ··································· 152

第三节 商务谈判的基本原则 ······························· 153

第四节 商务谈判的基本内容和类型 ························· 154
一、商务谈判的基本内容 ····························· 154
二、商务谈判的基本类型 ····························· 155

第十三章 谈判前的准备 —————————————————— 161

第一节 谈判班子的组织 ·· 161
一、谈判班子的组成 ··· 161
二、谈判人员的分工与配合 ·· 162

第二节 谈判资料和信息的搜集 ·· 163
一、谈判资料和信息的作用 ·· 163
二、谈判资料和信息的内容 ·· 164
三、谈判资料和信息的搜集途径 ···································· 164
四、谈判资料和信息的保密 ·· 165

第三节 谈判目标的制订与谈判议程的拟定 ························ 165
一、谈判目标的制订 ··· 165
二、谈判议程的拟定 ··· 166

第四节 物质条件的准备 ·· 166
一、谈判场所的选择 ··· 166
二、食宿安排 ·· 167

第十四章 谈判的开局与摸底 —————————————————— 169

第一节 开局气氛的营造 ·· 169
一、开局气氛的作用 ··· 169
二、合理运用影响开局气氛的各种因素 ·························· 169
三、营造开局气氛的一般方法 ······································· 171
四、控制开局气氛的策略 ··· 172

第二节 谈判摸底 ··· 173
一、摸底的含义 ··· 173
二、摸底的内容 ··· 173
三、摸底的方法 ··· 174

第十五章 谈判磋商 —————————————————————— 178

第一节 报价 ··· 178
一、报价的形式 ··· 178
二、报价应遵循的一般原则 ·· 179
三、报价方式 ·· 179
四、报价策略 ·· 179
五、报价的顺序 ··· 181

第二节 还价 ··· 182
一、还价的方式方法 ··· 182
二、还价的若干技巧 ··· 183

第三节 让步 ··· 186
一、让步的原则与内容 ·· 186
二、让步的方式 ··· 187
三、让步的策略 ··· 190

第四节 僵局与破解 ·· 192

一、僵局成因分析 ·· 193
　　二、僵局应对原则与防范 ·· 193
　　三、打破谈判僵局的策略 ·· 194

第十六章　结束谈判 — 196
　第一节　结束的方式 ·· 196
　第二节　结束谈判 ··· 197
　第三节　商务谈判实训 ·· 199

参考文献 — 201

第Ⅰ模块　商务写作

◆ 行政公文
◆ 商务文书

第一章　行政公文

【学习目标】
学完本章后,你应该能够:
- 了解行政公文的基本含义
- 熟悉行政公文的种类
- 掌握各种行政公文的写法

第一节　行政沟通的概述

一、行政公文的概念

中共中央办公厅、国务院办公厅 2012 年 4 月 16 日发布的《国家行政机关公文处理办法》中明确规定:"行政机关的公文(包括电报,下同),是行政机关在行政管理过程中形成的具有法定效力和规范体式的文书,是依法行政和进行公务活动的重要工具。"具体来说,专指命令(令)、决定、议案、公告、通告、请示、批复、报告、意见、通知、通报、函、会议纪要 13 个文种。

二、行政公文的特点

1. 公文有法定的作者

任何一份公文都是由法定的作者制成和发布的。所谓法定的作者就是具有民事权力能力和民事行为能力,依法成立并能以自己的名义行使职权和承担义务的机关、组织或法定领导人。

一般情况下,公文都是以党政机关、社会团体、企事业单位自身的名义制发的。这些党政机关、社会团体或企事业单位都是依照法律、条例、章程等有关法规的条款建立和存在的。在这些法规中规定了这些机关的职能以及行文的权限。能在法定的职权范围内制发文件的机关、部门或单位称为行文单位。

机关行文有时也以领导人的名义,如以国家领导人和机关首长名义发布命令、嘉奖令、任免令等。以领导人作为发文的名义并不是以其私人身份出现的,而是以法定领导人的身份行使职权的一种表现,这是由他所任职的机关的法定地位决定的。

2. 公文有法定的权威和效力

公文既然是党和国家机关、社会团体、企事业单位为了传达意图、办理公务和记载工作活动的需要形成的,那么,它既可以代表制发机关发言,也代表制发机关的法定权威。它是各机关开展工作、解决问题的正式依据,因而也就具有一定的行政效力。如国务院是最高国家权力机关的执行机关,也是最高国家行政机关,它所制定和颁发的公文体现了中央人民政府的职能,具有行政领导和行政指挥的权威和现实效用,国务院各部门和各地方机关都应坚决贯彻执行。同样,其他各类各级机关单位在工作活动中形成的公文也都在各自的职权范围内具有法定的权威和效力。

3. 公文有规范的体式和制作程序

由于公文是党和国家实施领导和办理公务的重要工具,代表了制发机关的法定权威,因

第Ⅰ模块　商务写作

此，公文的制发是一件极其严肃而且具有重要政治意义的工作。为了维护公文的严肃性和有效性，并便于进行公文处理，党和国家的有关部门对公文的体式做出了统一的规定，在制发与处理程序上也提出了统一的要求，任何机关单位必须依照执行，不能擅自处理。

三、行政公文的作用

行政公文作为国家管理工作的重要工具，具有以下几个方面的作用。

1. 领导与指导作用

党和国家领导机关经常通过制发文件来部署各项工作、传达自己的意见和决策，对下级机关的工作进行领导与指导。如党的中央领导机关通过它所发出的各项指示、决议等重要文件，阐明重大的方针、政策、战略措施和工作步骤，领导各条战线、各个地区的工作；国家各级行政机关和业务主管部门则根据党的政策性文件制定和发布各种指示、决定、计划、通知等来领导和指导下级机关和下级业务主管部门的工作。所有这些都说明了通过制发文件所起的领导指导作用。

2. 行为规范作用

行为规范作用又称法规作用。这种文件的法规作用主要表现在党和国家所制定的各种法规性文件上。一个政党、一个国家对自己的成员在行为上都必须有一定的规范与要求。党和国家的各种纪律、法令和行政法规都是以文件的形式制定和发布的。它一经发布，就有强制性和约束力，成为全党全社会成员的行为规范，必须坚决依照执行，不得违反。法规性文件对于维护正常的社会秩序、安定社会生活、保障人民的合法权益有着极其重要的作用。

3. 信息传递作用

公文是单位公务活动的书面载体。党和政府上下左右单位之间，其决策、方针、设想、意图及工作动态等行政信息常常是通过文件的传递而取得的。单位公务活动是一个运动的过程，一切计划、组织、指挥、协调等管理活动都是在信息的流动中实现的，将这些公务活动记载下来并且进行传递的主要形式是文件，没有文件的记载与传递也就无法实现社会的有效管理。所以文件是信息的书面载体，也是信息传递的重要渠道。

4. 公务联系的作用

在日常工作活动中，各党和国家机关之间，上下级组织之间，经常要进行联系和沟通，以利开展工作、进行各项业务活动。往来文件则是机关之间协商和联系工作的一种手段，对上级的报告、请示，对下级的指示、批复，平等单位之间的往来文件等都能起着沟通情况、商洽工作、协调关系、处理公务的联系作用。

5. 凭据记载作用

公文在传达意图、联系公务的同时也具有一定的依据作用，受文机关可以将此作为处理问题、布置工作的依据。在单位工作活动中还产生了一些具有明显记载作用的公务文书，如会议记录、谈话记录、值班记录以及各种登记等。它们都是机关公务活动的真实记录，具有记载作用，以备日后工作的利用、查考。

四、行政公文的种类

为了保证机关公文工作有秩序、高效率地进行，就必须分析和研究公文的形成特点，对公文进行科学的分类。常见的公文分类方法有以下几种。

1. 根据文件的来源来划分

根据文件的来源，公文可以分为对外文件、收来文件和内部文件三种。

2. 根据发文的传递方向来划分

一个机关的对外文件可以按照它们的传递方向分为上行文、平行文和下行文三种。

3. 根据文件的秘密程度来划分

为了确保党和国家秘密的安全,加强对秘密文件的管理,根据文件内容涉及党和国家秘密的程度可分为秘密、机密、绝密三种,通称"三密"文件。

4. 根据行政公文的作用来划分

国家行政机关的公文包括命令(令)、决定、公告、通告、通知、通报、议案、报告、请示、批复、意见、函、会议纪要十三类。

五、行政公文的语言要求

① 明确简要。
② 庄重严谨。
③ 平实得体。

六、行政公文的格式

为了适应现代管理工作的需要,提高公文处理效率,简化和统一公文格式,保证公文尽快发挥效力和准确有效地撰制、收集、传递和储存公文信息,国家技术监督局制发了《国家机关公文格式》,中共中央办公厅、国务院办公厅发布了《国家行政机关公文处理办法》,对行政公文格式做出了明确的规定。

1. 公文的排版与印装格式

(1) 排版规格　正文使用 3 号仿宋体字,一般每面排 22 行,每行排 28 个字,版心尺寸为 156mm×225mm。文字从左至右横写、横排。少数民族文字按其习惯书写、排版。在民族自治的地方,可并用汉字和通用的少数民族文字。

(2) 用纸要求　公文用纸一般采用 A4 型,幅面尺寸为 210mm×297mm。张贴的公文如"通告"、"命令"等,用纸幅面尺寸可根据实际需要而定。

(3) 装订要求　公文应左侧装订,不掉页。包本公文的封面与书芯不脱落,后背平整、不空。两页页码之间误差不超过 4mm。

2. 公文的书面格式

公文的书面格式,实际上是公文全部书面内容的结构安排,分别为文头部分、行文部分和文尾部分。

(1) 文头部分　文头部分有公文管理标记、文头名称、发文字号、签发人等项。

① 公文管理标记　公文管理标记位于公文首页发文机关标志之上左右两侧,由以下项目组成。

a. 公文份号　公文份号是根据同一文稿印制若干份时每份的顺序编号。它的作用主要是针对秘密文件,以便于加强管理和查明责任,在登记、分送和清退时均可对号核点。公文份号印在公文首页左上方。

b. 秘密等级　秘密等级是指公文秘密程度的等级,分秘密、机密、绝密三种。由公文制发机关根据公文内容涉及党和国家秘密的程度来划分秘密的等级。秘密等级标注在公文首页右上方,并在公文封皮上加印注明。

c. 缓急时限　缓急时限是对公文送达和办理的时间限度,分急件、特急两种,以确保一些紧急问题能得到及时处理。缓急时限标注在文头右上方。需要与密级同时使用的,则置于密级之下,上下对齐,并在公文封皮上加盖戳记注明。

② 文头名称　文头名称又称发文机关标志,由发文机关的全称或规范化的简称加"文件"两字构成,如:"国务院文件"。它是文头的核心部分,置于文头正中,占据文头版面三分之一,一般以套红的大型仿宋字体标识,用以标识此文件为机关的正式发文,具有权

威性。

③ 发文字号　发文字号是由发文机关编排的文件代号，它由发文机关代字、发文年号（两边加方括号）和发文顺序号组成，如"国发［2006］5号"，就是国务院2006年第5号发文。

发文字号的作用：一是统计发文的数量，便于文件管理；二是在查找和引用文件时作为文件的代号使用。

发文字号位于发文机关标志之下，文头横线之上居中位置。

联合发文只需一文一号，即只标明主办单位的发文字号。

④ 签发人　上行公文的报告、请示，应标明签发人和签发者姓名，以示对上报的文件郑重负责。其位置在发文字号右侧。

⑤ 间隔横线　用于隔开文头和行文部分，位于发文字号的下一行。

(2) 行文部分　行文部分有公文标题、题注、主送机关、正文、无正文说明、附件说明、公文生效标志、注释或特殊要求说明等项。

① 公文标题　公文的标题要准确、概括地揭示公文的内容，并能透视文种。其位置在发文字号的下方。

标题中除法规、规章名称需加书名号外，一般不用标点符号。标题一般由发文机关名称＋发文事由＋公文种类构成，按照这三个要素是否完全具备及其组合情况的不同，可以将公文标题划分为不同的形式。

② 题注　题注是用于注明法规性文件或经会议讨论通过文件产生的法定程序和文件产生的时间，位于公文的标题之下，居中书写：某年某月某日某会议通过或某年某月某日某会议批准。

③ 主送机关　主送机关是公文主要受理机关、承办公文的机关。主送机关的名称应写全称、规范化简称或同类型机关的统称。上行文一般只有一个主送机关，切勿多头主送；下行文除批复外，一般都有两个以上的主送机关。主送机关的位置在正文之上，公文标题左下方一行顶格排印，单独占行，后面用冒号提示下文。

④ 正文　正文是公文的主体，用来表达公文的内容，位于标题或主送机关的下一行，开头空两格，逐段书写。

正文的结构，一般由开头、主体、结尾三部分组成。文种不同，各部分的具体写法也有区别。

⑤ 无正文说明　无正文说明是指由于篇幅有限，使公文生效标志与正文不能同处在一面纸上而出现分离状况时，为了维护公文的完整，应在载有公文生效标志的页面左上方标明"（此页无正文）"字样。

⑥ 附件说明　附件说明是用以说明附属在主体正文之后的有关文件材料名称及件数的。附件附在正文之后，对正文内容起补充说明或参考作用。附件说明有助于对附件的查阅与保护。

附件说明位于正文或无正文说明的下一行左侧空一个字书写，公文生效标志之上。

⑦ 公文生效标志　公文生效标志位于附件说明或正文之下偏右位置。其内容包括发文机关名称或签署、发文日期、机关印章。

a. 发文机关名称　发文机关名称是指制发公文的机关名称，又称落款。发文机关应写全称或规范化简称，以领导人的名义发文时应在姓名之前冠以职务名称。

发文机关名称应在正文或附件说明之后右下方，隔两三行书写，最后一字不顶格空出四格。联合行文应标明各联合行文机关的名称，主办机关排列在前。

b. 签署　签署项是以机关领导人的名义印发的公文所具有的，在文件正本上的落款处注明本人职务名称后签字或盖章,以证实公文的效用。

c. 发文日期　发文日期是指公文形成的日期,在发文机关之下向右错开书写。由于公文的成文日期直接关系到公文的时效,因此,需完整写出年月日。一般情况下,发文日期以领导人签发日期为准;经会议讨论通过的公文,以通过日期为准;法规性公文以批准日期为准;两个以上机关的联合发文,以最后签发机关的领导人签发日期为准。

d. 机关印章　机关印章是文件制发机关对文件生效负责的凭证,要端正地盖在发文机关名称和发文日期的正中央,上不压正文,下压成文时间年、月、日四到七个字,俗称"骑年盖月"。

⑧ 注释或特殊要求说明　注释或特殊要求说明是用以说明公文在其他区域中不便说明的有关事项,如需要加以注释的名词术语,或用以表达公文的传达范围、使用方法等。位于公文生效标志的左下方。

（3）文尾部分　文尾部分有主题词、抄送机关、印发说明、页码等项。

① 主题词　主题词由反映公文主要内容的规范化名词或名词性词组组成,标注主题词是为了输入电脑以备检索。主题词位于注释或特殊要求说明左下方、文尾横线上端顶格书写。标引的次序应根据公文中心内容,采用主题词表上的主题词,按主题词内涵由小到大、从内容到形式的顺序标识。每个主题词之间应有一个字的间距,不用标点。

② 抄送机关　抄送机关是指发文机关要求对方了解文件内容或协助其办理所发文件的有关机关。也就是说,除了主送机关之外,还有哪些机关需要了解文件内容或请哪些机关协助办理的,就可以将公文以抄送或抄报的形式送达。

抄送机关位于主题词之下,整个抄送区域用两条横线作为界线。第一条线下首行标注"抄送"两字,后面依机关性质、职权、隶属关系及其他逻辑关系依次标注抄送机关的全称或规范化简称。一般对上用抄报,平级或不相隶属机关用抄送,对下用抄发。抄报机关应排列在抄送机关之前。

③ 印发说明　印发说明用于说明公文印发部门的名称、印发日期和份数等。位于抄送区域黑线下、公文末页页码之上所画横线之内。

④ 页码　页码是用于标识公文张页的顺序编号,正面标于右下角,背面标于左下角,用阿拉伯数字标识,没有图文区的页面不编号。

以上所述公文格式的组成项目可分为指定项目和选择项目两类。指定项目是指每份正式公文都必须具有的,它由公文管理标记、发文机关标志（文头名称）、发文字号、公文标题、正文、公文生效标志和页码等项组成。其他均为选择项目,供行文的实际需要选择使用。但一经选用就成为该份公文有机组成部分,必须按格式规定进行标识,不可随意书写。

第二节　通　告

一、通告的概念

通告是在一定范围内向有关单位和群众公布应当遵守或者周知事项的公文。

通告是公开发布的具有约束力的周知性公文,一般行政机关和有一定指挥权的临时机构均可使用,但是必须依照一定的法律发布,所发布的范围不得越过发文机关的权限。

二、通告的分类

通告按其性质分,可以划分为以下两种。

1. 规定性通告

这是公布在一定范围内要求有关单位和个人应当遵守有关事项的通告。

2. 周知性公告

这是在一定范围内公布的，要求在这一范围内的人们普遍知晓有关事项的通告。比如，因维修铁路、管道而停电、停水的通告。这类通告以知照事项为主，不具有很大的权威性和很强的约束力。

三、通告的特点

① 法规性。
② 周知性。
③ 行业性。

四、通告的结构与写作要求

1. 通告的结构和写法

通告一般由标题、正文、落款三个部分构成。

(1) 标题 通告的标题有三种形式。

① 由发文机关、事由和文种三部分构成，如例文。
② 由发文机关和文种两部分构成，如《中国人民银行通告》。
③ 只用文种做标题。

(2) 正文 通告的正文一般由三部分构成，即通告缘由、通告事项、结尾。

① 通告缘由用简单的文字阐明发布通告的目的、原因和意义，即发布通告的必要性。规定性的通告还要引用法律条文。这部分结束后，用"特此通告如下"或"现通告如下"的转接语领起下文。如下述的例文正文第一段。

② 通告事项一般可采用分条、列项的表达方式。内容简单的也可以不分段落，可以采用篇段合一的方式。

③ 结尾部分提出要求，有的指明执行时间、执行范围和有效期；有的提出号召和希望；有的以通告事项最后一项结尾；有的以"特此通告"做结尾；有的没有结尾。

(3) 落款和日期 标题中有发文机关的，落款不再写发文机关，只写发文日期，然后在发文日期上盖上公章即可；有的通告在标题下边已经写上了发文时间，落款就不再写发文时间。

2. 通告的写作要求

(1) 通告的内容要求政策性很强。
(2) 通告要遵循一事一文的原则。
(3) 通告的语言要求庄重、坚定、清楚、准确。

五、例文与评析

上海市商业管理委员会
关于加强管理商业促销活动的通告
沪商委〔2001〕142号

为促进本市商业促销活动的规范有序，维护正常的社会公共秩序，防止因商业促销活动使人群聚集造成秩序混乱、交通堵塞和人员伤害，经市政府同意，现就加强管理本市商业促销活动一事通告如下：

一、商业企业采用赠物、赠券、商品减价或其他优惠方式举办商业促销活动（以下称商业促销活动）的，必须保证商业促销广告中承诺提供的赠物、赠券数量和减价商品数量。商业主管部门、工商行政管理部门和商业行业组织要加强对商业促销活动的指导和监管，督促商业企业依法开展商业促销活动。

二、商业企业对可能引发人群在公共场所聚集的商业促销活动，要制订应急预案，并抄送活动所在地的公安机关，接受当地公安机关的指导。必要时，可以请公安机关协助配合。

三、商业企业在举办商业促销活动时，应当配备足够的力量，维持现场秩序，防止发生问题。

四、公安机关要加强对商业促销活动的秩序维护和安全工作的指导；对可能引起人群聚集或者其他失控情况的商业促销活动，应当责成举办单位采取防范措施。

五、广告经营者和发布者在设计、制作、代理、发布商业促销广告时，应当对商业企业给予必要的提示或告诫；对广告内容违反《中华人民共和国广告法》等法律规定的，应当提请有关单位改正，必要时可以拒绝提供广告服务。

六、凡未按照以上规定从事商业促销广告活动，导致公共场所秩序混乱、交通堵塞和人员伤害的，必须依法承担相应民事责任。同时，由公安、工商等有关部门依法予以处罚。

二〇〇一年十二月二十二日（印章）

[评析]

这是一则规定性通告。先写通告的缘由和依据，再写通告事项。

六、病文与评析

固力五金厂关于加强防盗工作的通告

近来，我厂连续发生多宗失窃事件，造成损失达数万元。为了保证我厂设备和财产安全，特作如下规定：

1. 凡是本厂职工进入厂内，均要佩戴厂徽标志，否则不准进厂。
2. 外来人员进入我厂时，必须持所属单位介绍信或有效证明登记，出厂时，要接受行李物品甚至搜身检查。
3. 来客投宿，有关人员应报厂保卫科批准。在此期间，如厂里发生失窃事件，来客不准离厂，并要集中审查。
4. 厂内职工离开车间或办公室，应关好门窗，以保安全。

本通告自公布之日起生效。

2005年8月30日

[评析]

这篇病文的格式基本符合通告的要求，但内容却有严重问题。其中第2条规定，外来人员"出厂时，要接受行李物品甚至搜身检查"，第3条规定"厂里发生失窃事件，来客不准离厂，并要集中审查"，都直接违反了《中华人民共和国宪法》和《中华人民共和国刑法》。

第三节　通　知

一、通知的概念

通知，是机关团体、企事业单位发布规章制度、传达领导指示、布置工作任务、批转下级报告、告知有关事项时使用的一种公文。

二、通知的分类

根据内容的不同,通知可以分为以下几种。

1. 指示性通知

上级机关对所属下级机关的某项工作有所指示和安排,但不宜用命令等文种时,用指示性通知,它具有权威性的指示性质,受文单位必须贯彻执行。

2. 发布性通知

发布性通知即告知受文单位某一章程、规定等已经某会议讨论通过或经某上级批准,现予发布或印发,并要求贯彻执行的通知。

3. 批示性通知

批示性通知即肯定被批转、转发、印发的文件,提出贯彻落实要求的通知。

4. 知照性通知

知照性通知即要求受文单位知晓某一事项或办理某一事情的通知,如会议通知、启用印章通知、干部任免通知、成立、调整、撤销某个机构的通知、布置某项具体工作的通知等。

三、通知的特点

① 使用的广泛性。
② 较强的时效性。
③ 职能的多样性。

四、通知的结构与写作要求

1. 通知的结构和写法

通知由标题、主送机关、正文、落款和日期四部分构成。

(1) 标题　通知的标题一般由发文机关、事由和文种三个要素构成,视具体场合和内容,发文机关可省略,文种也可以变为"预备通知"、"正式通知"、"紧急通知"等。

(2) 主送机关　主送机关即受文对象。如果是向下级机关普遍发送的公文,主送机关的名称按惯例排列,如下述例文。若是通过报纸公开发布的通知,其主送机关可以省略不写。

(3) 正文　正文是通知的主干、写作的重点,要写明通知的原因、目的或依据,具体事项,执行要求三个方面的内容。但在各类通知的写作中,侧重点又有所不同。我们阅读例文时要用心体会。

(4) 落款和日期　签署发文机关名称,并注明发文时间、加盖印章。

2. 通知的写作要求

(1) 主题要集中。
(2) 要点突出,措施具体。
(3) 批示性通知的标题中不要滥加书名号。

五、例文与评析

国务院批转国家经贸委等部门
关于严格控制新增棉纺生产能力规定的通知
国办发 [2000] 40号

各省、自治区、直辖市人民政府,国务院各部委、各直属机构:

国家经贸委、外经贸部、海关总署、国家工商行政管理局、国家质量技术监督局《关于严格控制新增棉纺生产能力规定的通知》已经国务院同意，现转发给你们，请认真贯彻执行。

附件：《关于严格控制新增棉纺生产能力的规定》

中华人民共和国国务院（印章）
二〇〇〇年六月五日

[评析]

这是一则批转类通知，全文仅有一句话，但有两层意思：一是表明态度，对这份规定表示"同意"；二是要求受文单位"贯彻"执行。"认真"两字，切中某些执行单位的弊病，语气肯定，具有权威性。

六、病文与评析

县人民政府关于批转《×省人民政府
关于学习宣传〈中华人民共和国森林法〉的通知》的通知

各乡、镇人民政府，县直各单位：

现将《×省人民政府关于学习宣传〈中华人民共和国森林法〉的通知》印发给你们，请认真贯彻执行。

今年以来，我县连续发生森林大火，是由于生产用火造成的，各乡、镇要从中吸取教训，严格管理生产用火。如果再发生类似事情，要追究主要领导的责任。

××县人民政府（印章）
零四年×月×日

[评析]

这份通知的错误主要表现在结构、语言及逻辑方面。

1. 结构方面

第一，标题拟定不当。首先，制文机关必须使用全称或规范简称。其次，当被转发的公文标题中事由部分已有"关于"时，现标题的事由部分应省略"关于"，以避免重复。再次，批转是用来转发下级机关的公文的，作为县人民政府不能批转省人民政府的公文，只能用转发。另外，只有当被转发的文件是规章制度或条例时才能用书名号，除此之外，任何被转发的文件在标题中都不能用书名号。最后，当被转发的公文是通知时，为避免"通知套通知"，一般省略现公文的标题文种。故其标题可考虑改为"×县人民政府转发×省人民政府关于学习宣传《中华人民共和国森林法》的通知"。

第二，成文日期拟定不当。作为法定行政公文，其成文日期应采用汉字，并应将年、月、日标全，其中"零"需写为"〇"。故，其成文日期应改为"二〇〇四年×月×日"。

2. 语言方面

第一，作为转发性通知其正文一般应为"某文件已经某部门同意，现予以转发，请认真贯彻执行"。首先，这是应经某部门同意才能转发此文件。其次，不能用"现予以印发"。印发是用于发布本机关制定的规章制度或办法。故应改为"《×省人民政府关于学习宣传〈中华人民共和国森林法〉的通知》已经省人民政府同意，现予以转发，请认真贯彻执行"。

第二，行文语言口语化。公文语言应严肃端庄，一般不能使用口语，文中"如果再发生类似事情，要追究主要领导的责任"使用不当。

3. 逻辑方面

第一，受文对象不统一。本文受文机关为"各乡、镇人民政府，县直各单位"，但在正文中为"各乡、镇要从中吸取教训……",前后不一致。

第二,逻辑关系不严密。本公文中进一步阐明的具体要求与该公文的主题无明显逻辑关系。可改为"今年以来,我县由于生产用火不慎,造成多起森林大火。各地区、各部门应吸取教训,加强管理,认真学习宣传《中华人民共和国森林法》,杜绝此类事件再度发生"。

第四节　通　报

一、通报的概念

通报是党政机关、社会团体用于表彰先进、批评错误、传达重要精神或者情况的一种常用公文。

二、通报的分类

通报按性质和内容可分为三类。

1. 表彰性通报

主要是表彰先进单位和先进个人事迹的通报。

2. 批评性通报

主要是批评犯有错误的典型人物或单位,批评社会上某些不良倾向或丑恶现象的通报。

3. 情况通报

主要用于沟通情况、传递信息、传达重要精神的通报。

三、通报的特点

① 教育性。
② 时效性。
③ 典型性。

四、通报的结构与写作要求

1. 通报的结构和写法

通报由标题、主送机关、正文、落款等部分构成。这些部分,除正文以外,其他部分的写法均与通知相应部分的写法相同。这里仅介绍正文的写法。

不同种类的通报,其正文的写法有所不同,下面分别予以介绍。

(1) 表彰性通报　这类通报的正文一般由概述和评价事实、说明决定、提出希望和号召三部分组成。

(2) 批评性通报　这类通报的正文,一般由缘由、概述和评价事实、说明决定、提出希望和要求四部分组成。

(3) 情况通报　这类通报的正文,一般由缘由、概述情况、提出要求三部分组成。

2. 通报的写作要求

(1) 要善于提炼典型事例。
(2) 对通报的材料要认真核实,以免失实。
(3) 要注意定性的准确性。
(4) 要注意要求的可行性。
(5) 要做到语言色彩与客观事实相吻合。

五、例文与评析

中共××市委员会关于表彰
李明杨同志不畏强暴勇斗走私犯事迹的通报

全市各级党组织：

共产党员李明杨同志是我市工商管理所检查员。××××年4月5日清晨，他在对进入我市的一辆长途客车例行检查任务时，查获走私犯罪分子王××走私黄金9两3钱。在押送途中，王先以人民币400元妄图贿赂李明杨，被李明杨同志严词拒绝后，就凶相毕露，拔刀行凶，刺伤李明杨同志胸部、腿部。李明杨同志身负重伤，但他临危不惧，英勇地与王犯搏斗，在群众协助下，终于将王犯制服。

李明杨同志长期战斗在缉私岗位上，先后破获各种走私案100多起；最近连续4年被评为市先进工作者。

鉴于李明杨同志一贯表现突出，在关键时刻又经受了严峻考验，特予以通报表扬。

希望各级党组织发动党员和广大青年，学习李明杨同志为维护党和人民的利益，不畏强暴，坚决同违法犯罪分子作斗争的英雄事迹；学习他热爱本职工作，出色地完成党交给的艰巨任务的高尚品质，在党的十一届三中全会路线指引下，为四化建设做出更大的贡献！

××××年4月20日（章）

[评析]

这是一则表彰通报，第一、二段概述了被表彰个人的先进事迹，并加以简单的评价；第三段是说明表彰的决定；最后一段是提出希望和号召。

六、病文与评析

关于王××的通报

各系、处、室，各班级：

我院04级计算机班学生王××，2005年11月30日中午到学校饭堂吃饭的时候，看到排队打饭的人多，就要强行插队打饭，有同学劝他要遵守纪律时，他还大声说"关你屁事！"一位纠察队员走过来阻止他，他不管三七二十一，拿起搪瓷饭碗打在纠察队员头上，致使那位纠察队员头部受伤。王××的行为引起了在场其他同学的公愤，有人甚至叫嚷要把他拉到派出所关押起来。

据查，王××平时学习也不刻苦，上学期期末考试有一科仅得61分。

经院领导研究决定，给予王××记大过一次的处分。

希望广大同学以此为戒，努力学习，争取在学年考试中取得好成绩。

××职业技术学院
2006年5月20日

[评析]

这篇通报的毛病如下。

（1）有些材料不是主题需要的　通报的主题是想通过对王××严重违纪伤人的事例的处分，教育学生增强纪律性和道德修养。但其中却写入了"王××平时学习也不刻苦，上学期期末考试有一科仅得61分"的事实，这显然是不合适的。如果王××在平时也有违纪的事实,则可以作为背景材料写上,因为这有利于突出主题,增强教育意义。

(2) 对王××错误的性质没有给予明确的评价。

(3) 语言欠提炼、修饰　如他还大声说"关你屁事!"、"不管三七二十一"等,都比较粗俗,不符合公文语言的简练、庄重的要求。

(4) 标题不够具体明晰　应该把事由写完整、写清楚。改为"关于王××违纪打人的处分通报"较好。

(5) 制发不适时　王××打人发生在 2005 年 11 月 30 日,但到了 2006 年 5 月 20 日才通报处分,显然是太迟了。

第五节　报　告

一、报告的概念

报告是下级机关或业务主管机关汇报工作,反映情况,提出意见或建议,答复上级机关询问时形成的陈述性公文。

二、报告的分类

(1) 按性质划分,报告可分为综合报告和专题报告。

(2) 按时间期限划分,报告可分为例行报告和不定期报告。

(3) 按内容划分,报告可分为工作报告、情况报告、答复报告、报送报告等。

三、报告的特点

① 陈述性。

② 建议性。

③ 沟通性。

四、报告的结构与写作要求

1. 报告的结构和写法

报告一般由标题、主送机关、正文、落款和日期四部分构成。

(1) 标题　报告标题有两种格式。

① 由发文机关名称、事由、文种构成,如下述例文。

② 由事由、文种构成,如《关于"3·10"特大交通事故的报告》。

(2) 主送机关　标题下,顶格写明受文单位名称,一般只写一个。

(3) 正文　正文由前言、主体和结尾三部分构成。

① 前言部分即开头的帽子,重点讲清报告的原因、目的和意义。常用"现将×××情况报告如下:"转入主体。

② 主体部分具体讲清有关工作情况、存在的问题、事情发展的趋势、已经采取或即将采取的意见措施等。这一部分是报告的核心部分。

③ 结尾部分一般用"特此报告"、"专此报告"、"请审阅"、"请收阅"等习惯用语收束正文。

(4) 落款和日期　在右下方署明发文机关名称,并在下面注明年、月、日,加盖公章。

2. 报告的写作要求

(1) 实事求是,切忌浮夸。

(2) 重点突出,中心明确。

（3）报告的内容应具有信息价值。
（4）要注意点面结合。

五、例文与评析

济南市槐荫区人民检察院2000年工作报告
检察长×××

济南市槐荫区人民政府：

2000年，我院在区委、市检察院的正确领导下，以邓小平理论和党的基本路线为指导，实践"三个代表"重要思想。坚持"公正执法、加强监督、依法办案、从严治检、服务大局"的工作方针，按照高检院关于大力加强基层院建设的要求，抓班子，带队伍，强素质，创业绩，树形象，全面履行法律监督职责，办案质量、执法水平有了新的提高，队伍建设有了新的发展，为维护社会稳定、促进经济发展，做了自己应做的工作。2000年被省检察院评为检察机关基层建设"五好检察院"、被最高人民检察院授予全国检察机关"人民满意的检察院"荣誉称号。下面分三个方面进行报告：

一、认真履行职责，各项检察业务工作全面发展（略）
二、加强队伍建设，保障公正执法（略）
三、增强为大局服务意识，积极维护社会稳定（略）

2000年，我院检察工作取得了一定成绩，但与法律赋予的职责、党和人民的要求还有一定差距，主要是干警的整体素质还有待于进一步提高，优秀的拔尖的专业型人才不多（略）。这些问题，我们要高度重视，认真加以解决。

回顾过去的一年，各方面工作取得了一定成绩，做了一些我们应该做的工作，受到了群众好评，但是我们知道，我们所做的工作，距离党和人民的要求，还有一定的差距。2001年，是迈向新世纪的第一年，检察机关面临新的艰巨而繁重的任务。我们决心以邓小平理论、党的十五大精神和江总书记"三个代表"重要思想为指导，深入贯彻党的十五届五中全会精神和各级经济会议、政法会议精神，按照这次代表大会的要求，紧紧围绕党和国家的工作大局，坚持检察工作"二十字"方针，深入开展"三个教育"活动，加大查办职务犯罪力度，强化法律监督，深化检察改革，加强全面建设，提高检察队伍的整体素质，确保公正执法，为保障我区改革开放和经济建设的顺利进行，为维护社会稳定，做出新的贡献！

[评析]

这则工作报告分三个层次：一是成绩；二是不足；三是打算。第一段，先概括叙说工作的整体情况，包括思想建设和取得的荣誉，以此概括表明成绩。然后分三个标题叙说工作成绩，包括履行职责情况，队伍建设和增强服务意识三个方面。这三个方面不是孤立的，有着内在的逻辑联系。这三个小标题，每题均为复句，两个分句之间有因果关系。第五段叙说工作还存在的问题，最后结尾概要性地谈谈打算，表示在新的一年里，要做出新的贡献。报告工作情况，无空话，列举大量数据和事实进行说明，使人信服。文章结构层次分明、逻辑严密。

六、病文与评析

关于××高速公路塌方事故的报告

××市建设委员会：

2005年×月×日，××高速公路××路段发生塌方事故，造成一定的伤亡后果。事故发生前,桥面上分散有二三十名工人,已浇注了近200立方米的混凝土,而且违章施工,按照施工程序应分两次浇注的混凝土却一次浇注,估计事故原因是桥面负荷过重。事故发生后,近200名消防队员、工地工人、公安干警到现场紧张抢救,抢救时间持续近28小时。据查,该工程承建商是××市市政总公司第一分公司。

特此报告

××市政工程总公司(章)
二〇〇五年×月×日

[评析]

应该说,上面这篇只是一份没有经过认真整理的"材料",不能算"报告"。读者看后,之所以还能知道有关事故的大略情况,主要是因为事情简单、篇幅短小。如果内容复杂一些、篇幅长一些,读者就不容易理解和把握它的意思。因为这个"报告":

(1) 内容安排杂乱 从前面介绍的写作知识和范文可以知道,情况报告正文的内容安排方式,常用的是"果因式",即先概述事情的经过和结果,然后说明原因和处理意见。而这个"报告"将事故发生的情况和抢救的情况分开两个地方写,中间插入发生原因的说明。这不符合人们急于想了解事故情况的心理,也必然影响人们对事故的完整了解,亦造成了"报告"层次不清、条理混乱。

(2) 事实和情况不清 说事故"造成一定的伤亡后果","伤"多少?"亡"多少?应该分开来说,并要有准确的数字。除人员伤亡外,经济损失也应有所交代。这么重要的事实,怎么能以"一定的……后果"来敷衍呢?这说明制文者连对事故的起码了解也没有。

(3) 事故发生的原因和责任人不明确 "估计事故原因是桥面负荷过重"。怎样"过重"?为什么会"过重"?是谁造成的?这么严肃的问题,怎么可用"估计"来搪塞呢?制文者真的太缺少责任心了。

(4) 缺少处理意见 如受伤者如何救治?对死亡者如何做好善后工作?对责任人如何处理?今后如何防止类似事故的发生?这些都是制文者应该明确的。这样的"报告"提供的信息是很难在上级领导的决策中起到应有的作用的。

第六节　请　示

一、请示的概念

请示是下级机关向上级机关和业务主管机关请求对某项工作、要求或某件事情给予批准或指示时使用的上行公文。

二、请示的分类

按行文的实际目的分,请示一般可分为三种。

1. 请求批准的请示

这是下级机关根据职权范围的规定,在办理自己无权决定的事项之前,请求上级机关审核、批准的请示。

2. 请求支持、帮助的请示

这种请示是下级机关在工作中遇到了自身很难克服或者无法克服的困难时,请求上级机关给予支持、帮助用的请示。

3. 请求指示的请示

这是下级机关在工作中遇到对某一方针、政策不明确、不理解，或对新问题、新情况不知如何处理时，请求上级给予明确的解释和指示的请示。

三、请示的特点

① 事前行文性。
② 请求期复性。
③ 内容单一性。

四、请示的结构与写作要求

1. 请示的结构和写法

请示由标题、主送机关、正文、落款和日期四部分构成。

（1）标题　请示标题有两种形式。
① 由发文机关名称、事由、文种构成，如《××市人民政府关于建立植物园的请示》。
② 由事由、文种构成，如《关于外贸出口商品实行分类经营的规定的请示》。
标题的事由一般不能省略。

（2）主送机关　标题下顶格写明受文单位的名称，只能写一个。

（3）正文　正文由开头、主体、结尾三部分构成。
① 开头部分开门见山交代请示的缘由和根据，但理由要充分，不能把问题涉及的范围写得太广、时间追溯得过长。
② 主体部分为请示的主要内容。要明确提出本机关对解决这一问题的意见，以供上级机关作出判断和抉择时参考。这些意见要有根有据，切合实际，必要时可引证有关政策或规定的条文，努力使自己的意见中肯、可行。并具体提出对上级的要求，包括希望按某个最佳方案批示、希望上级尽快答复、提请上级批复时需要注意或强调的问题并建议上级在未正式批复前同意暂按什么原则执行等。
③ 结尾部分一般用"以上意见妥否？请批示"、"以上意见当否？请指示"等习惯用语收束正文。

（4）落款和日期　在右下方署明发文机关全称，加盖公章，并在下面写明年、月、日。

2. 请示的写作要求

① 理由要充分。
② 事项要明确。
③ 请示的内容要单一。

五、例文与评析

××单位关于增拨技术改造资金的请示

××主管局：

正当我单位技术改造处于关键阶段，资金告罄。前次所拨资金原本缺口较大，加之改造过程中出了新的技术难题，需增新设备，以致资金使用超出预算。由于该项技术是我局所属大部分企业所用的核心技术，如改造不能按期完成，势必拖延全部技术更新的进程，进而影响各单位实现全年预定生产指标和利润。目前我单位全体技术人员充分认识到市场经济的机遇和挑战，正齐心合力，刻苦攻关。缺口资金如能及时到位，我们保证该项技术改造按期完成。现请求增拨技术改造资金××××万元。

特此报请核批

××单位（章）
××××年×月×日

[评析]

这份请求支持、帮助的请示针对"增拨技术改造资金"的理由做了较详尽的陈述：原拨资金缺口大，并出现了新的技术难题；该技术是×局的核心技术，影响全年的生产指标和利润……充分地说明实际困难，向领导诉之以理，使之能够尽快做出批复。

六、病文与评析

关于增拨办税大厅基建经费的请示

×××省人民政府、××省长：

2003年11月，我局派出调查组到广西柳州市国税局学习考察其办税大厅的建设情况。调查组认为办税大厅功能较齐全，适应税收征管模式的改革，方便纳税人缴纳税款。为此我局于2004年决定建办税大厅，并得到省人民政府的支持，在×府[2004]×号文"关于拨款修建办税大厅的批复"中，拨给我局150万元，此项资金已专款专用。

但由于建筑材料涨价，原预算资金缺口较大，恳请省人民政府拨给不足部分，否则将影响办税大厅的竣工及我省税收任务的完成。

特此请示报告

×××省地方税务局（章）
二〇〇五年十月十日

[评析]

这篇"请示"的主要毛病如下。

（1）缘由部分没有把请示理由、根据说清楚，当然更谈不上充分了。其对上级机关提出的请求是"增拨办税大厅基建经费"。既然是"增拨"，就应该把要"增拨"的理由、根据作为重点说清楚、道明白、讲充分。然而"请示"拟写者似乎没有这样的认识。不然的话，他为什么用整整的第一大段去说为什么要建"办税大厅"的理由（也没有说到点子上）和省政府的批复，这些与"增拨"关系不大的情况呢？！第二段虽然写到了要"增拨"经费的原因，但仅有"由于建筑材料涨价、原预算资金缺口较大"的空话，没有事实、没有具体情况，能有说服力吗？看来，"请示"的拟写者在动笔之前，压根儿没有对所要请示的事项作应有的分析研究，没有准备应有的事实和数字。这样，这篇失败之作的产生就不奇怪了。

（2）请示事项不明确。"恳请省人民政府拨给不足部分"。"不足部分"是几元几角？不清楚。像这样笼统含混的"请示事项"，就是前面理由、根据说得明白充分，上级机关也难以作出批示。

（3）"主送机关"部分，违背了请示"只写一个主送机关"和"不得直接送领导者个人"的规定。

（4）"结束语"不恰当，没有表达出"请求"的意思。应改为"以上请求，恳请批准"。

第七节 批 复

一、批复的概念
批复是上级机关用于答复下级机关请示事项的下行公文。

二、批复的分类
以内容为依据，可将批复分为以下两种。

1. 肯定性批复
表明同意下级机关的请求，认可下级的某种设想或做法。

2. 否定性批复
不同意下级机关的要求，给下级机关否定的答复。

三、批复的特点
① 针对性。
② 权威性。

四、批复的结构与写作要求

1. 批复的结构和写法

批复由标题、主送机关、正文、落款、日期、印章等几部分构成。

（1）标题　标题有四种形式。

① 由发文机关名称、批复事项、行文对象、文种构成，如《国务院关于同意安徽省设立滁州市、巢湖市给安徽省人民政府的批复》。

② 由发文机关名称、事由、文种构成，如《济南市人民政府关于同意明珠园地名命名的批复》。

③ 由事由、文种构成。如下述例文。

④ 由发文机关名称、原件标题、文种构成，如《××县人民政府〈关于修建杨湾电站的请示〉的批复》。

（2）主送机关　标题下行应顶格写明批复下级机关名称，一般是一个，如果其他单位也有类似问题，也可一并列入。

（3）正文　正文由开头、主体和结尾三部分构成。

① 开头部分，即批复缘由部分，应先用简明的语言引述来文，写明来文日期、标题和发文序号，以交代批复根据，如"你局×月×日的请示悉"、"你队×月×日《关于绵阳路禁止行驶 4 吨以上汽车的请示》（全文［2005］15 号）悉"。

内容单纯的批复，可在缘由后直接写批复事项；若问题比较复杂，往往用过渡语"现批复如下"引出批复意见。如下述例文。

② 主体部分，主要说明批复事项，即对来文提出的要求明确表示同意还是不同意。行文中对请示的问题要作出指示，指明注意事项。不同意的，要说明理由。如果涉及问题较多，则应该分项来写。批复是指示性公文，所以措辞要准确、周密。

③ 结尾部分，一般用"此复"、"特此批复"等习惯用语收束正文。

（4）落款、日期、印章。

2. 批复的写作要求

① 态度鲜明，意见具体。

② 文字简洁，用语准确。
③ 围绕请示事项，逐一答复。
④ 迅速及时，注意时效。

五、例文与评析

关于同意本市整顿住房建设收费
取消部分收费项目的批复

京政函〔2001〕106号

市计委、市财政局、市物价局：

　　你们《关于贯彻落实〈国家计委、财政部关于全面整顿住房建设收费取消部分收费项目的通知〉有关问题的请示》（京计投资字〔2001〕1950号，以下简称《请示》）收悉。现批复如下：

　　一、原则同意你们的《请示》，具体工作由市计委、市财政局、市物价局负责组织实施。

　　二、取消外地企业进京施工管理费、预制构件质量监督费、建筑设计卫生评价费、勘察设计监督管理费、公园建设费、绿化建设费等收费项目；对成建制的从事建筑业的外来人员免收外地来京务工经商人员管理服务费。

　　三、对国家规定降低征收标准的收费项目，按以下标准征收：工程定额编制管理费，按管理工作量的0.02%征收；征地管理费，按征地总费用的1.5%征收；房屋拆迁管理费，按拆迁安置补偿费的0.3%征收；工程质量监督费，凡实行监理的工程，按监理工作量的0.05%征收，凡不实行监理的工程，按监理工作量的0.07%～0.175%征收。

　　四、同意将市政公用设施建设费和城市基础设施"四源"建设费合并为城市基础设施建设费。具体征收办法由市计委、市财政局、市物价局制订，报市政府批准。

北京市人民政府（章）
二〇〇一年十一月二十七日

［评析］

　　这是一则既表态又有指示的批复。来文先引标题和文号，便于收文者明确这是自己哪篇请示的批复。然后对请示表态，并对实施中的部分问题作了指示。

六、病文与评析

关于修建新办公楼请示的批复

××字〔2005〕24号

××厂：

　　有关请示已悉。关于修建新办公楼一事，经研究，还是以不建为宜。此复。

××公司（章）
二〇〇五年五月五日

［评析］

　　这篇批复的主要问题如下。

　　(1) 发文缘由交代不清　文中首句"有关请示已悉"，究竟是有关什么问题的请示，没有表示清楚；也没有引述来文的发文字号、标题等，缺乏明确的发文依据，直接影响批复的效力。

　　(2) 态度含糊不清　文中提出"还是以不建为宜"，语气不坚决、不明确，使人以为还

第一章　行政公文

有进一步讨价还价的机会，从而有损公文的庄重和严肃，使受文单位难以执行。

（3）缺乏对所持意见的说明。对于不同意修建新办公楼这一事项，应说明其依据和理由。

第八节　函

一、函的概念

函是不相隶属机关之间相互商洽工作、询问和答复问题或向有关主管部门请求批准事项使用的平行公文。

二、函的分类

（1）从性质划分，可分为公函和便函。
（2）从发函往来关系划分，可分为发函和复函。
（3）从内容和用途划分，可分为商洽函、询问函、请批函、答复函等。

三、函的特点

① 行文对象的广泛性。
② 行文方向的平行性。
③ 行文内容的简便灵活性。

四、函的结构与写作要求

1. 函的结构和写法

函由标题、发文字号、主送机关、正文和落款、日期、印章等部分构成。
（1）标题　标题有两种形式。
① 发文机关名称、事由、文种。
② 事由、文种。
（2）发文字号　在一般公文的发文字号中的机关代号后加一"函"字，如例文。但也有处理较为一般事项的函，没有发文字号，如病文。
（3）主送机关　标题下顶格写明受文机关全称或规范性简称，一般写一个机关。
（4）正文　函的正文写法比较自由，但总体来看也是包括开头、主体和结尾三部分。
① 开头部分概括交代发函的原因和目的。常用"现将有关问题说明如下"、"现将有关问题函复如下"等习惯用语过渡转入主体。
② 主体部分简洁得体地讲清楚商洽、询问、请求答复的有关具体事项，措辞要恳切、得体，注意分寸和礼貌。
③ 结尾部分根据不同类型的函件事项，选择"特此函告"、"特此函复"、"此复"等习惯用语收束正文。便函也可以使用"此致，敬礼"等敬语。
（5）落款、日期、印章。

2. 函的写作要求

（1）要正确使用文体。
（2）内容要简洁。
（3）措词要得体。

五、例文与评析

关于随班代培统计人员的函

××省××市统计局：

得悉你市将于近期举办统计工作人员讲习班，系统地培训统计人员。国务院《关于加强统计工作的决定》下达以后，我们曾打算集训我地区统计工作人员，但由于我们的力量不足，未能办成。现在你市决定办讲习班，我们拟派十名统计人员（地区两名，每县一名）随班学习，请你们代培。如蒙同意，将是对我地区统计工作的大力支持。代培所需费用我们如数拨付。盼予函复。

××省××地区统计局（章）

2005年2月5日

[评析]

这是一份商洽函，先交代发函的原因和目的，接着简洁得体地写商洽的事项，措辞恳切有礼貌，最后根据函件事项用"盼予函复"惯用语收束正文。

六、病文与评析

××国营林果场：

兹有我校林果专业学生毕业实习即将开始。经研究分配〇五届三班学生到贵场实习，望能妥善安排。

可否，请迅速回音。

××县××农业学校（章）

二〇〇五年四月一日

[评析]

这是一个商洽函，是××县××农业学校与不相隶属的××国营林果场商洽该校学生的毕业实习问题。主要问题如下：

(1) 事项说得不明晰 既然要对方安排自己学生的实习，在函中，就得把学校的要求说清楚，就得把该班学生的有关情况说清楚。比如，实习的时间多长？实习的主要内容是什么？要不要林果场负责业务指导？要不要解决住宿和吃饭问题？有关的经费如何开支？学生有多少人？男女各多少等是应该说清楚的。函里只字未提，只要求对方"妥善安排"。能不能"安排"都无法决定，怎么能做到"妥善"呢？

(2) 语言不得体，说话没有分寸 函和其他的公文文种相比较，庄严度不太高。但作为办理公务的工具，"方便"不是"随便"，写作中该注意的事情还是得注意。办理公务，不论是办理"你有求于我的事"，还是办理"我有求于你的事"，不论是高级别的机关要求低级别的机关办事，还是低级别的机关要求高级别的机关办事，都是为人民办事，都要诚恳合作、尊重对方、平等待人，少一些居高临下的命令式，颐指气使更要不得。

第九节 会议纪要

一、会议纪要的概念

会议纪要是一种记载、传达党政机关、企事业单位、人民群众团体召开的工作会议、座谈会、研讨会等重要会议情况和议定事项的纪实性公文。

二、会议纪要的分类

(1) 从会议性质划分，可分为例行纪要和专项纪要。
(2) 从表达形式划分，可分为概述式纪要和记录式纪要。
(3) 从内容划分，可分为决议性纪要和综合性纪要。

三、会议纪要的特点

① 周知性。
② 纪要性。
③ 条理性。
④ 纪实性。

四、会议纪要的结构与写作要求

1. 会议纪要的结构和写法

会议纪要的结构可分为标题、正文、落款、日期、印章等部分。
(1) 标题　标题有四种形式。
① 发文机关名称、会议名称、文种，如《××职业技术学院学生思想政治工作会议纪要》。
② 会议名称、文种，如例文。
③ 正标题、副标题，如《抓住机遇，扩大开放——沿长江五市对外开放研讨会纪要》。
④ 直接用文种"会议纪要"作标题。
(2) 正文　正文由导言、主体和结尾三部分构成。
① 导言　即会议纪要的开头部分，一般概括介绍会议名称、时间、地点、参加会议人员、主持人、会期、主要议题、会议形式等情况，点明会议议题，然后用"现将会议讨论的主要问题综述如下"或"现将会议基本精神纪要如下"等习惯用语转入主体。
② 主体　即会议纪要的核心部分，主要记载会议的主要精神，一般包括：会议所讨论的工作或问题的意义；对过去工作的基本评价；会议研究的问题；讨论中的主要意见；对今后工作的指导思想、要求和措施等。
③ 结尾　对与会单位和有关方面提出希望和要求，但有的会议则没有这一部分。
(3) 落款、日期、印章　一般性会议纪要不必署名，但办公会议纪要需署名，并在下面注明年、月、日。但也有的成文时间用括注式写在标题下方的适中位置。

2. 会议纪要的写作要求

(1) 要源于会议的材料，综合、整理出主要精神与问题。
(2) 要条理化，注意结构的逻辑性。
(3) 语言要准确、简洁。

五、例文与评析

关于贯彻全国教育工作会议精神的讨论纪要

7月1日上午，×××同志主持召开省委常委会议，听取了全国教育工作会议精神传达及我省贯彻意见的汇报，对全省下一步的传达、贯彻工作进行了具体部署，并对我省教育事业现状和改革、发展问题进行了研究。现纪要如下：

会议认为：全国教育工作会议是在我国加快建立社会主义市场经济体制和现代化建设步伐的新形势下召开的，体现了党中央、国务院对教育工作的高度重视。中央根据我国的国情，确立把教育放在优先发展的战略地位，这是高瞻远瞩的战略决策。各级党政领导都要认真学习会议精神，进一步提高对"教育优先发展战略"的认识，扎扎实实在"优先"两字上下工夫，加强对教育工作的领导，采取得力措施，努力为教育办实事，促进本地教育事业的发展。

近些年来，在各级党委、政府的领导下，通过广大教育工作者艰苦工作，全省教育事业取得了很大成绩，有力地促进了我省经济、科技、社会的发展和我省在"中部崛起"战略的推进。但当前教育事业的状况与我省经济、科技、社会发展的客观要求相比较还有很大差距，轻视、忽视教育的现象远未根除，以后的任务仍极为繁重。对此，各级党委领导、教育管理部门和广大教育工作者都必须有清醒的认识，不可有丝毫懈怠。

会议认为，今后我省的教育工作应围绕以下几个方面进行：

一、要切实加强"两基"工作，即到20世纪末在我省基本普及九年义务教育，基本扫除青、壮年文盲。（略）

二、大力发展职业技术教育和成人教育。（略）

三、我省高等教育事业应以提高教育质量和办学效益为重点，向更高层次发展。（略）

四、要努力增加对教育事业的投入。（略）

五、必须加强师资队伍建设，稳定教师队伍，努力提高教师队伍素质。（略）

六、精心部署全国教育工作会议精神的传达、贯彻工作。（略）

出席人：×××　×××　×××　×××　×××

列席人：×××　×××　×××

[评析]

这是一则综述式的会议纪要，正文由导言和主体两部分组成。导言部分简要而明确地概括了会议的基本情况，主体部分记载了会议的主要精神、对过去工作的基本评价和对今后工作的要求。结构清晰有条理，语言准确、简洁。

六、病文与评析

××市税务局
市场征收工作经验交流大会纪要

××××年5月29日，××市税务局召开了"市场征收工作经验交流大会"，×××副局长对去年6月1日农贸市场实行征税以来的工作进行了回顾总结，部署了今后工作。

×××副局长在总结中指出，在各级党政领导重视、支持和有关部门的密切配合下，经过广大税务专管员的努力，一年来征收税款×××万余元，市场物价基本稳定，摊位、品种并未减少，"管而不死"的方针得到了贯彻，在税收工作上取得了不少成绩：

一、运用税收经济杠杆，加强税收管理。在保护合法经营、打击和限制投机违法活动方面发挥了积极的作用，如××区税务分局第×税务所，从宣传着手，提高商贩的遵纪守法的观念；从检查着手，促使商贩正确申报；从管理着手，做到十足收齐。

二、初步摸索、积累了一些行之有效的征收管理办法。如××区税务分局与工商局密切配合，思想上统一认识，管理上统一步调，处理上统一行动，通过一年实践，证明这种做法有利于加强市场征收工作。

三、在培养、锻炼新生力量方面迈出了可喜的一步。据统计，一年来拒腐蚀的事例共有

289起，不少分局摸索、总结了一些培养干部的经验，××区税务分局第三税务所在大会上介绍了他们"晓之以理，导之以行，抓紧队伍"的做法，就是这些经验的代表。

×××副局长还号召市场税务专管员向一年来立功受奖的同志学习，拒腐蚀，永不沾。只有思想上筑起一道防线，方能在种种糖弹面前立于不败之地。

最后，×××副局长要求各单位进一步加强市场专管员的队伍建设，在政治思想、业务水平、工作经验上都有一个新提高；认真贯彻市委18号文件，密切与其他部门的配合，把整顿市场秩序的工作做好。

[评析]

这篇"会议纪要"存在如下问题。

（1）导言未能概括出会议的基本情况。谁参加会议、谁主持会议、开会的地点在什么地方、会议的议题和会议的结果等均未交代。

（2）没有全面真实地反映会议情况。全文只写了×××副局长的讲话，评价工作、总结经验、提出要求、发出号召，均出自他一人之口；既然是交流大会，当然应有许多人参加，许多人发言，但文章对这许多人的活动、发言连概括性的反映都没有，这样的纪要能说得上全面真实地写出会议的情况吗？

（3）所写的×××副局长总结的三点经验，第一、第二两点，从所举的事实看，是同属于"加强税收管理"的，只是具体做法不同而已。第三点，观点和事实的意义不够一致。所举事实说明的是"加强队伍建设"问题，当然这也包括"培养、锻炼新生力量"的问题，但两者并不是一回事。这说明，拟稿者对材料没有充分分析，对观点没有认真推敲，从而造成了观点不能很好地统帅材料、材料不能很好地说明观点的情况。

（4）×××副局长在总结中说明的经验和提出的措施、要求，也过于简单、笼统，不够明确、实在。这样，即使是恰当的，也不利于有关人员理解、掌握、付诸实践。

（5）第二段，"×××副局长在总结中指出……在税收工作上取得了不少成绩"可是"纪要"接下来说的不是"工作成绩"，而是"工作经验"，当然，"成绩"是可以结合着"经验"来说，但总得说呀！因此那段话的最后两个字改为"经验"或"成绩与经验"较好。

第十节 行政公文写作实训

实训：根据要求撰写文书

1. 选取十三大行政公文类型中的一个，找一份公文例文，并分析其行文结构。
2. 为自己设计一份个人简历，并撰写一份推荐信。内容包括：
- 个人基本信息；
- 求职意向；
- 受教育经历；
- 曾获奖励；
- 学生工作及活动经历；
- 社会实践及工作经历；
- 个人兴趣及爱好；
- 自我评价（可选）；
- 相关职业技能证书。

回顾与总结

　　行政机关公文　行政机关在行政管理过程中形成的具有法定效力和规范体式的文书，是依法行政和进行公务活动的重要工具。

　　通告　在一定范围内向有关单位和群众公布应当遵守或者周知事项的公文。

　　通知　机关团体、企事业单位发布规章制度、传达领导指示、布置工作任务、批转下级报告、告知有关事项时使用的一种公文。

　　通报　党政机关、社会团体用于表彰先进、批评错误、传达重要精神或者情况的一种常用公文。

　　报告　下级机关或业务主管机关汇报工作，反映情况，提出意见或建议，答复上级机关询问时形成的陈述性公文。

　　请示　下级机关向上级机关和业务主管机关请求对某项工作、要求或某件事情给予批准或指示时使用的上行公文。

　　批复　上级机关用于答复下级机关请示事项的下行公文。

　　函　不相隶属机关之间相互商洽工作、询问和答复问题或向有关主管部门请求批准事项使用的平行公文。

　　会议纪要　一种记载、传达党政机关、企事业单位、人民群众团体召开的工作会议、座谈会、研讨会等重要会议情况和议定事项的纪实性公文。

讨论题

　　通过本章的学习，你将如何提高自身的行政公文写作水平？

第二章　商务文书

【学习目标】
学完本章后，你应该能够：
- 了解商务文书的基本含义
- 熟悉商务文书的种类
- 掌握各种商务文书的写法

第一节　计　　划

一、计划的概念

计划是各级机关、企事业单位、社会团体和个人对未来一定时期内的活动拟定出实现的目标、内容、步骤、措施和完成期限的一种事务性文书。

二、计划的特点

① 针对性。
② 预见性。

三、计划的类型

(1) 按工作范围可将计划分为综合性计划和专题性计划两种。综合性计划指工作安排较全面的计划，如某省政府制订某年工作计划，它包括当年该省政府工作的许多主要方面；专题性计划是针对某一专门工作的计划，如政府的办公用品统购计划、某单位的推销计划。

(2) 按完成时限的长短和具体的作用可将计划分为三大类。时间较长，主要起导向作用的是规划类；时间较短，具体设计各项工作的是计划类；时间更短，确定如何具体操作的是安排类。

四、计划的格式和一般写法

1. 标题

文章式计划的标题有如下几种写法。

(1) "单位名称＋时间＋事由＋文种"。如《××公司2003年工作计划》。

(2) "时间＋事由＋文种"。一般单位内部计划的标题常这样写，如《2003年工会工作要点》。

(3) "单位名称＋事由＋文种"。如《××公司员工培训计划》。

(4) "事由＋文种"。一般专题计划和个人计划标题常这样写，如《业务考核计划》。

2. 正文

正文一般包括前言、主体和结尾。

(1) 前言　这是计划的开头部分，简明扼要地概述制订计划的指导思想、依据、意义、本单位情况及总目标等，即回答"为什么"的问题。

有些比较重要或长远的计划，篇幅较长，所以在前言部分还对前一段工作的情况（成效和问题），今后工作的总目标、总任务、指导思想做出概括。

（2）主体　它是用来表述计划的具体内容，是计划写作的重点。应写清楚计划的目标、措施、步骤三要素。一是明确地写出要达到的目标、指标和在数量上、质量上的要求，即"做什么"的问题；二是说明完成任务的具体措施和行动步骤，时间分配，人力、物力、财力安排等，即回答"怎么做"、"何时完成"的问题；三是其他事项及应注意的问题。

（3）结尾　可以提出执行的希望和要求，也可以展望计划实施的前景。有的计划主体内容表述完毕即结束全文。因此，写不写结尾，要根据内容表述的需要确定。

3. 尾部

包括落款和成文日期。落款写明制订计划的单位名称，标题中已标明单位名称的，这里可以不写；成文日期写计划通过或批准的日期。有附件的计划，附件名称应标注于正文之后落款之前，位置在正文下一行左空两字写起。

五、例文

××公司 2002 年度销售计划

为提高本公司产品的销售额，使本公司能向高效率、高收益、高分配（高薪资）的方向发展，特制订如下计划。

一、目标和任务

本公司 2002 年度销售目标如下。

（一）销售额目标

（1）部门全体×××元以上

（2）每一员工/每月×××元以上

（3）每一营业部人员/每月××××元以上

（二）利益目标（含税）××××元以上

（三）新产品的销售目标××××元以上

二、方法与措施

为实现下期目标，本公司制定下列办法与措施，并付诸实行。

（一）本公司的业务机构，必须一直到所有人员都能精通其业务、人心安定、能有危机意识、有效地活动时，业务机构才不再做任何变革。

（二）贯彻少数精锐主义，不论精神或体力都须全力投入工作，使工作朝高效率、高收益、高分配（高薪资）的方向发展。

（三）为加强机能的敏捷、迅速化，本公司将大幅度委让权限，以提高效益。

（四）为达到责任的目的及确立责任体制，本公司将贯彻重赏重罚政策。

（五）为使规定及规则完备，本公司将出台各项规章制度，加强各种业务管理。

（六）MS 股份有限公司与本公司在交易上订有书面协定，彼此应遵守责任与义务。基于此立场，本公司将致力达成预算目标。

（七）设立销售体制，将原有购买者的市场转移为销售者的市场，使本公司能掌握主导代理店、零售店的权利。

（八）将出击目标放在零售店上，并致力培养、指导其促销方式，借此进一步刺激需求的增大。

（九）策略目标放在全国较有实力的 50 多家店，以"经销方式体制"推动其进行。

（十）设立定期联谊会，进一步加强与零售商的联系。

(略)

希望本公司员工明确自己的岗位职责和工作任务,遵守公司各种规章制度,为实现本年度的产品销售目标而努力工作。

二〇〇二年×月×日

六、病文与评析

××公司第四季度工作计划

今年的工作十分繁忙,尤其是第四季度的工作,如何把本季度工作搞好,作下列计划。
1. 抽出时间认真学习十六大的有关经济改革的文件。
2. 深入单位了解完成工作量的情况和资金支用情况。
3. 了解有关单位明年的计划安排和完成情况,以便做好明年的工作计划。
4. 认真地与有关单位核实账目,避免超计划开支。

二〇〇三年九月

[评析]

这是一篇不符合写作基本要求的计划。就计划的正文来说,存在的问题有:前言部分对前一段的工作泛泛而谈;本季度的计划目的和指导思想又不明确;"作下列计划"应改为:"特制订如下计划"。主体部分,一是当前工作任务不明确;二是没有写出完成计划的具体方法、措施和步骤。整份计划泛泛而谈,过于简单。这样的计划是难以实施,无法指导工作的。

第二节 总 结

一、总结的概念

总结是各级机关、企事业单位、社会团体和个人通过对过去一段工作的回顾、分析和研究,从中找出经验、教训,得出一些规律性的认识,用以指导今后工作的事务性文书。

总结类文书最常用的名称是总结,有时还称为"小结"、"回顾"、"体会"、"经验"、"做法"等。

二、总结的特点

① 经验性。
② 自述性。
③ 理论性。

三、总结的类型

总结按内容分,有学习总结、工作总结等;按范围分,有单位总结、个人总结等;按时间分有年度总结、季度总结等;按性质和作用分,有综合性总结、专题性总结等。

四、总结的格式和一般写法

总结和计划一样,也由标题、正文和尾部三部分构成。各部分的写法如下。

1. 标题

总结的标题主要有下面两种。

(1) 公文式标题 即"单位名称+时间+事由+文种"。如《××市政府2003年度工作总结》、《××厂2003年销售工作总结》等，综合性总结常用这种标题。

(2) 非公文式标题 此类标题比较灵活，有的以总结的主要观点为题，如《科技兴厂是扭亏增盈的头等大事》；有的以设问方式做标题，如《我厂是怎样进行优化组合的》；有的还可以双标题，正题突出主要思想观点，副题补充说明总结的内容和范围，如《加强安全教育，健全安全制度——××厂开展安全生产教育活动的总结》，专题性总结常用这种标题。

以机关单位名义写的总结如果使用了公文式标题，文后不另署名，只写日期，也可把日期写在标题下；非公文式标题署名和日期放于文后；以领导名义写的总结，常在标题下署名，在文后写上日期。

2. 正文

总结正文的结构包括前言、主体和结尾。从内容上说，总结都体现了这样一个认识事物的过程：工作回顾—找出经验或教训—指导未来工作。写总结，最关键的就是围绕这一认识过程展开，它适用于所有总结的内容分析。但从具体的写法看，总结正文的每一部分又都有属于它自己的文字组织结构方法，可把总结的格式归纳如下。

前言+主体 { ① 横式结构 ② 纵式结构 ③ 纵横式结构 } +结尾

(1) 前言 概括介绍基本情况，交代背景，点明主旨或说明成绩。可以是概述式，概述工作的基本情况或基本成效；可以是结论式，将工作经验的结论先写明；可以是提示式，对总结的内容先作提示，点明总结的范围。例文的前言就是概述式写法。

(2) 主体 包括成绩、经验、做法等。通常分条列项地写，可写小标题，也可不写。

(3) 结尾 一般写存在的问题和教训以及今后努力的方向；也可以总括全文，重申主旨；可以提出改进设想或展望未来。不是每个总结正文都要具备结尾，有的总结没有结尾，写完主体便结束。如例文的结尾简明扼要地说明存在的问题和努力方向，是一篇写得较好的总结。

3. 尾部

包括落款和成文日期。落款写明总结的单位名称或个人名称，标题中已标明单位名称的，这里可以不写，只写成文日期。

五、例文

××市水利局2001年的工作总结

2001年是跨入新世纪、实施"十五"计划的第一年，也是市政府实现"三年一中变"目标的最后一年。我们更新观念，及时调整治水思路，把我市水利定位为城市水利，并以城市水利建设为龙头，全面掀起我市水利建设的新高潮。这一年来，我们主要做了以下几方面的工作：

一、突出重点抓好三防工作，努力为我市社会经济发展和人民生命财产安全提供保障，体现了我市水利"代表最广大人民根本利益"的要求

去年我市气候异常，防汛形势严峻。首先是台风多，影响广东的台风有10个，其中"尤特"在惠东登陆后横扫广州中部，我市市区出现历史最高潮位2.63米，给存在安全隐患

的堤围、水闸带来很大的防洪压力；其次是降雨多，去年累计降雨量达 2200 毫米，较多年平均同期雨量 1700 毫米多出 500 毫米，而且降雨集中在 6 月份，造成了局部洪水。在各级党委、政府的领导下，我市水利部门通过贯彻"安全第一，常备不懈，以防为主，全力抢险"的方针，采取上下游兼顾、调蓄洪峰、科学调度等有力措施，战胜了台风"尤特"和多场暴雨洪水，有效地减轻了灾害损失，使得去年安全度汛、风雨无忧，保障了全市工农业生产、人民生活的正常秩序。主要措施：

（一）重视抓好工程的除险加固。抓住冬季修水利黄金时期，加大投入，重点解决影响安全度汛的工程隐患。全市冬修水利累计投入资金 3.83 亿元，重点加固存在安全隐患的堤围、水库和水闸，疏浚河道、改造机电排灌站、整修农田水利工程，为去年防汛抗洪的胜利奠定了坚实基础。

（二）做好汛前安全检查，及时处理工程隐患。（略）

（三）抗洪抢险，措施得力。（略）

（四）科学调度，保证工程安全运行。（略）

二、全力以赴，努力完成"三年一中变"的治水任务，城市水利、环境水利、景观水利体现了广州水利"代表先进文化的前进方向"（略）

三、广州新白云国际机场排水工程进展顺利（略）

四、以实现水利现代化为目标，全力抓好现代化建设规划和信息化工作，体现了广州水利"代表先进社会生产力的发展要求"（略）

五、坚持依法行政、促进依法治水（略）

六、加强水资源管理和保护工作（略）

七、加强农田标准化建设，推进农业现代化进程（略）

过去一年，我市水利工作虽然取得了一定的成绩，但我们也应清醒地看到了存在的困难和问题。如水安全隐患还不能完全消除；城市水环境还未得到根本性改善；水法规还不够完善，法制观念淡薄；重建轻管现象仍较普遍；前期工作滞后影响了工程的建设等；这些问题我们必须努力地加以解决。

二〇〇一年××月××日

六、病文与评析

××邮电局 2002 年邮政营销工作总结

（摘要）

2002 年，我局全面落实市局关于邮政营销方面的指标分解计划，全体员工通过征订报刊、吸纳存款、广揽商包（函）和特快专递等渠道全面提高了邮政服务质量，创造了××××万元的营销利润，取得了社会效益和经济效益双丰收的良好业绩。

现将全年邮政营销情况总结如下。

一、报刊发行方面

为更广泛地拓展发行渠道，我局组织有关人员到区内各企事业单位调查订阅意向，摸清征订情况，对订阅种类及数量较多的单位，派专人上门办理订阅手续，办妥收款项，尽最大可能为用户提供便利。截至 2002 年底，已收订报刊××××种，合计订费××××万元。此项收入较去年增加 25% 以上。

（具体事例略）

二、吸储存款方面

2002年度，我局柜台营业人员和业务科室人员，在保证正常营业时间和效率的前提下，尽可能多地抽出人力，下到企事业单位和街道，广泛宣传邮政储蓄的便利和快捷的特点，力争让储蓄户在家中即能享受到邮政服务。对零散的老弱病残用户，在保证安全和维护权益的前提下，代填有关单据；对大额储户，经其同意，局里派专车接送至就近支局（所），并为他们优先办理存款手续。

（具体事项略）

三、开展商包（函）和特快专递业务方面

随着现代通讯手段的日益普及，信函业务大幅萎缩，但商包（函），特别是商业广告信函数量明显增加，而且发展潜力极大。我们充分利用驻区企业、商家众多的有利条件，广泛深入地宣传邮政商业包裹、信函和特快专递业务，定期上门揽收，当场办理手续，对大宗邮件，免费代为运送至处理中心。

（具体事例略）

二〇〇三年一月五日

[评析]

按总结的写作要求，本文明显缺乏理论性，只写做法及取得的经济效益，没有上升到理论的高度，总结出经验，因而不像总结，而像一篇工作报告。文中缺乏对成绩的取得和事故、问题出现的原因进行深层次的分析归纳，是一份不符合要求的总结。

第三节　调查报告

一、调查报告概述

1. 调查报告的概念及特点

（1）调查报告的概念　调查报告是对某一问题或某一事件调查研究后，将所得的信息资料加以整理，得出结论，提出合理建议的书面报告。

（2）调查报告的特点

① 针对性。

② 真实性。

③ 时效性。

2. 调查报告的种类

根据不同的标准，调查报告可以有不同的分类。

（1）按调查报告的目的、作用、内容分为情况调查报告、新生事物调查报告、经验调查报告、问题调查报告。

（2）按调查报告的范围分为综合调查报告、专题调查报告。

二、调查报告的格式和一般写法

1. 撰写调查报告前的调查研究工作

调查报告是在调查研究的基础上形成的文字材料，没有调查就不能有报告。调查报告必须与调查研究的全过程联系在一起。调研的工作步骤如下。

（1）明确调查的目的。

（2）学习有关的政策和知识。

(3) 拟定调查提纲。事先做好安排，科学地设计调查方案。
(4) 收集、分析、研究。
(5) 写出调查研究报告。

2. 调查报告的格式和一般写法

调查报告的基本格式一般由标题、前言、正文、尾部组成。

(1) 标题　调查报告的标题有单行标题和正副标题两种形式。

① 单行标题　单行标题有：一是类似公文的标题，如《关于××市1997年人口普查情况的报告》；二是文章式标题，如《盖章一百二，三程遥无期》；三是提问式标题，如《×××厂为什么能迅速扭亏》。

② 正副标题　正题揭示主题，副题标明调查的事项和范围，如《农民思想道德教育的成功实践——××省××镇精神文明建设调查》。

(2) 前言　这一部分可以扼要地交代调查目的、对象、范围、简要的经过（时间、地点、过程）和方法；也可以说明基本情况，概括全文的主要内容和观点等。常见的写法有提问式、论断式、叙述式等。前言部分因文而异，没有固定的形式。但一定要紧扣主旨，为主体部分展开做准备。文字要简短扼要，如例文。

(3) 正文　正文是调查报告的核心部分。一般包含以下三个方面的内容。

① 情况部分，即"摆现状"，介绍现实情况，必要时也可以简要介绍历史情况，写作时常以数字、图表加以说明，例文第一个问题就是"摆现状"：涉农价格收费和农村"三乱"问题。

② 分析部分，即"析原因"，针对现状分析其原因，并分析其特点和存在的问题。

③ 建议部分，即"提建议"，这是调查报告的落脚点，从分析中提出解决问题的措施和方法，建议和措施要写得有针对性，并注意可行性。这一部分是调查报告是否有社会价值和社会意义的关键所在。这部分在写作时必须注意：在内容上，一是要有鲜明的基本观点；二是要有充足的事实或数据做材料；三是要有分析和评论，找出经验或教训、实质或规律。在篇章结构上，可根据调查内容的实际情况，选择纵式、横式或纵横式结构形式安排材料，把材料和观点有机地统一起来，做到叙述和议论结合，论点和论据结合。

(4) 尾部　调查报告常见的尾部写法如下。

① 总结式结尾　在文后做归纳说明，总结主要观点，深化主题。

② 启示性结尾　提出问题，引人思考。

③ 号召性结尾　提出要求，展示前景。

④ 建议性结尾　提出意见、建议、办法等，以利问题的解决和今后的工作。

⑤ 补充式结尾　补充交代正文中没有涉及而又值得重视的情况或问题。也有正文写完就自然结束，没有单独的结尾。

在正文右下方写上撰写调查报告的单位名称或个人姓名、成文日期，如标题已有单位名称，这里可以省略，这项内容也可以写在标题下面。

三、例文

关于涉农价格收费及农民负担情况的调查报告

（国家计委2001年7月27日）

为贯彻落实《中共中央、国务院关于做好2001年农业和农村工作的意见》（中发[2001]2号）精神，切实减轻农民负担，根据国务院领导同志的指示精神，我委于三四月份组织了6个调查组，分赴安徽、黑龙江、山西、河南、河北、浙江、云南等省，采取不打招呼，直接进村入户的方式，明察暗访，走访了30多个乡镇、50多个行政村、18所中小学、百余户农家，对当地涉农价格收费和农民负担情况进行了认真调查，掌握了大量第一手材料。

一、农村治乱减负取得一定成效，但乱加价乱收费问题仍较突出

近几年，经过各地区、各有关部门的共同努力，减轻农民负担工作取得了一定成效。各级认真贯彻执行中央关于农民负担总量控制、停止各种达标升级活动、农民负担一票否决制度等决定，组织开展减轻农民负担专项检查工作，严肃查处各种增加农民负担的恶性案件；取消了一批不合理收费项目，降低过高的收费标准；大力推进农村电力"两改一同价"，实行电话资费城乡同价；稳妥推进农村税费改革试点，减轻农民负担。各地还积极探索出了一些减轻农民负担的具体办法，如建立涉农价格和收费公示制度、农民负担明白卡和学校收费登记卡制度，提高了涉农价格和收费的透明度，使农村"三乱"现象得到了一定程度的遏制。前几年群众反映强烈的电价和电话通话费水平有了明显降低，特别是农村税费改革试点地区取得减负成果，得到了广大农民的肯定。

（略）

（一）农村中小学乱收费仍较严重。（略）

（二）农民建房收费"三多一高"。（略）

（三）婚姻登记及计划生育收费混乱。（略）

（四）各种乱摊派、乱集资有禁不止。（略）

（五）乡村自立名目乱收费现象突出。（略）

二、产生上述问题的原因

（一）减轻农民负担的政策不落实。（略）

（二）利益驱动和部门本位主义作梗。（略）

（三）财政供养人口过多，支出有增无减。（略）

（四）政策法规欠完善，监督机制不健全。（略）

三、全面清理整顿涉农价格和收费

（略）

（一）各地区和有关部门要把整顿涉农价格和收费作为今年上半年减轻农民负担工作的一项重要任务。（略）

（二）加大宣传力度，把政策交给农民。（略）

（三）坚决查处各种乱收费乱涨价行为。（略）

（四）加强农村价格管理。（略）

（五）加快农村机构改革，减少行政审批。（略）

四、病文与评析

大学生网络素质现状调查

（2004年4月19日）

近年来，网络剧烈地影响和改变着我们的生活，和"水能载舟，亦能覆舟"一样，利用好网络，我们的生活受益无穷，错用了它也会让我们掉入无底的深渊。在众多网民中，大学生占着很大一部分比例，这高素质的一群，有多少人在利用网络，如何利用网络成为各界关心的问题。就这个问题，本人在班里进行了调查，现报告如下：

1. 七成学生用网娱乐

据调查结果显示，100％的同学都触过网，这是因为这学期开设了网络课程，大部分同学懂得用QQ聊天，10％的同学不懂得发电子邮件，20％的同学不懂得下载有用程序。

2. 因友而亡

在上网的学生中，90％以上的同学有一个QQ号码，60％的同学有两个或两个以上是QQ号码，40％的学生沉迷于聊天。在网络犯罪中由QQ引发的事件不少。例如与网友见面被骗东西，被伤害甚至被杀害。

3. 因坛而坠

论坛，也称BBS，在里面"灌水"也是不少学生网民的喜爱，班里85％的同学上过论坛，70％以上的学生在论坛上乱发帖子，10％以上的学生在论坛上有过不文明行为。

4. 因戏而废

网络游戏是不少学生的宠物。调查表明，90％的学生玩过网络游戏，其中85％是男生，5％是女生，30％的学生沉迷于玩CS之类的网络游戏，班上的同学虽没有因为网络游戏而旷课，但在其他一些地方，因为玩网络游戏旷课太多导致多门功课不及格而面临退学的同学却不少。

5. 因网影响健康

60％以上的同学有过通宵上网的情况，40％是经常在周末通宵上网，20％是偶尔通宵上网。通宵上网有时是为了看电影，占45％，有55％的同学是玩游戏积分。通宵上网会缺乏睡眠，导致食欲下降，身体免疫力下降，情感冷漠，心理活动异常，感知、记忆、思维、言语等各种反应能力显著下降等问题。

以上调查表明，大学生对网络认识有偏差，主要是因为大学生上网多在课余时间，放下了繁重的课程，上网时便希望能放松，而不是再学习。在没有人正确引导下，聊天、游戏等易学、大众化的消遣性娱乐自然成了大学生们的最爱。

在调查中了解到，40％的学生认为上网是因为学校的课外活动过于单调，一些娱乐只能通过网络实现。此外，多所大学的网站上教程一个月难得更新一次，因而谈不上让学生们利用校园网进行学习。

其实网络可以用得很精彩，不少世界顶尖的高手都来自于在校大学生。利用网络可以帮自己查找各种学习资料，提高学习效率和学习的深度、广度；可以找到各种实践、兼职、打工、招聘的信息，为自己前途找到好的信息渠道；网络可以认识更多志同道合、积极发展的社会各界朋友；利用网络写稿不仅养活自己，结交优秀编辑、记者，积累社会关系，开阔视野，也培养了个人的综合能力，网络的好处无处不在。

互联网功过皆有，但作为知识含量高、素质好的大学生群体，更应该在网络中学会"取其精华，去其糟粕"，将网络中有用的部分变为自己的财富，大学生运用网络可以很精彩。

[评析]

这是学生写的一篇习作。选题较有现实意义，能结合调查数据，从网络对学生几方面的影响来谈网络的负面效应，并能用词语进行归纳（但表述欠妥），结尾观点鲜明，但还有一些不足之处：①标题与内容不贴切。何为"网络素质"？没有界定，文中大部分谈的是学生使用网络的利弊，宜改为"大学生使用网络利弊的调查"。②原因分析过于简单。网络对学生的负面影响与哪些因素有关？这个问题的分析不够全面。③在材料的使用上，不属于本次调查范围的、道听途说的材料不宜引入。另外，文字的表达不够准确，语句有不通顺的地方。

第四节 经济活动分析报告

一、经济活动分析报告概述

1. 经济活动分析报告的概念和特点

经济活动分析报告是以科学的经济理论为指导，以国家有关方针、政策为依据，根据计划指标、会计核算、统计工作的报表和调查研究掌握的情况与资料，对本部门或有关单位一定时期内的经济活动状况进行科学的分析研究，做出正确的评估，找出成绩和问题，探讨问题产生的原因，寻找改进方法，指导经营管理的书面报告。

它具有时效性、真实性、指导性和灵活性的特点。

2. 经济活动分析报告与市场调查报告的异同

经济活动分析报告与市场调查报告都属非公文类报告的范畴，但两者各有特点。从时间上看，经济活动分析报告除部分专题分析报告外，多数带有定期性特点，即在季度末、年中或年终都要进行定期分析，而市场调查报告则不受时间限制；从内容上看，经济活动分析报告主要分析企业生产或商品流通过程中各项经济指标完成情况，而市场调查报告的内容则远不止这些，范围很广；从形式上看，经济活动分析报告以经济活动的数据为分析的基础，用文字说明数据，两者相辅相成构成分析报告的基本形式，而市场调查报告的形式不拘一格，虽有数据说明，但以具体事实为主；从人称使用看，经济活动分析报告可以使用第三人称，也可使用第一人称，市场调查报告一般只能用第三人称。

3. 经济活动分析报告的种类

经济活动分析报告应用非常广泛，凡是有经济活动的单位和部门，都需要撰写经济活动分析报告。它的种类繁多，由于分类的标准和角度不同，分类的方法也不一样。如按各个经济部门的经济活动特点分，可分为生产分析报告、成本分析报告、财务分析报告、市场分析报告等；按所分析的经济活动时间的长短分，有年度经济活动分析，季度经济活动分析，月、旬、日的经济活动分析等；按分析对象的活动过程及其先后顺序来分，有事前、事中、事后的分析报告；按分析的不同单位来分，有企业内分析报告、企业间分析报告等；按报告内容的广度和特点分，可分为全面分析报告、简要分析报告和专题分析报告等。

二、经济活动分析报告的格式和一般写法

经济活动分析报告的格式，通常由标题、正文和落款三部分组成。

1. 标题

经济活动分析报告的标题一般由被分析单位名称（或分析对象名称）、分析时限、分析事由和文种四项组成。如《××市商业系统一九九八年第一季度财务分析报告》；有的标题可根据情况灵活变通，省略分析单位名称、时间甚至文种，如《家用电器库存结构分析》；有时也可以用分析报告的建议或意见作为标题，如《关于增收节支、扭亏为盈的几点意见》；此外，还可以采用一般文章的标题形式，如《不能忽视小商品的经营》。

2. 正文

经济活动分析报告的正文，一般由三个部分组成，即前言、主体、结尾。

（1）前言　也称导语、引言。这部分内容主要是概括介绍分析对象的基本情况，阐明分析的主旨。有时还在前言中交代分析报告的背景材料和此项经济活动的客观条件，以及企业在特定时限中所做的主要工作、存在的主要问题和针对问题采取的对策。有的还举出所涉及的主要经济指标完成的数字材料。这一部分，要文字简短，重点突出。有的也可不写引言部分，而把其内容放到主体部分一起写。

（2）主体　这是经济活动分析报告的重点，全文的主干。它集中反映了经济活动的分析过程及结果，是分析报告的关键所在。这一部分要对前言中提出的问题或经济指标完成的情况运用各种相关的资料和数据加以具体的分析，阐明经济活动的成功经验或应当注意的问题，分析其深层的原因，找出解决问题的办法等。主体部分包括基本情况、原因分析、评价、意见或建议四项内容。在主体部分的分析中，往往采用比较分析法、因素分析法等进行分析，并通过分析做出结论，如例文。

(3) 结尾　多数经济活动分析报告没有单独的结尾。一般在写完建议或意见后自然作结。也有的对上文的分析、建议进行归纳，概括出一个总的认识作为结尾，还有的以问题作结。少数的分析报告另起一行，写几句总结式或展望式的话作为结尾。

3. 落款

落款处应写明分析报告的写作单位及写作日期。如果写作单位已在标题中标明，或是在标题下标出，落款处即可省略，只标明写作分析报告的年、月、日即可。

三、例文

大市以兴商为先
——深圳市商业物业市场分析

近几年，深圳百多幢高层建筑拔地而起，为城市频频增添新风景。这些大厦的裙楼部分大多作为商业用途，与拥挤嘈杂的东门老街、福田商业街、平价商场形成鲜明的对比，成为现代大都市的标志之一。

在房地产销售中，裙楼商业至关重要，关系整幢大厦销售的成败与否，可谓是"一旺百旺，一落百落"，下面就价格、供求、利弊等问题分析商业物业的现状和发展前景。

售价平稳，租价起伏。1988年至1993年，深圳商铺价格有平均33％的年增长率。以罗湖区一个普通铺面为例，1990年至1993年，租金从60元升到180元（本文中价格单位为元/平方米），年增长38％；售价从3700元升到15000元，年增长50％以上，1993年下半年受大市影响，商铺租金开始下降，至1995年平均下跌15％～30％。国贸商场是深圳早期最大的购物中心，租金高达600～800元，今年降到350元，友谊城租金从500元降到300元，新近落成的宝华楼甚至用"一年免租"来吸引业主。与租价相比，商铺的售价较为平稳，在售的大厦底层商铺价格为28000～45000元，佳宁娜广场高达70000港元，为目前市场最高价。由此反映出许多发展商寄望于后市，下调租金是短期行为，待一二年期满可以再调整，亏损不大；而售出的物业就收不回来，平价抛售带来的缺口是很难补上的，因此，尽管是有价无市，发展商仍然惜售以待。

需求下降，期待增多。深圳商铺一直都是较抢手的，常常在建筑期内就已"名花有主"。但今年实际需求下降，空置率较高。处于繁华路段的大厦只有首层和二层尚能吸引业主，三至五层几乎全空闲。发展中心、罗湖商业城的空置率高达85％，其原因在于：

1. 已经开业运作的大商家，经营状况不太理想，只能维持现状，不再扩大经营；
2. 准备投资商业的企业一见大市冷清需作谨慎考虑，以致推迟投资计划；
3. 小商家竞争激烈，受经济衰退形势的冲击大，转让、转租现象多；
4. 部分商铺规划不合理，自断其路。如在首层设银行，过于庄重，以致楼上商场无人光顾。

（具体情况介绍略）

××××××
××××年×月×日

四、病文与评析

××××绸布呢绒商店
一九××年度经济分析报告

一、基本情况：我店以经营绸布呢绒买卖为主要业务。近年来，由于人民生活水平的不断提高，绸布呢绒类商品市场需求变化较大。过去不重视市场调查，只凭经验确定进销指标，以致一部分商品，因不对路不适销而造成积压。在既要大力组织适销商品以满足消费需要，又要积极处理积压商品降低库存的原则下，一九××年度商品流转指标中的进货、销货均超额完成计划，库存商品也从上年的 80 万元减少到 62 万元，但比计划安排的要求尚有相当大的差距。主要是积压多年的商品，处理上存在一定的困难。而且由于削价出售这些商品，造成销售额超额完成 6.2%，利润反而比计划降低 1.24% 的情况。但与上年各项指标相比，经济效益有显著提高，发展趋势基本上是较好的。

二、各项经济指标的完成情况

（一）商品流转指标的执行情况

（表略）

一九××年的计划，进货保持在上年已实现的销货额（成交额）的基础上，同时扩大计划年度的销售来减少库存商品 30 万元，压缩流动资金。但实际执行的结果，只减少了 18 万元，未能达到预计目标。不过从一九××年起，我店加强了市场预测，实行以销定进。因此在进货超计划 9% 的情况下，没有产生新的积压，整个商品流转计划的执行基本上是正常的。

（二）销售利润及费用指标的完成情况

（表略）

销售收入比计划增长 6.2%，比上年增长 10.9%，在扩大商品流通，满足市场供应方面，取得了一定的成绩。主要问题是：

1. 销售额增加 120 万元，利润额反而减少 5 万元，没有达到计划指标。这主要是由于削价处理积压商品造成的。虽然商品积压也是本店经营管理上存在的问题，但不是一九××年度的责任。

2. 费用比计划增加 9 万元，这是指除水电、文具、印刷等办公费节约 1 万余元后的净超支，除其中因扩大商品销售而增加包装、运输、保险、仓储保管、利息支出以及处理积压而支出整理等费 7 万余元属于正常外，其他如修理费、家具用具摊销、差旅费、会议费、广告样品费等，均发生了不同程度的超支，总数达 2 万元左右，这是管理上存在的主要问题。

（三）流动资金定额的遵守情况

（表略）

定额流动资金全年平均余额比计划增加 8 万元，主要是历年的积压商品没有全部处理完毕，已如上述。但由于商品销售扩大，使资金周转天数接近计划。特别是非商品定额资金比上年均有所压缩，主要是缩短了包装物和物料用品的采购周期，减少储存量的结果。这是全面落实责任制所取得的成绩。

财务科经济分析小组
一九××年××月××日

[评析]

这是一篇年度综合经济活动分析报告，主要分析了绸布呢绒商店商品流转指标的执行情况、销售利润及费用指标的完成情况、流动资金定额的遵守情况，数据翔实，分析中肯，肯定了成绩，指出了不足及原因，但也有不足，主要是缺少最后一部分——改善经营管理的意见。关于文中多次指出的商品积压的问题，以及费用超支的问题，作为财务部门，在进行分析的同时，应提出改善的意见。

第五节　可行性研究报告

一、可行性研究报告概述

1. 可行性研究报告的概念和特点

可行性研究报告是企业在拟办重大建设项目之前，组织有关专家学者，在进行深入细致的调查研究、科学预测和技术经济论证的基础上，对建设项目的技术先进性、经济合理性和建设可能性进行研究后写出的书面报告。

它具有全面性、系统性、前瞻性、可操作性的特点。

2. 可行性研究报告的类型

可行性研究报告按照不同划分标准，可以分为不同类型。按性质分，有综合性可行性研究报告和专题性可行性研究报告；按内容分，有经济建设项目可行性研究报告和经济事业建设项目可行性研究报告。

二、可行性研究报告的格式和一般写法

通常可行性研究报告都是单独成册上报的。它的一般格式包括封面、摘要、目录、图表目录、术语表、前言、主体、结论与建议、参考文献、附件。这里主要介绍以下几项。

1. 前言

可行性研究报告的前言，主要是为了使读者了解本报告的来龙去脉和主要内容，因此前言部分一般包括项目的来由、目的、范围以及本项目的承担者和报告人、可行性研究的简况等，如例文的第一章"总论"。

2. 主体

可行性研究报告的主体就是基本内容。它是结论和建议赖以产生的基础。要求以全面、系统的分析为主要方法，经济效益为核心，围绕影响项目的各种因素，运用大量的数据资料论证拟建项目是否可行。

3. 结论与建议

当项目的可行性研究完成了所有系统的分析之后，应对整个可行性研究提出综合分析评价，指出优缺点和建议。

4. 附件

为了结论的需要，往往还需要加上一些附件，例如试验数据、论证材料、计算图表、附图等，以增强可行性报告的说服力。

三、例文

建设××产品加工厂的可行性研究报告

（提纲）

项目名称：（略）

编制单位：（略）

编制负责人：（略）

日　　期：（略）

第一章　总论

（一）立项的背景情况

（二）根据和范围

第二章 需求预测和拟建规模
(一) 现有生产能力
(二) 市场对××产品的需求情况
(三) 销售预测
(四) 拟建规模产品方案
(五) 工程建设及投产进度
第三章 资源与能源条件研究
(一) 原材料及燃料供应
附表1 各种原料及燃料的需要量和成本
(二) 能源供应（给排水、电力、热力、供气）
附表2 能源需要量及成本情况表
第四章 厂址选择
(一) 厂区自然条件
工程地质、气温及相对湿度、风雨雪等
附表3 各厂址自然条件比较
附表4 各厂址投资费用比较
附表5 各厂址经营费用比较
(二) 厂房构成及建筑面积
附表6 厂房设计方案
第五章 设计方案
(一) 指导思想
(二) 工艺流程及设备
(三) 设备选择方案比较
1．报价
附表7 外国及国内设备报价
2．技术性能及指标
3．生产能力
4．劳动定员
第六章 环境保护与安全消防设施
(一) 环境保护
1．环境污染产生的环节及种类
2．污染物治理工艺及排放形式
3．环境执行标准
(二) 安全措施
第七章 投资估算及经济效益评价
(一) 基本数据
1．工厂生产规模及年产量
2．总投资（包括基本建设和流动资金）
附表8 基建投资估算表
附表9 资金来源
3．产品成本
附表10 各年××产品成本计算表
4．产品销售收入及销售利润

附表11　各年××产品销售收入计算表
附表12　各年××产品销售利润计算表
5. 其他经济指标
(二) 经济评价
1. 经济评价的基本依据
2. 资金平衡及贷款偿还期的计算
附表13　贷款偿还期的计算
3. 企业内部收益率计算表
4. 内部收益率计算
附表14　企业内部收益率计算表
5. 投资回收期
附表15　投资回收期计算表
6. 不确定性分析
(1) 固定成本和变动成本的测算
(2) 盈亏平衡点测算
附表16　盈亏平衡点测算
(3) 敏感性分析
附表17　敏感性分析表
第八章　研究结论

四、病例与评析

金盛商厦可行性研究报告

金盛商厦位于××国道旁××市商业黄金地段，地处××市人民南路人民桥东100米，东临我省最大的旺发批发市场正门（本市场为全国较大的50个市场之一，每天进出正门的商家和购物者达百万人以上，其正门临街商铺售价已高达7000～12000元/平方米）；西临我省最大的电器市场南新电器市场正门（每天进出其正门的商家与购物者达50万人以上）；南靠南新市场与旺发市场；北对中山东路街面。"金盛商厦"东西500米街面是××市，也是我省贸易交易量最大、成交额最高的黄金地段。

由于此地段东临旺发批发市场，西临南新电器市场正门，故购物者与经营者众多。但相关的配套设施却极不完善，比如说餐饮，首先这里只有几家规模不大的饮食店。满足不了更多人的口味，许多人到了那里想吃饭时，却因没有合适的选择而饿着肚子。因此，开发麦当劳、波哥心、金鼎牛肉面等不同档次的快餐、排挡、酒店服务可以适合不同群体；同时这里娱乐休闲设施几乎为零，如开发娱乐休闲于一体的综合超市、文化超市（图书超市、集邮超市、通信超市、娱乐场所、品牌超市、高科技硅谷城）等。此方案，随着××市开发的重点投入及旺发市场批发业规模的不断扩展，将会给投资者带来巨大的经济效益和社会影响。

[评析]

这篇可行性研究报告应该是一篇投资项目的研究报告，但只有地理位置、社会需求的分析，还缺乏大部分的内容（参见本节"可行性研究报告的格式和一般写法"部分）。投资项目，对许多因素，例如成本、利润、风险分析都要经过科学的研究，绝不是想当然。这篇文章更像是一篇招商启事，而非可行性研究报告。

第六节　合同类文书

　　合同，通常也叫合约或契约。1999年3月15日，九届全国人大二次会议审议通过了《中华人民共和国合同法》（自1999年10月1日起实施，以下简称《合同法》），《中华人民共和国经济合同法》、《中华人民共和国涉外合同法》、《中华人民共和国技术合同法》同时废止。新的《合同法》对合同的概念作了统一的界定："合同是平等主体的自然人、法人、其他组织之间设立、变更、终止民事权利义务关系的协议。"合同关系即法律关系，具有强制性，一经签订就对当事人有法律约束力，违反合同就要承担相应的法律责任。

　　从民法理论角度划分，合同可分为四种：一是计划合同和非计划合同；二是单务合同和双务合同；三是有偿合同和无偿合同；四是诺成合同和实践合同。从适应范围角度划分，合同可以分为民事合同、经济合同、劳动合同和行政合同。新的《合同法》讲述的十五种合同，主要是指经济合同。本节主要从广义的合同角度介绍几种商务活动中常见的合同类文书。

一、意向书概述

1. 意向书的概念与特点

　　意向书是当事人双方或多方之间，在对某项事务正式签订合约、达成协议之前，表达初步设想的意向性文书。意向书为进一步正式签订协议奠定了基础，是"协议书"或"合同"的先导，多用于经济技术的合作领域。

　　意向书的特点：其一是协商性；其二是灵活性，意向书不像协议、合同那样，一经签约不能随意更改，意向书比较灵活，在协商过程中，当事人各方均可按各自的意图和目的提出意见，在正式签订协议、合同前亦可随时变更或补充，最终达成协议；其三是简略性。

2. 意向书的类型

　　意向书的具体类别较多，但就合作各方享有的权益和承担的义务分为两大类：一是具有"双方契约"和"有偿合同"性质的意向书，这种意向书使签约双方或各方既享有一定的权利，也承担一定的义务；二是具有"单方契约"和"无偿合同"性质的意向书。这种意向书只有一方单独承担某种义务。

3. 意向书的格式和一般写法

　　意向书的格式一般包括标题、正文、尾部。

　　(1) 标题

　　① "项目名称＋文种"，如《兴建朝阳娱乐城意向书》。

　　② 文种，即《意向书》。

　　(2) 正文　正文的构成是："导语＋主体＋结尾"。

　　① 导语　写明合作各方当事人单位的全称，双方接触的简要情况，磋商后达成的意向性意见。然后用"本着××原则，兴建××项目"作为导语的结束。

　　② 主体　分条款写明达成的意向性意见，可参照合同或协议的条款排列。

　　③ 结尾　写明"未尽事宜，在签订正式合同或协议书时再予以补充"等之类的话，以便留有余地。

（3）尾部　意向书正文之后签署各方单位的名称、代表人姓名并加盖公章、私章及日期。

4. 例文

意 向 书

中国纺织品进出口公司（以下简称甲方）与法国××服装公司（以下简称乙方）经过友好协商，双方本着平等互利的原则，进行补偿贸易。现已达成初步意向，内容如下：

一、为了扩大中国丝绸服装贸易，乙方要求甲方提供稳定生产的服装工厂，为乙方生产中国丝绸服装，甲方同意在××县××乡新建一家服装工厂，生产乙方所需的以真丝为面料、不绣花的女装衬衫、男式睡衣、女式睡袍等。产量暂定为年产30万～35万件。为了确保质量，乙方希望该厂从一开始就注意质量和生产能力的逐步提高。甲方同意乙方的意见，并同意在工厂筹建结束时作具体安排。

二、乙方向甲方提供价值约××万美元的制作丝绸服装的专用设备和附属设备。

三、甲乙双方的贸易和乙方的来料加工业务，其价格、规格、交货期等均应逐项签订合同。

四、甲方根据乙方提供之服装设计原图及施工工艺要求进行加工生产，保证质量。

五、乙方应派员来××市××县××乡服装工厂进行技术辅导及质量监督。乙方人员来××市所需一切费用概由乙方自行负担。

六、未尽事宜，在签订正式合同或协议书时再予以补充。

甲方	乙方
中国纺织品进出口公司（公章）	法国×××服装公司（公章）
代表：××（签名）	代表：××（签名）
时间：××××年×月×日	时间：××××年×月×日
甲方联系人：×××	乙方联系人：×××
电话：×××××××	电话：×××××××
传真：×××××××	传真：×××××××
邮编：××××××	邮编：××××××
联系地址：××××××××	联系地址：××××××××

5. 病文与评析

合同意向书

2000年3月3日至5日，香港××研究所（简称甲方）与西北××公司（简称乙方），就双方共同合作生产压缩机事宜，进行了洽谈。达成以下共识：

1. 双方商定在××地区建立压缩机生产基地。
2. 双方商定乙方负责为该合作项目寻找厂址，甲方负责提供压缩机的最新技术。
3. 合营企业为有限公司，定名为：×××公司。
4. 双方投资比例为3∶7，即甲方占30%，乙方占70%，总投资140万元，其中，甲方××万元，乙方××万元。合作期暂定为五年。
5. 公司设董事会，人数为5人，甲方2人，乙方3人。董事长一人由乙方担任，副董事长一人由甲方担任。正、副总经理由乙、甲双方分别担任。
6. 合营企业所得毛利润，按国家税法照章纳税，并扣除各项基金和职工福利等，净利润根据双方投资比例进行分配。

7. 双方共同遵守我国政府制定的外汇、税收、合资经营以及劳动等法规。

8. 双方商定，在适当时间，就有关问题进一步商洽，提出具体实施方案。

×××（签字） ×××（签字）

香港××研究所所长 西北××公司总经理

2000年×月×日 2000年×月×日

[评析]

① 标题不规范。一般不写"合同意向书"，直接写上"意向书"即可。② 意向书的正文一般写双方初步商洽的意图以及达到一致认识的条款，是一些原则性的意向，不宜写入项目中的关键问题，而这份意向书已经把投资金额、利润分成、合作期双方的权利与义务等都作了明确详细的规定，不符合意向书的写作要求，应该是一份"协议书"；结尾欠缺意向书的份数和持书者的说明。③ 语言欠妥当。如"总投资140万元"应加上币种，是美金、港币，还是人民币？一些数字应该大写，如"董事会5人，甲方2人，乙方3人"中的数字应大写，避免造成不必要的争执。④ 结尾写法不规范。一般应写上甲、乙方单位名称，盖章，再签上法人代表名称。

二、经济合同概述

1. 概念

经济合同是契约的一种，指的是自然人、法人或其他组织之间（双方或多方），为实现各自的经济目的，按照法律规定，彼此确定一定权利和义务的协议。

2. 种类

经济合同的种类繁多，按照不同划分标准，可以分为不同类型。按形式分，有条款式、表格式、条款与表格结合式；按期限分，有长期合同、中期合同、短期合同；按合同内容分，有买卖合同，供用电、水、气、热力合同，赠与合同，借款合同，租赁合同，融资租赁合同，承揽合同，建设工程合同，运输合同，技术合同，保管合同，仓储合同，委托合同，居住合同等。

3. 经济合同的基本特征

经济合同是合同的一个特殊种类，除具有一般合同的特点外，还具备以下特征。

(1) 经济合同的主体一般是法人。法人是依法设立的，并且是有必要的财产和经费，有自己的名称、组织机构和场所，能够独立享有民事权力和承担民事义务的社会组织。可见，法人是社会组织在法律上的人格化。

(2) 经济合同的内容反映了当事人特定的经济目的。这种特定的经济目的，主要反映生产和流通领域的经济关系。

(3) 经济合同的订立和履行要受国家计划的制约和影响。

(4) 经济合同当事人之间的行为是等价有偿的。经济合同作为商品交换的法律形式，必须体现等价交换的原则，无偿的赠与行为不构成经济合同关系。

(5) 经济合同应当采用书面形式。绝大多数经济合同的标的数额都较大，合同当事人权利义务的行使和履行都需要较长的期限，要保证合同的全面、正确履行，就必须采用书面形式订立合同。

4. 经济合同的格式和一般写法

(1) 经济合同的格式和写法 经济合同格式分为表格式和条款式两大类。我国有关部门颁发了几十种常用合同示范文本。在实际使用的合同中，也有两种格式综合使用的。《合同法》规定："当事人可以参照各类合同的示范文本订立合同。"经济合同的基本格式包括标题、当事人、正文、落款。

① 标题　标题位置在首行居中，通常直接使用合同名称以表明合同的性质，如"购销合同"、"承揽合同"等。也有的在前面写明标的，如"供用电合同"、"棉花购销合同"等。还有的再加上时间或者范围的限制，如"××综合商场租赁经营合同"等。

② 当事人　标题下空一行顶格起，当事人（立合同者）要写明单位全称或个人真实姓名。通常各方当事人要以相同形式分行并列，并注明当事人在合同活动中的地位，如"买方"或"卖方"、"出租人"或"承租人"、"委托方"或"服务方"等。也可以用"甲方"或"乙方"分别代指双方，依照惯例，付款方称"甲方"，收款方称"乙方"。

③ 正文　正文的构成是"引言＋主体＋结尾"。

a. 引言　引言要简明写出双方订立合同的依据和目的，如"为扩建北京市××学校电子计算机房，甲、乙双方协商订立本合同，以资共同信守"。也可以不写引言，直接写下一部分。

b. 主体　主体用表格或者条款写明合同内容，包括标的、数量和质量、价款和酬金、履行的期限、履约的地点和方式、违约责任、解决争议的方法等，还包括经当事人商定的其他必要条款。每项都应尽可能写得具体、明确，将各方的责任和义务规定得一清二楚。

c. 结尾　结尾要写明合同的份数、效力。如"本合同一式两份，具有同等效力，双方各执壹份"。有的还需注明合同的有效期限、附件的名目（如"设计图纸"）等。结尾内容也有的写在合同的最后。

合同正文的每个部分和每项内容，在条款式合同中都要另起一段，在表格中都要另占一格，复杂的合同（如进出口合同书）还要划分章目，并在前面列出目录。

④ 落款　落款位置大多在合同书的最后，除了写明当事人单位全称及代表人（或代理人）姓名并加盖公、私印章，注明签订日期外，通常还要注明地址、电话、电传、银行账号等。合同经过鉴证的，鉴证机关可以单独开具"合同鉴证书"，也可以在合同后签署鉴证意见并注明日期，经办人和鉴证机关要署名盖章。

(2) 经济合同的主要条款

① 标的　标的是指合同中双方权利和义务所共同指向的对象，即双方当事人所要实现的目的。合同的标的，根据合同的种类而异，既可以是货物，也可以是货币，还可以指劳务或工程项目等。没有标的的合同，或标的不明确的合同，当事人无法履行义务和享受权利，合同不能成立。

② 数量和质量　数量和质量是衡量标的的指标，是指标的具体体现。数量指标的计量，如产品的数量、款项的金额等；质量主要是指标的规格、性质、式样、标准等。没有数量和质量，双方权利和义务的大小就无法确定，合同也不能生效。

③ 价款或报酬　价款或报酬是取得合同标的的一方向另一方所支付的代价和报酬，是标的的价值，以货币数量来表现。价款或报酬是经济合同中权利义务平等的具体体现。

④ 履行期限、履行的地点和履行的方式

a. 履行期限是指合同兑现的时间，合同的履行期限是双方履行义务和享有权利的时间依据，它对双方都有限制力，包括交货的期限和付款的期限。

b. 履行的地点是指交货、提货、付款和建设的地点，即合同当事人在什么地方履行各自应承担的义务，直接关系到履行的义务和费用，是合同履行的保证。

c. 履行的方式是指当事人采用什么方式和手段来履行合同的义务，如交货方式、结算方式、一次履行还是分批履行等。

⑤ 违约责任　违约责任是指协议者不能履行或不能完全履行经济合同时，必须承担的经济责任和法律责任。这是对不按合同履行义务者的制裁办法，也是避免经济损失、维护合

同严肃性的重要措施。承担违约责任的主要方式是支付违约金和赔偿金。

5. 经济合同的写作要求与病例评析

(1) 经济合同的写作要求　为了订立好经济合同，以保证经济合同顺利履行，实现各自预期的经济目的，获得一定的经济效益，要求遵循下列原则。

① 审查对方主体资格的原则　合同的主体是公民，经济合同的主体是法人，不具备法人资格的当事人之间无权签订经济合同。

② 自由、自愿的原则　这是合同法的基本原则。

③ 遵守国家法律和政策的原则　法律和国家政策是当事人从事一切民事活动，包括签订合同的基本原则。任何人不得通过签订合同进行非法活动。

④ 不损害社会公共利益和不破坏国家经济计划的原则。

⑤ 平等互利、等价有偿、公平合理的原则。

⑥ 诚实、信用原则　诚实、信用原则要求当事人在签订、履行经济合同的过程中，主观上没有损害他人或者国家、社会利益的意思，不给他人或者国家、社会造成损害。

⑦ 全面履行的原则　指经济合同当事人必须按照合同约定的主要条款，全面完成各自承担的义务。全面履行原则体现了社会主义合同制的性质。

⑧ 根据不可抗力可适时变更的原则　由于不可抗力或由于一方当事人虽无过失但无法防止的外因，致使经济合同无法履行，允许变更或解除经济合同。变更、解除的方法有：增加或减少原合同约定的价款或租金；将一次性履行改为分批履行；延长履行期限；解除合同。

⑨ 追究过错责任　保护当事人合法权益的原则。

(2) 例文

广州市房地产租赁合同
（示范文本）

出租人（甲方）：　××建仁房地产实业发展有限公司
承租人（乙方）：　××市农业信息中心

根据国家、省、市有关法律、法规及房地产管理的各项规定，甲乙双方本着平等、自愿的原则，经协商一致订立本合同，并共同遵守，接受当地房地产管理机关的监督、管理。

一、甲方同意将坐落在＿＿区＿＿路＿＿街（巷、里）＿＿号＿＿部位的房地产出租给乙方作＿＿（按房屋使用性质填写）用途使用，＿＿（使用、建筑）面积＿＿平方米，其中包括＿＿（自搭、原有）阁楼＿＿（使用、建筑）面积＿＿平方米，分摊共用＿＿（使用、建筑）面积＿＿平方米，另有余地使用面积＿＿平方米。

二、甲乙双方协定的租赁期限、租金情况如下：

租　赁　期　限	月租金额(币种:人民币)	
	小　写	大　写
2004年4月1日至2004年6月	26,470.00	贰万陆仟肆佰柒拾圆整
年　月　日至　年　月　日		

注意：

1. 租赁期限不得超过二十年。

2. 住宅用房的租金应执行国家和房屋所在城市人民政府制定的租赁政策。租用房屋从事生产、经营活动的，由租赁双方协商议定租金。

3. 如以上表格不够填写，可另行附纸按上列格式填写。

4. 如未填满，必须注明"以下空白"。

租金按＿＿（月、季、年）结算，由乙方在每＿＿（月、季、年）的第＿＿日前按＿＿

付款方式缴付租金给甲方。

执行国家福利租金政策的房屋，执行的租金标准或房屋结构、装修条件变动时，租金随广州市房地产主管部门颁布的租金标准调整，乙方按新调整的租金付给甲方。

三、乙方已向甲方交纳（____币）____元保证金（公有住房保证金，按房改有关政策规定收取；非住宅用房及其他住宅的租赁保证金，可以收取不超过三个月月租金数额），并按照双方签订的房地产租赁合同使用房屋，甲方应在租赁期满或解除合同之日将保证金本金____（退回乙方、抵偿租金）。

四、在租赁期内，甲方承担下列责任：

1. 依合同将房屋及设备交付乙方使用。未按约定提供房屋的，每逾期一日，须按月租金额的____％（小于3％）向乙方支付违约金。

2. 负责对房屋定期安全检查，承担房屋主体结构自然损坏的维修费用；如因房屋维修乙方临时搬迁时，甲方应与乙方签订回迁协议；如因甲方维修责任而延误房屋维修造成他人人身伤亡、财产损失的，应负责赔偿。

甲方应负的其他修缮责任：_____。

3. 租赁期间转让该房屋时，须提前3个月（大于3个月）书面通知乙方；抵押该房屋须提前____日书面通知乙方。

4. 租赁期内，甲方如需提前解除合同，应事前征得乙方同意。

五、租赁期内，乙方负责承担下列责任：

1. 依时交纳租金。逾期交付租金的，每逾期一日，乙方须按月租金额的____％（小于3％）向甲方支付违约金。如果逾期____日，甲方有权解除合同，收回房屋。

2. 严格按房屋使用性质使用房屋。乙方擅自改变房屋用途，甲方可解除合同，收回房屋。

3. 因使用需要对房屋进行扩、加、改建（含改变间隔）、室内装修或增加设备，必须经甲方书面同意并订阅书面协议，并按规定重新议定租金，甲方有权对工程进行监督。

4. 将房屋转租、分租的，适用以下第____点：

（1）不得将房屋转租或分租。如违反则视为乙方自动放弃房屋使用权，本合同在转租或分租之日起解除，保证金不予退还，由此造成的一切损失，由乙方负责赔偿。

（2）同意将房屋转租或分租。必须签订转租合同，重新议定租金和其他合同条款并办理租赁登记手续。

5. 爱护和正常使用房屋及其设备，发现房屋及其设备自然损坏，应及时通知甲方并积极配合甲方检查和维修，因乙方过错延误维修而造成他人人身伤亡、财产损失的，乙方负责赔偿；使用房屋不当或者人为造成房屋损坏的，应负责修复或赔偿。

乙方应负的其他修缮责任：_____。

6. 乙方在承租的房屋内需要安装或者使用超过水、电表容量的任何水电设备，应事前征得甲方同意，并由甲方负责到有关部门办理增容手续，费用由乙方负担。

7. 注意防火安全，不得在房屋内非法存放易燃、易爆等危险物品。

8. 租赁期内，乙方需提前解除合同的，应事前征得甲方同意。

9. 租赁期满且甲方要求收回房屋或解除合同之日，应交回原承租房屋和设备给甲方；如需继续承租房屋，应提前____个月（大于3个月）与甲方协商，双方另订合同。

10. 在租赁期内必须遵守国家有关计划生育政策。

六、违约责任：

1. 任何一方未能履行本合同规定的条款或者违反房地产租赁管理法律、法规。另一方有权依法提前解除本合同，造成的损失由责任方承担。

2. 租赁期届满，甲乙双方未续订合同且甲方要求收回房屋，乙方逾期不交出承租房屋的，甲方除限期乙方迁出和补交占用期租金外，并有权按占用期内租金总额的____％（小于100％）收取违约金。

3. 租赁期内任何一方无法定或约定的理由而单方提出解除合同的，另一方有权要求赔偿损失，并有权按租赁存续期内租金总额的____％（小于100％）收取违约金。

七、违约金、赔偿金应在确定责任后十日内付清，每逾期一天，按应付金额____‰支付滞纳金。

八、在租赁期内，经房屋安全鉴定部门鉴定房屋不符合安全使用标准时，租赁合同自然终止，因此造成的损失由责任方负责赔偿。

九、如因不可抗力的原因，造成本合同无法履行时，双方互不承担责任。

十、租赁期内因征地拆迁的，双方应共同遵守《广州市城市房屋拆迁管理条例》，否则，由此而造成的损失由责任方承担。

十一、本合同履行中发生争议，双方应协商解决，协商不成时，可采用下列第____种方式（只能选择一种，同时选择两种无效）解决：

1. 向____（具体仲裁机构名称）申请仲裁；
2. 向人民法院起诉。

在协商与诉讼期间，双方均不得采用任何方式威迫对方。

十二、上述房屋在租赁期内，需要交纳的税费，由甲乙双方按规定各自承担。

十三、本合同未尽事宜。（略）

十四、本合同经双方签章后，自房地产租赁管理机构登记之日起生效。

十五、在租赁期内，变更或解除本合同及附件，须在十日内到经管的租赁管理机构办理变更或注销登记手续。

十六、租赁期届满，若不到原办理租赁登记的管理机构办理终止登记手续的，视为甲方对乙方继续使用房屋无异议，双方延续租赁关系，租赁期为不定期，在新的租赁期间，甲乙双方仍须按规定缴纳有关税费。

十七、本合同一式____份（正本____份，副本____份），甲方执正本____份，副本____份，乙方执正本____份，副本____份。合同副本一份送交房地产租赁管理机构备案；如作为拆迁周转房使用，另送合同副本一份交房地产拆迁主管机关备案。

十八、双方约定其他事项：_____。

甲方（签章）：×××　　　　　乙方（签章）：×××
法定代表：×××　　　　　　　法定代表：×××
＿＿＿＿证件号码：×××　　　＿＿＿＿证件号码：×××
＿＿＿＿委托代理人：×××　　＿＿＿＿委托代理人：×××
＿＿＿＿证件号码：××××　　＿＿＿＿证件号码：×××
地址：××××××　　　　　　地址：××××××
电话：××××××　　　　　　电话：××××××

立约日期：二〇〇四年×月×日

(3) 病文与评析

建筑工程承包合同

立合同人：××师范大学化学系（甲方）
　　　　　××建工集团总公司生产部（乙方）

为建筑××师范大学化学系第二实验楼，经双方同意，订立本合同。

(1) 甲方委托乙方在化学系办公楼旁新建第二实验楼1座,由乙方全面负责建造。
(2) 全部建造费(包括材料、人工)×××万元。
(3) 甲方在订立合同后先交一部分建造费,其余在实验楼建成后抓紧归还所欠部分。
(4) 工期待乙方筹备就绪后立即开始,4月中旬开工,年底左右交付使用。
(5) 建筑材料由乙方视具体情况全面负责筹备。
(6) 本合同一式二份,双方各执一份。

乙方: 甲方
××建工集团总公司生产部(公章) ××师范大学化学系(公章)
唐××(盖章) 系主任:钱××(盖章)

二〇〇〇年三月十五日

[评析]

这份建筑承包合同的内容和订立,不符合《经济合同法》的规定,主要问题如下。①签订合同的当事人都不具备法人资格:××师范大学化学系是某一大学内部的下属组织,××建工集团总公司生产部是某一公司内部职能部门,都不具备法人资格。如果是由法人授权(有法人委托书)签订的合同,则是合法的。②条款欠完备:如正文的主要条款中缺乏工程面积、工程设计图纸、工程质量要求、违约责任等条款。③内容欠具体、明确:如"订立合同先交一部分建造费"中的"一部分"可多可少,没有量的规定是不行的。④在措辞上欠周密,有很大的随意性:如"抓紧归还"中的"抓紧","年底左右交付使用"中的"左右"等,这些都留下了很大的漏洞,可能导致纠纷。

三、授权委托书概述

1. 授权委托书的概念

授权委托书也称委托合同,是指委托人与受托人就委托事务达成的代理协议。从法律角度讲它是合同的一种形式,也受《合同法》的约束。

委托代理指受托人以委托人的名义为委托人办理委托事务。委托合同的双方当事人可以是公民,也可以是法人组织。

委托人将事务委托给受托人,受托人合法办理委托事务所引起的法律后果与法律责任由委托人承担。

委托代理协议大多适用于民事法律行为。被代理人因未成年、年龄过大、身体状况不好、不熟悉相关法律规定等各种原因,不能实施民事法律行为,可以依法委托代理人,让其代理行使法律所赋予自己的权利。

授权委托在经济发达的社会里被人们普遍认可与采用。如不动产出售、出租或者就不动产设定抵押权、物业管理、房屋管理等都可以授权委托。股票及其他证券的交易,可授权委托银行或证券交易部门代理。

2. 授权委托书的种类

依据授权的范围,可将授权委托书分为特别委托书和概括委托书。特别委托指约定一项或者数项事务的委托;概括委托指约定一切事物的委托。

具体签订授权委托书需采取何种委托形式,当事人可以根据需要、委托事务的性质以及双方的信赖程度、合作时间的长短等决定。

3. 授权委托书的格式和一般写法

授权委托书由首部、正文和结尾组成。

(1) 首部 首部包括标题与委托人和受托人基本情况。

① 标题　授权委托书的名称，可以直接以"授权委托书"作为标题，也可以在其前面加上授权委托的内容，或以副标题的形式将授权委托的内容加在主标题的下面。标题的形式可以按委托方与受托方协商的标题确定。

② 委托人和受托人的基本情况　在授权委托书的标题下面左下方，写明委托人和受托人的姓名（或名称）、国籍、住址（或营业地址）。如果有多个委托人和受托人，应当分别写明，并由各个当事人分别签名或盖章。未经授权的代理人，不得代为签字。如果有关当事人是法人，应当由法人代表或其授权的代理人签字，并加盖公章。如果是个人还应当写明姓名、性别、地址、年龄、民族、籍贯、职业。一般是委托人的基本情况写在前，受托人的基本情况写在后。

(2) 正文　正文是授权委托书的内容，以条款形式表达。委托条款要尽可能地详尽准确，以免发生争议。在该部分中，应当明确写出委托人委托办理事务的具体内容和受托人的权限范围，具体有以下几个方面。

① 法律依据　在正文的开头应写明授权委托的法律依据，一般常用以下格式表明，如"根据法律规定，委托人××自愿委托××，并经其同意为受托人"。

② 授权委托事项　说明授权委托代理的事项，是房屋管理、办理诉讼案件、办理工商登记还是签订合同，是什么事项就应当把代理的内容、代理的范围（是一项事物、多项事物还是一切事物）和代理的权限规定清楚，尽可能把委托事务的性质、特点和要求描述明确。

③ 当事人双方的权利及义务　委托人将依据法律承担受托人代理事务所发生的法律后果，承担相应的法律责任。受托人要依照委托人的意愿尽最大努力实现委托人要达到的结果，在办理事务时，要维护委托人的合法权益。双方的权利与义务，应根据委托事项的需要，详细拟订。

④ 授权委托的报酬及报酬支付方式　当授权委托合同为有偿时，委托人应向受托人支付报酬，因此双方当事人应当依据代理的项目，代理的难易程度，所涉及的专业知识的多少、技术的复杂性及相关法律规定和常规决定报酬额的多少，并在委托书中注明报酬的支付方式、支付时间、支付地点和币种，是一次支付还是分次支付、有无预付等。

⑤ 授权委托合同履行的期限、地点和方式　与其他合同相同，授权委托合同也应当有相应的履行期限、地点和方式的条款，使当事人明确在何时、何地、怎样恰当地履行合同。

⑥ 违约责任及争议解决　当委托人或受托人不履行或不适当履行委托书所规定的义务时，应当依据法律规定承担违约责任。双方当事人应就什么事项属于违约、违约事项出现后应当如何处理，是支付违约金、赔偿金及其他责任达成协议。在合同发生争议时，当事人双方可选择协商、调解、仲裁、法院审理等方式解决。

⑦ 委托的终止　授权委托书应就委托终止的情形进行规定。根据《合同法》第410条的规定，委托人或者受托人可以随时解除委托。因解除合同给对方造成损失的，除不可归责当事人的事由以外，应当赔偿损失。《合同法》第411条规定，委托人或者受托人死亡、丧失民事行为能力或者破产的，委托合同终止。因委托合同的特殊性，所以应在委托书中拟定委托终止的条款。

(3) 结尾　授权委托书结尾，委托人及受托人签名盖章，并签写合同订立的时间（年、月、日）。如例文是一份国际贸易代理合同，格式和写法都比较规范。

4. 授权委托书的写作要求与病例评析

(1) 授权委托书的写作要求

① 必须写明授权委托的具体事项，绝不能模棱两可，让受托人不知所措。

② 必须写明双方的权利及义务，以免引起争执时无凭据。

③ 必须采取书面形式确定委托权限，规定双方当事人的责任，确定代理行为的范围和效力。

④ 条款齐备，表达明确具体。
(2) 例文

委托代理合同书

制造商名称：KDSZ（简称制造商）
注册地点：×××
代理商名称：ABC 贸易有限公司（简称代理商）

1. 委任

兹委任 ABC 贸易有限公司为_____地区船舶修理及销售之代理商。

2. 代理商之职责

（1）向该地区寻求船主欲购船和修船的询价单并转告 KDSZ；
（2）报道本地区综合市场概况；
（3）协助安排工厂经销人员的业务活动；
（4）代表制造商定期做市场调查；
（5）协助制造商加收货款（非经许可，不得动用法律手段）；
（6）按商定的方式，向 KDSZ 报告本地区所开展的业务状况。

3. 范围

为了便于工作，KDSZ 应把代理区域业主名录提供给代理商，代理商对此名录给予评述，提出建议或修正，供 KDSZ 备查；由于个别船舶收取佣金造成地区之间的争执时，KDSZ 应是唯一的公证人，他将综合各种情况给出公平合理的报酬。

4. 佣金

KDSZ 向该地区代理商支付修理各种船舶结算总价值____％的佣金，逢有大宗合同须另行商定佣金支付办法，先付____％，余额待修船结算价格收款后支付。

当需要由 KDSZ 付给业主（即船主）的经纪人及第三方介绍人等佣金时，必须由代理商事先打招呼；同时由 KDSZ 决定是否支付。

5. 费用

除下述者外，其余费用由代理商自理。
（1）由 KDSZ 指定的时间内对 KDSZ 的走访费用；
（2）特殊情况下的通讯费用（长电传、各种说明书等）；
（3）KDSZ 对该地区进行销售访问所发生的费用。

6. KDSZ 的职责

（1）向代理商提供样本和其他销售宣传品；
（2）向代理商提供重点客户的船名录以使其心中有数；
（3）通知代理商与本地区有关船主直接接洽；
（4）将所有从业主处交换来的主要文件之副本提供给代理商并要求代理商不得泄露商业秘密。

7. 职权范围

就合同之价格款、时间、规格或其他合同条件，代理无权对 KDSZ 进行干涉，其业务承接之决定权属 KDSZ。

8. 利害冲突

兹声明，本协议有效期内，代理商不得作为其他修船厂的代表而损害 KDSZ 利益。代理商同意在承签其他代理合同前须回求 KDSZ 之意见；代理商担保，未经 KDSZ 许可，不得向第三方泄露有损于 KDSZ 商业利益的情报。

9. 终止

不拘何方，以书面通知3个月后，本协议即告终止；协议履行期间代理商所承接的船舶的佣金仍然支付，不论这些船舶在此期间是否在厂修理。

10. 泄密

协议执行中或执行完毕，代理商担保，不经 KDSZ 事先同意，不向任何方泄露 KDSZ 定为机密级的任何情报。

11. 仲裁

除第三条所述外，双方凡因协议及其解释产生争执或经双方努力未能满意解决之纠纷，应提交双方确认的仲裁员进行仲裁，如对仲裁员各持己见，则暂由海事仲裁委员会主席临时指定仲裁员。

KDSZ　　　　　　　　　　　　　　ABC 贸易有限公司
签字：×××　　　　　　　　　　　签字：×××
××××年×月×日　　　　　　　　×××年×月×日

(3) 病文与评析

房屋代管授权委托书

委托人×××，由于年迈多病，且居住国外，自愿将所有权属于×××，坐落于××市××区×属2号楼605号的房屋，委托×××全权代为管理，帮助委托人处理有关房屋的一切事宜，如果委托人愿意出售该房屋时，代办出售过户手续。

合同有效期自签订之日起至××年×月×日止。

委托人×××　　　　　　　　　　受托人：×××
××××年×月×日　　　　　　　××××年×月×日

[评析]

这份书面授权委托书内容太简单，条款不完备：一是委托人和受托人的基本情况欠齐全，该委托书只写双方姓名，不符合要求；二是缺双方具体的权利和义务、责任条款，这是授权委托书必不可少且十分重要的条款，应根据委托事项的需要，详细拟订。这份授权委托书的语言欠周密。如"帮助委托人处理有关房屋的一切事宜"太笼统，很容易造成争执，使受托人不知所措。

四、招标书概述

1. 招标书的概念与特点

招标书又称招标说明书，是招标人利用投标者之间的竞争从而达到优选投标人的一种告知性文书，是招标人为了征召承包者或合作者而对招标的有关事项和要求所作的解释和说明。招标书的特点是具有明确性、竞争性、具体性和规范性。

2. 招标书的种类

按性质和内容分，招标书有工程建设招标书、企业租赁招标书、大宗商品交易招标书、选聘企业经营者招标书、企业承包招标书、劳务招标书、技术引进或转让招标书等。

3. 招标书的格式和一般写法

招标书一般由标题、正文与尾部三部分组成。

(1) 标题　招标书的标题通常由招标单位名称、招标项目名称和文种三部分构成，如"××大学修建图书馆招标通告"，有的则省略招标项目，这种情况也很常见，如"中国技术进出口总公司招标书"；有的甚至只写文种，如"招标通告"。

如在标题中没写招标项目的，可在标题下注明招标项目名称和招标编号，也可在正文写明。

(2) 正文　招标书的正文分前言、主体和结尾三部分，如例文。

① 前言　前言部分一般写明招标单位的基本情况和招标目的。

② 主体　主体包括文件编号、招标项目名称、招标范围、招标办法、招标时限、招标地点等。

③ 结尾　结尾部分写明招标单位的名称、地点、电话号码和传真联系人等。

一般来说。商品招标书正文的内容要求标明商品的名称、数量规格、价格等。科技项目招标则要求写明招标原则、项目名称、任务由来、研究开发目标、研究开发内容、经济技术指标、研究开发的进度要求、成果要求、经费要求、承包单位的条件及要求等内容。正文的结构一般用条文式，有的也用表格式，有的两者兼用。

(3) 尾部　招标书的尾部一般包括附件名称、落款、成文日期及附件原文，如例文。

4. 招标书的写作要求与病例评析

(1) 招标书的写作要求

① 在起草和发布招标书之前，必须经上级有关主管部门的批准。在招标书中，一般都要写清经过什么单位批准，实行公开招标。这样既增加了招标书的权威性，又使投标单位有责任感。

② 要求要合法，标准应科学。招标书中的具体要求应符合有关法律、政策的要求，不能违法，特别是招标书中的技术要求应科学，要符合国际标准或国家颁布的标准。公告的各项数字，一定要认真核实，做到准确无误。

③ 招标书的内容要力求写清、写全、写准，使投标者能够权衡利弊，做到一目了然，有章可循，避免产生误解。

④ 文字要简洁、端庄。招标书的写作要做到干净利落，层次清晰，不可拖沓冗长，用语要严肃端庄。

(2) 例文

天地大厦建筑安装工程招标书
（摘要）

为了提高建筑安装工程的建设速度，提高经济效益，经市建工局批准，天地公司对天地大厦建筑安装工程的全部工程进行招标。

一、招标工程的准备条件

本工程的以下招标条件已经具备：

1. 本工程已列入北京市年度计划；
2. 已有经国家批准的设计单位出具的施工图和概算；
3. 建设用地已经征用，障碍物已全部拆迁；现场施工的水、电、路和通讯条件已经落实；
4. 资金、材料、设备分配计划和协作配套条件均已分别落实，能够保证供应，使拟建工程能在预定的建设工期内，连续施工；
5. 已有当地建设主管部门颁发的建筑许可证；
6. 本工程的标底已报建设主管部门和建设银行复核。

二、工程内容，范围，工程量，工期，地质勘察单位和工程设计单位（见会表）

三、工程可供使用的场地、水电、道路等情况（略）

四、工程质量等级，技术要求，对工程材料和投标单位的特殊要求，工程验收标准（略）

五、工程供料方式和主要材料价格，工程价款结算办法（略）

六、组织投标单位进行工程现场勘察，说明和招标文件缴交的时间、地点（略）

七、报名，投标日期，招标文件发送方式

报名日期：2003年5月4日

投标期限：2003年5月10日起至2003年5月30日止

招标文件发送方式（略）

八、开标、评标时间及方式，中标依据和通知

开标时间：2003年6月10日

评标结束时间：2003年6月30日

开标、评标方式：建设单位邀请建设主管部门，建设银行和公证处参与。

中标依据及通知：本工程评定中标单位的依据是工程质量优良，工期适当，标价合理，社会信誉好，最低标价的投报单位不一定中标。所有投标企业的标价都高于标底时，如属标底计算错误，应按实况予以调整；如标底无误，通过评标剔除不合理的部分，确定合理标价和中标企业。评定结束后五日内，招标单位通过邮寄（或专人送达）方式将中标的通知书送发给中标单位，并与中标单位在一月内签订天地大厦建筑安装工程承包合同。

九、其他（略）

本招标方承诺，本招标书一经发出，不得改变原定招标文件内容，否则，将赔偿由此给投标单位造成的损失。投标单位按照招标文件的要求，自费参加投标准备工作和投标，投标书（即标函）应按规定的格式填写，字迹必须清楚，必须加盖单位和代表人的印鉴。投标书必须密封，不得逾期寄达。投标书一经发出，不得以任何理由要求收回或更改。

在招标过程中发生争议，如双方自行协商不成，由负责招标管理工作的部门调解仲裁，对仲裁不服，可诉诸法律。

建设单位：天地公司

地址：××区××路×号

联系人：高叶

电话：××××××

传真：××××××

e-mail：××××××

附件：1. 施工图纸

2. 勘察、设计资料

3. 设计说明书

二〇〇三年三月二日

附件1：施工图纸（略）

附件2：勘察、设计资料（略）

附件3：设计说明书（略）

(3) 病文与评析

××洗衣机厂招标公告

我厂生产的××牌洗衣机2002年计划生产15万台，为提高质量、降低成本，决定对外购买部件，在全国公开招标。

1. 招标项目：电容器、插头电源线等
2. 招标时间：2002年×月×日起至2002年×月×日止
3. 开标时间和地点：2002年×月×日在我厂会议室开标
4. 招标文件的发售与价格：全套招标文件及单项图纸于2002年×月×日至2002年×

月×日在我厂招标办公室发售，每套2元

　　厂址：××市×××路××号

　　电话：××××

二〇〇二年×月×日

[评析]

　　这份招标公告存在以下缺点。①招标项目欠明确：决定购买的部件必须全部列出，不能用"等"字概括。②招标时间不详尽：因为是向全国招标，外地投标者可能以信函式投标，故必须注明信函的邮寄时间，如"以投标信函的邮戳为准"。③开标时间欠具体：必须写明上午还是下午，几点钟开标，否则投标者不知何时到达合适。④招标文件的出售方式未交代清楚：如外地投标者是否可以汇款邮寄，不必亲自前来等，应加上"本地直接付款购买，外地汇款邮寄（带收据）"等说明。⑤结尾部分内容不完备：应加上招标单位名称（全称）、联系人等，现在一般还应写上传真号、e-mail 地址等。

五、投标书概述

1. 投标书的概念与特点

　　投标书也称"标函"，是投标人为了中标而按照招标人的要求，具体地向招标人出示订立合同的建议，是提供给招标人的备选方案的文本。

　　投标书的特点是具有针对性、求实性和合约性。

2. 投标书的种类

　　① 企业经营者投标书。

　　② 竞争企业承揽商的投标书。

3. 投标书的格式和一般写法

　　投标书的格式与招标书相同，由标题、正文和尾部三部分组成。

　　(1) 标题　投标书的标题一般和招标书的标题相对应，只是在文种上有差异，一般由投标项目加文种组成，也有的是由投标单位名称加文种构成。如针对《中国人民银行河南省分行办公大楼施工招标书》的投标书的标题应为《中国人民银行河南省分行办公大楼施工投标书》或《×××建筑公司投标书》。有的投标书的标题直接写成"投标书"或"投标申请书"，而不涉及招标的项目和投标单位。

　　(2) 正文　投标书的正文结构由送达单位、引言、主体和结尾四部分组成。

　　① 送达单位　即"收信人"，在投标书的标题下一行顶格写上招标单位的名称或招标机构的名称。如果招标书中对投标书的送递有明确规定，则按规定要求写称谓即可。这一项有时也可以省略。

　　② 引言　主要说明投标的依据、目的和指导思想。

　　③ 主体　主体部分是投标书的中心内容，是鉴定投标方案是否可取、投标人能否中标的关键部分。一般包括根据招标书提出的目标、要求，介绍投标企业的现状，明确投标期限及投票形式，拟定标的，填写标单等。例如，竞争企业经营者投标书一般要写年龄、学历、工作经验、工作业绩、对招标对象现状的分析，包括存在的问题、不足、优势等；接着要提出经营目标，这一目标一般要与招标书的要求相符合；对实现经营目标进行可行性分析，同时提出具体措施。其中心内容是实现经营目标的具体措施。投标者提出的措施要切实可行，令招标者信服，切忌自吹自擂，夸大其词。竞争企业承揽商的投标书，首先要写投标单位的基本情况，如性质、级别、技术力量、过去经营业绩；标

价以及对自己提出标价的分析说明；投标者的承诺，如时间保证、技术质量、设备情况、固定资产的情况等。

投标书主体部分的内容较多，一般应按照相应的招标书的要求顺次写出即可。有时也可根据招标书的要求分部分来写。总之，无论怎么写都应做到数据准确，分析有理，标价适当，方法妥当，措施可行；只有如此才能令招标者信服，才有中标之可能。

④ 结尾　写明投标单位的名称、地址、电话号码、传真、e-mail 地址、联系人等。

(3) 尾部　投标书的尾部要写清楚附件名称、落款、成文日期和附件原文。

4. 投标书的写作要求与病例评析

(1) 投标书的写作要求

① 要明确招标要求　在写投标书之前，要对招标书的各项内容进行深入细致的研究，对招标书所涉及的各种情况要了如指掌，切不可随便应付，因为一旦确定中标，那么投标书就是招标者、投标者双方签订合同的依据。如项目名称、规格、数量、质量、标价、时间、地点等都是合同的重要条款。因此，写作投标书要慎重严肃，要严格按照有关要求和投标者的具体情况进行写作。

② 实事求是，不弄虚作假　投标方必须在认真研究招标书的基础上，客观估计自己的技术、经济实力和相应的赔偿能力，经过专家的充分论证后，再决定是否投标。并实事求是地填写标单和撰写投标书，切不可妄加许诺，不可徇私舞弊，弄虚作假，害人害己。因为一旦中标，就要在规定期限内与招标方签订合同，按合同办事。如不实事求是，将给国家、招标单位和本单位带来严重的经济损失，要为违约或毁约承担法律责任。

③ 文字简洁，语气谦和　语言表达应简明准确，无论是定性还是定量说明，都应准确无误，少用模糊语言，多用精确语言；语气要谦和、诚恳，例如使用"我们愿……"、"我们将与贵单位共同协商……"、"我们承诺……"等语言，容易与招标单位形成一种较为融洽的关系，有利于顺利投标。

(2) 例文

天地大厦建筑安装工程投标书

（摘要）

天地公司招标办公室：

在研究了天地大厦建筑安装工程的招标条件和勘察、设计、施工图纸，以及参观建筑安装工地以后，经我们认真研究核算，愿意承担上述全部工程的施工任务。我们投标书内容如下。

一、标函内容（包括工程名称、建筑地点、建筑面积、建筑层数、结构形式、设计单位、工程内容若干形式等，略）

二、标价（略）

三、工期（包括开工日期、竣工日期、合计天数等，略）

四、质量（达到等级、保证质量主要措施、施工方法和选用施工机械等，略）

五、投标企业概况（企业名称、地址、所有制类别、审定企业施工级别、平均人数，略）

六、企业简历（略）

七、技术力量（包括工程师以上人数、助理工程师人数、技术员人数、五级以上人数、平均技术等级，略）

八、施工机械装备情况（略）

九、营业执照（批准机关、执照号码，略）

我们特此同意，在本投标书发出后的 30 天之内，都将受本投标书的约束，愿在这一期间（即从 2003 年 5 月 10 日起至 2003 年 6 月 9 日止）的任何时候接受贵单位的中标通知。一旦我们的投标被接纳，我们将与贵单位共同协商，按招标书所列条款的内容正式签署天地大厦建筑安装工程施工合同，并切实按照合同的要求进行施工，保证按质、按量、按时完工。

我们承诺，本投标书（标函）一经寄出，不得以任何理由更改，中标后不得拒绝签订施工合同和施工；一旦本投标书中标，在签订正式合同之前，本投标书连同贵单位的中标通知，将构成我们与贵单位之间有法律约束力的协议文件。

投标书发出日期：2003 年 5 月 10 日 9 时

投标单位：辉煌建筑公司（公章）

企业负责人：万明光（盖章）

联系人：杨杰（盖章）

电话：××××；传真：××××××；e-mail：×××××

地址：××××××

附件：1.×××××
　　　2.×××××

二〇〇三年×月×日

(3) 病文与评析

投 标 书

一、综合说明

根据××省××厅《新建××省××工业学校实验大楼招标书》以及××省建筑研究设计院设计的图纸内容，我公司完全具备承包此项工程的施工条件，决定投标，全部接受招标书中的各项条款。我公司经历了长期建筑工程的施工实践，于××××年企业整顿验收合格，××××年××省建筑工程委员会审定为一级土建施工企业。公司现有职工 4520 人，有 6 个工程处、共 30 个施工队，并配有预制构件厂、机构施工工程处、滑模工程处、大型运输车队。公司具有液压滑模、全框架现浇、大跨度钢架、预应力工艺、轻钢骨架、装配式工业厂房的施工能力及经验。具备大型土石方工程、建筑工程和水电安装工程总承包的施工能力。

此项工程如果中标，我们将以全面管理为核心，严格编制施工组织设计，发挥企业优势，挖掘企业潜力，保证缩短工期，力争将此项工程创为优良工程。

二、工程造价

预算总造价为××万元。标价在总造价的基本上降低百分之一（×万×仟圆，详见预算造价汇总表）。

三、建设工期

在合同签订后进入现场，做好开工前的一切准备工作，于××××年×月×日正式动工，约××××年×月×日竣工，总工期 12 个月左右，比国家规定的定额工期提前 3 个月左右（详见进度计划）。

四、工程质量

根据图纸要求，严格按新标准验收，认真做好质量检测工作，随时接受建筑单位及检验部门的监督检查，确保工程达到优良级标准。

附件：1. 工程预算造价汇总表一份。
       2. 施工进度计划一份。

××省××建筑工程公司
××××年×月×日

[评析]

这份投标书存在以下缺点。①条款欠缺：一是缺工程名称；二是正文缺送达单位名称和结尾部分；三是按规范的格式投标书的尾部还要附上附件原文。②语言不周密："约××××年×月×日竣工"的"约"字、"总工期12个月左右"的"左右"、"在合同签订后进入现场"的"后"等，都是不明确的词语，合同是不允许用模糊语言的。③内容欠具体明确：如主体部分"工程质量"一段，"严格……认真……随时……确保……"是虚泛的内容，必须具体写明质量标准，否则无法得到招标单位的信任。

第七节　商务文书写作实训

实训一：根据要求撰写文书

1. 请就某一款饮食产品做一次问卷调查，要求：
- 产品类型、品牌不限；
- 问卷问题不超过12个；
- 被调查人数不超过30个；
- 被调查对象选取方式：随机。

2. 请写一则请示
- 主送机关：××学院学生工作处。
- 内容：××学院管理学院邀请了50家企业，拟于本周日到学院举行2014届毕业生供需见面会，向学生工作处申请相关物品及经费（自行编写）。
- 报送单位：××学院管理学院。

实训二

以小组为单位，设定情境，轮流致欢迎词、欢送词、祝贺词、答谢词、介绍词、解说词等。

回顾与总结

　　计划　各级机关、企事业单位、社会团体和个人对未来一定时期内的活动拟定出实现的目标、内容、步骤、措施和完成期限的一种事务性文书。

　　总结　各级机关、企事业单位、社会团体和个人通过对过去一段工作的回顾、分析和研究，从中找出经验、教训，得出一些规律性的认识，用以指导今后工作的事务性文书。

　　调查报告　对某一问题或某一事件调查研究后，将所得的信息资料加以整理，得出结论，提出合理建议的书面报告。

　　经济活动分析报告　以科学的经济理论为指导，以国家有关方针、政策为依据，根据计划指标、会计核算、统计工作的报表和调查研究掌握的情况与资料，对本部门或有关单位一定时期内的经济活动状况进行科学的分析研究，做出正确的评估，找出成绩和问题，探讨问题产生的原因，寻找改进方法，指导经营管理的书面报告。

可行性研究报告　企业在拟办重大建设项目之前，组织有关专家学者，在进行深入细致的调查研究、科学预测和技术经济论证的基础上，对建设项目的技术先进性、经济合理性和建设可能性进行研究后写出的书面报告。

合同　平等的自然人、法人、其他经济组织之间设立、变更、终止民事权利义务关系的协议。

意向书　当事人双方或多方之间，在对某项事务正式签订合约、达成协议之前，表达初步设想的意向性文书。

经济合同　契约的一种，指的是自然人、法人或其他组织之间（双方或多方），为实现各自的经济目的，按照法律规定，彼此确定一定权利和义务的协议。

授权委托书　又称委托合同，是指委托人与受托人就委托事务达成的代理协议。

招标书　又称招标说明书，是招标人利用投标者之间的竞争从而达到优选投标人的一种告知性文书，是招标人为了征召承包者或合作者而对招标的有关事项和要求所作的解释和说明。

投标书　也称"标函"，是投标人为了中标而按照招标人的要求，具体地向招标人出示订立合同的建议，是提供给招标人的备选方案的文本。

讨论题

通过本章的学习，你认为应该如何提高自身商务文书的写作水平？

第Ⅱ模块　沟通技巧

- ◆ 沟通的概述
- ◆ 有效沟通技巧（一）——听话的技巧
- ◆ 有效沟通技巧（二）——说话的技巧
- ◆ 非语言沟通技巧
- ◆ 与领导沟通的技巧
- ◆ 与下属沟通的技巧

第三章 沟通的概述

【学习目标】
学完本章后,你应该能够:
- 掌握有效沟通的程序
- 了解沟通的概念及类型
- 熟悉有效沟通的原则

第一节 沟通的概念

一、沟通的定义

从一般意义上讲,沟通就是发送者凭借一定渠道(亦称媒介或通道),将信息发送给既定对象(接收者),并寻求反馈以达到相互理解的过程。它包含以下几层意思。

1. 沟通首先是信息的传递

沟通包含着意义的传递,如果信息没有传递到既定对象,那么,也就没有发生沟通。也就是说,如果演讲者没有听众或者写作者没有读者,那么就无法构成沟通。所以,从沟通意义上来说,"树林中有一棵树倒了,却没有人听见,那么它是否发出了声响"?答案当然是否定的。

沟通中的信息包罗万象。在沟通过程中,我们不仅传递信息,而且还表达着赞赏、不快之情,或者提出自己的意见和观点。这样,沟通的信息就可分为:①语言信息,这包括口头语言信息和书面语言信息,两者所表达的都是一种事实或个人态度。②非语言信息,它是指沟通者所表达的情感,包括副语言和身体语言信息等。沟通过程中,发送者首先要把传送的信息"编码"成符号,接收者则进行相反的"解码过程"。沟通者要完整地理解传递来的信息,即既要获取事实,又要分析发送者的价值观、个人态度。只有这样才能达到有效的沟通。

2. 信息不仅要被传递到,还要被充分理解

如果一个不懂中文的人阅读本书时,那么他(她)所从事的就无法称之为沟通。完美的沟通,如果它存在的话,那么经过传递后,接收者所感知到的信息应与发送者发出的信息完全一致。值得注意的是,信息是一种无形的东西。在沟通过程中,所有传递于沟通者之间的只是一些符号,而不是信息本身。传送者要把传送的信息翻译成符号,接收者则要进行相反的翻译过程。由于每个人的"信息—符号储存"系统各不相同,对同一符号常常存在不同的理解。

3. 有效的沟通并不是沟通双方达成一致的意见,而是准确地理解信息的含义

许多人认为,有效沟通就是使别人接受自己的观点。实际上,你可以明确地理解双方所说的意思但不一定同意对方的看法。沟通双方能否达成一致意见,对方是否接受你的观点,往往并不是沟通有效与否这个因素决定的,它还涉及双方利益是否一致、价值观念是否相似等其他关键因素。例如,在谈判过程中,如果双方存在着根本利益的冲突,即使沟通过程中不存在任何噪声干扰,谈判双方的沟通技巧也十分纯熟,往往也不能达成一致协议,而在这个过程中双方都已充分了解对方的要求和观点。

4. 沟通是一个双向、互动的反馈和理解过程

有人认为，既然我们每天都在与别人沟通，那么沟通并不是一件难事。是的，我们每天都在进行沟通，但这并不表明我们是一个成功的沟通者，正如我们每天都在工作并不表明我们每天都能获得工作上的成就一样。沟通不是一个纯粹单向的活动。或许你已经告诉对方你所要表达的信息，但这并不意味着对方已经与你沟通了。沟通的目的不是行为本身，而是在于结果。如果预期结果并未产生，接收者并未对你发出的信息作出反馈，那么就也没有达成沟通。

二、沟通的类型

我们用得最多的是语言。这是我们人类特有的一个非常好的沟通模式。实际上在工作和生活中我们除了用语言沟通，有时候还会用书面语言和肢体语言去沟通，如用我们的眼神、面部表情和手势去沟通。归纳起来，我们的沟通方式有两种。

> 沟通的两种方式：
> - 语言的沟通
> - 肢体语言的沟通

1. 语言的沟通

下面我们就看一下，语言的沟通和肢体语言的沟通不同之处是什么？我们先简单地看一下语言的沟通。语言是人类特有的一种非常好的、有效的沟通方式。语言的沟通包括口头语言、书面语言、图片或者图形。口头语言包括我们面对面的谈话、开会等。书面语言包括我们的信函、广告和传真，甚至现在用得很多的 e-mail 等。图片包括一些幻灯片和电影等，这些都统称为语言的沟通。

在沟通过程中，语言的沟通对于信息的传递、思想的传递和情感的传递而言更擅长于传递的是信息。

语言的沟通渠道

口　　头	书　　面	图　　片
模式	信	
一对一（面对面）	用户电报	
小组会	发行量大的出版物	幻灯片
讲话	发行量小的出版物	电影
电影	传真	电视/录像
电视/录像	广告	投影
电话（一对一/联网）	计算机	照片/图表/曲线图/画片等
无线电	报表	与书面模式相关的媒介定量数据
录像会议	电子邮件	

2. 肢体语言的沟通

肢体语言包含得非常丰富，包括我们的动作、表情、眼神。实际上，在我们的声音里也包含着非常丰富的肢体语言。我们在说每一句话的时候，用什么样的音色去说等，这都是肢体语言的一部分。

我们说沟通的模式有语言和肢体语言这两种，语言更擅长沟通的是信息，肢体语言更善于沟通的是人与人之间的思想和情感。

肢体语言的沟通渠道

肢体语言	行 为 含 义
手势	柔和的手势表示友好、商量,强硬的手势则意味着:"我是对的,你必须听我的"
脸部表情	微笑表示友善礼貌,皱眉表示怀疑和不满意
眼神	盯着看意味着不礼貌,但也可能表示兴趣,寻求支持
姿态	双臂环抱表示防御,开会时独坐一隅意味着傲慢或不感兴趣
声音	演说时抑扬顿挫表明热情,突然停顿是为了造成悬念,吸引注意力

三、沟通模型

1. 沟通模型

沟通是一个双向、互动的过程,因此,沟通不仅是发送者将信息通过渠道传递给接收者,同时接收者还要将他所理解的信息反馈给发送者。因此,沟通是一个反复循环的互动过程,这一模型包括5个要素:①发送者;②接收者;③信息;④渠道;⑤文化背景。同时,在沟通的一般过程中,还包括沟通双方的反应活动,这包括:①发送者的编码;②接收者的解码;③双方的反馈。

2. 沟通要素

(1) 发送者　发送者是沟通过程中信息发送的源头,没有发送者,也就无所谓接收者,显然,发送者是沟通中的重要因素之一。

(2) 接收者　接收者是对发送者传递的信息进行解码并加以理解的人,他(她)与发送者相辅相成,相互制约。

(3) 信息　如果说发送者和接收者是沟通活动中的主体的话,那么信息就是沟通传递的客体。接收者并不能领悟发送者内心的思想和观点,他只有通过接收发送者传递的信息来理解对方真正的意图。可以说,信息是沟通者真正意图的异化。

(4) 渠道　亦称通道或媒介,是指由发送者选择的,借由传递信息的工具或手段。

渠道的选择直接关系到信息传递和反馈的效果。不同的信息内容要求不同的渠道。例如,企业会议则有必要使用备忘录,但如果邀请朋友吃饭用备忘录则显得不伦不类。

在各种方式中,影响力最大的,仍然是面对面的沟通方式。面对面沟通时,除了词语本身的信息外,还有沟通者整体心理状态的信息。这些信息使得发送者和接收者可以发生情绪上的相互感染。所以,即使是在通讯技术高度发达的美国,在总统大选时候选人也总是不辞辛苦地四处奔波去演讲。

(5) 文化背景　沟通总是发生在一定的文化背景中。人作为一种群居性动物,必然受到所处群体形成的文化的影响和制约。可以说,无"文化"不成沟通。

3. 沟通者的活动(反应)

在沟通中沟通双方产生如下的活动。

(1) 编码和解码　编码是发送者将其信息符号化,编成一定的文字或其他形式的符号。解码则恰恰相反,是接收者在接收到信息后,将符号化的信息还原为思想,并理解其意义。

完美的沟通,应是传送者所要表达的思想经过编码和解码两个过程后,与接收者重建的思想完全吻合,即编码和解码完全"对称"。对称的前提是双方拥有类似的知识、经验、态度、情绪和感情等,如果双方对信息符号及内容的理解缺乏共识,那么就无法达到共鸣,因此，就不可避免地产生认知差异和障碍。

也就是说，发送者在编码过程中必须系统分析，充分考虑接收者的情况，注重内容、符号对其的可读性。接收者在解码过程中也必须考虑前者的背景，这样才能准确地选择和分类，准确地把握对方所想表达的真正意图。

(2) 反馈　沟通过程的最后一环是反馈回路。反馈是指接收者把信息返回给发送者，并对信息是否被理解进行核实。为检验信息沟通的效果如何，接收者是否正确接受并理解了每一信息的状态，反馈是必不可少的。在没有得到反馈之前，我们无法确认信息是否已经得到有效的编码、传递和解码。如果反馈显示，接收者接受并理解了信息的内容，这样的反馈称之为正反馈，反之则称之为负反馈。

第二节　有效沟通的原则及程序

一、有效沟通的原则

沟通作为人类最基本、最重要的活动方式和交往过程之一，不仅在管理中占据重要的地位，而且在其他的人类行为中也扮演着十分重要、不可或缺的角色。人类社会及人类社会中的任何一个基本组织，都是由两个或多个个体组成的群体，沟通是维系组织存在，保持和加强组织纽带，创造和维护组织文化，提高组织效率、效益，支持、促进组织不断进步、发展的主要途径。当然沟通并不是一个永远有效的过程，要进行有效的沟通，就必须遵循一定的原理，只有遵循这些基本原理，沟通才能及时、准确、有效。一般说来，一个完美、有效的沟通过程，必须遵循以下基本的沟通原则。

1. 明确性原则

当信息沟通所用的语言和传递方式能够被接收者所理解时，就可以认为它是明确的信息。明确的信息才能起到沟通的效果，所以，沟通过程中要使用通俗易懂的语言。发布信息时用别人能够理解的文字、语言、口气来表达，是信息发布者的责任。它要求发布者有较强的语言表达能力和文字表达能力，并熟悉其下级、同级和上级所用的语言。在企业内，有各层次的管理人员，有普通工人和专业技术人员，在信息发布中应根据不同的对象采用不同的语言。面向普通员工的信息沟通要注意将各种专业术语和技术语言通俗化。领导讲话更要以让人听懂为目标，有些领导者在讲话中故意卖弄学问，专拣一些时髦的、晦涩难懂的词句来唬人，这只能起到相反的作用。

2. 诚信度原则

诚信是沟通的基础和前提，作为一个企业领导者必须具有足够的诚信度，才能够取得员工的信任，这对保持企业内的良好沟通渠道和沟通效果具有重要影响。

3. 良好氛围原则

在有些企业里，管理者往往重硬件轻软件。一提到信息沟通，就认为要购买计算机，建立网络。实际上，创造利于沟通的氛围比配备硬件更重要。试想，在一个官僚机构林立，领导者独断专行、盛气凌人的组织中，有谁愿意进行交流呢？从一些成功企业的实践来看，组织成员间的互相尊重，是有效沟通的基础。上级管理人员放下架子，充分表达沟通的意愿，才能打消下级的顾虑，使之愿意与其进行交流。此外，对通过有效沟通，进行技术创新、管理创新的组织成员进行适当的鼓励，也是十分必要的。在具体操作上，建立企业中的"建议制度"、"厂长接待日制度"、"企业信息公开发布制度"，对内部沟通是大有裨益的。

4. 真实性原则

真实性原则要求有效沟通必须是对有意义的信息需求进行传递。没有真正意义的信息需要进行传递，哪怕整个沟通的过程健全完整，沟通也会因为没有任何实质内容而失去其价值和意义。无效沟通是对沟通资源，包括时间和精力、渠道、金钱的一种浪费，不仅沟通本身毫无意义与价值，有时甚至还会产生负效益，即沟通成本大于沟通的收益。有效沟通的内容与过程必须具有真实性，沟通的信息必须是至少对其中一方有用和有价值的信息。

5. 适当性原则

适当性原则要求有效沟通必须将有意义的信息，通过适当和必要的沟通渠道，由一个主体送达至另一个主体。有了真实的信息需要沟通，也有一些渠道或通路可以将信息传送给信息接收者，但是这还不能完全保证沟通的有效性，其原因何在？因为不同的信息对于传递渠道的选择有不同的要求。真实的信息，选择了不恰当的渠道进行传递，就会产生信息误读或扭曲，导致沟通受挫或受阻，有时甚至产生沟通灾难。如上司对下级表示友好的方式就因人、因场合而异，如方式选择错误，则可能引起沟通问题。

6. 共时性原则

共时性原则要求有意义、真实的信息必须由适当的发送者发出，并通过适当的渠道传递给适当的接收者。人们要想达成有效的沟通，信息的发出者和接收者都应该是而且必须同时恰好是应该发出和应该接收的沟通主体，发送者和接收者的主体适当和共时性这两者缺一不可。如信息虽由适当的发送者发出，但接收者不对；或者接收者对了，但发送者身份或地位不适当，都会导致沟通失败。只有有意义的信息从适当的主体发出，并准确地传送给了适当的接收者，且接收者及时接收，沟通才可能是有效的。

7. 完整性原则

完整性原则要求有效沟通必须由适当的主体发出，并通过适当的渠道，完整无缺地传送给适当的主体接收。信息由适当的发送者发出，通过适当的渠道传递，并且也由适当的接收者接收了，沟通是否就一定能保证有效完成呢？答案是不一定。这是因为，由于各种原因的影响和各种因素的干扰，被传递的信息，有可能在被传递过程当中，人为或自然地损耗或变形。如果这种情况发生，那么，接收者接收到的信息，已经不是发出者所发出的严格意义上的同一信息，有可能发生沟通失误或误解信息。因此，信息在传递结束时必须仍然保持其内容的完整性，才能保证这一沟通是有效的。

必须注意的是以上这些原则都是一个大体的概括，一项沟通只要符合上述原则中的大部分原则，应该就是有效的，完全符合上述所有原则的沟通是很少的。

二、有效沟通的程序

有效沟通的程序包括识别沟通风格、为沟通作准备、注意、理解、接受和行动六个程序。

1. 识别沟通风格

在现实世界中，人是多种多样的，如果想对不同的人进行有效沟通，就必须了解不同人的沟通风格，并用相应的方法与其沟通。

(1) 影响沟通风格的因素　根据人们在工作与生活中的个性特征，影响人的沟通风格的主要因素是控制性和敏感性。控制性反映了个人的行为在他人眼中显示出来的控制人的程度；敏感性反映了个人在他人眼中关心他人的程度。

(2) 四种沟通风格　可以根据控制性和敏感性的强弱把沟通风格分为表现型、控制型、亲和型和分析型四种。

① 表现型　表现型的人外向、热情、幽默、活泼、朝气蓬勃、干劲十足、想象力丰富、面部表情丰富、动作多、节奏快，但是情绪波动大。在和表现型的人进行沟通时，应该注意以下几点：声音洪亮，充满热情和活力，充分运用形体动作，直接表达，对结果进行书面确认。

② 控制型　控制型的人比较注重实效、果断、独立、有明确的目标、有能力、坦率、热情，他们往往以事情为中心，而会忽略他人的情感。在和控制型的人进行沟通时，应注意以下几点：少说多听、积极反馈、答案明确、声音洪亮、有详细的计划、直奔主题、尊重他人。

③ 亲和型　亲和型的人善于与人合作，友好、耐心、支持他人、助人为乐、富有同情心、轻松、对人真诚、对公司忠诚、说话慢条斯理、表情和蔼可亲。与亲和型的人进行沟通时，应该注意以下几点：了解其内心的真正想法，建立起友好的关系，对其加以称赞，多使用目光接触，多谈主题内容。

④ 分析型　分析型的人严肃认真、一丝不苟、语调单一、具有完美主义倾向、严于律己、对人挑剔、喜欢单干、动作慢、注意细节、面部表情少、有计划。在与分析型的人进行沟通时，应该注意以下几点：表达准确，内容突出，注重细节，逻辑性强，遵守时间，使用准确的专业术语，多使用具体数字。

2. 为沟通作准备

在为沟通进行准备时，应该明确沟通的目标、制订详细的计划、对可能出现的情况进行分析。

在沟通目的方面，有的人是为了建立友谊，有的人是为了销售产品，还有的人是为了闲聊。不同的沟通目的需要采用不同的沟通手段。

在沟通计划方面，要列出沟通的目的、主题、时间、地点、方式、对象，确定先说什么，后说什么。如何在一定的时间内把自己的主要观点表达清楚是有很大学问的，计划越充分，沟通的效果也会越好，机遇总是偏爱那些有准备的人。

最后，还应该对沟通的情况进行一定的预测，这将有助于把握沟通中可能出现的问题。

3. 注意

注意是指接收信息的人把全部注意力都放在倾听信息、阐述自己的观点以及及时提问上。要做到这一点就必须保证接收信息的人在沟通过程中专心致志，而不是三心二意。否则信息沟通的有效性就无从谈起。

4. 理解

理解是指接收信息的人能够明了所收到信息的真正含义。要做到这一点，发出信息时应以对方真正理解为标准，而不应以自己是否发出为标准。

5. 接受

接受是指接收信息的人愿意按信息要求办事。对发出信息的人来说，应想办法排除接收信息的人对信息的不信任感。发送者和接收者之间有异议，是十分常见的，因为人的观念一旦形成之后就很难改变。因此发送者和接收者之间还要进行进一步的沟通，或者说是进行讨价还价，并最终达成协议。

6. 行动

行动是指在协议达成之后，信息接收者执行已达成的协议。要做到这一点，发出信息的人要帮助接收信息的人克服在执行中遇到的各种困难，并给予必要的督促和检查。此外还要对沟通效果进行及时的反馈。

回顾与总结

沟通 沟通就是发送者凭借一定渠道（亦称媒介或通道），将信息发送给既定对象（接收者），并寻求反馈以达到相互理解的过程。

沟通的两种方式 语言的沟通及肢体语言的沟通。

沟通模型 沟通是一个反复循环的互动过程，这一模型包括5个要素：①发送者；②接收者；③信息；④渠道；⑤文化背景。

有效沟通的原则 有效沟通的原则包括：明确性原则、诚信度原则、良好氛围原则、真实性原则、适当性原则、共时性原则及完整性原则。

有效沟通的程序 有效沟通的程序包括识别沟通风格、为沟通作准备、注意、理解、接受和行动六个程序。

讨论题

1. 什么是沟通？
2. 描述一般沟通的模型，解释其中所包含的基本要素和活动。
3. 分析有效沟通的原则的含义。
4. 有效沟通程序是怎样一个运作体系？

第四章 有效沟通技巧（一）
——听话的技巧

【学习目标】

学完本章后，你应该能够：
- 明确认识倾听在沟通中的重要性
- 掌握有效倾听的各种技巧、沟通的原则

第一节 ■ 全心的投入

一、专注

专注是指用身体给沟通者以"我在注意倾听"的表示。它要求你把注意力集中于说话人的身上，要心无二用。听别人讲话最忌讳"左耳进，右耳出"，别人的讲话在自己的心中没有留下任何痕迹。

专注不仅要用耳，而且要用全部身心，不仅是对声音的吸收，更是对意义的理解。

1. 排除干扰

在沟通过程中，我们要尽量排除噪声和干扰。这些干扰可能来自于环境，比如房间内的喧闹，他人的说话声，怪声和异味，室内温度过高或过低，坐的椅子不舒服，或者视觉上的干扰。当然，还可能是电话铃声或者客人来访。

另一种干扰来自于说话人。也许是他或她穿着很古怪，打扮得很糟，有扰人的怪癖，脸部表情或体态语言令人迷惑不解，或者也可能是他或她的嗓音很粗，风格上毫无吸引人之处等。

除了上述的外在干扰外，还存在着听者本人生理和心理两方面的内在干扰。例如，有时候你自己会处在某种特别的情绪状态之中，比如很恼火；或得了感冒或患牙痛，或者是刚好临近吃饭或休息的时间，你觉得很饿也很累。如果是这样，你也就不会很认真地去听。

可见，潜在的干扰很多，既有内部的，也包括外部的。你要是不能排除它们，也得想办法把它们减少到最低程度，你可以通过注意力聚焦来实现这一点，具体做法是：①做做深呼吸；②寻找有趣的方面；③注意参与的姿势；④保持距离；⑤保持目光交流。

2. 关注内容

人们常说，不要根据封面来评论一本书。同样，当我们听别人讲话时，也不要受自己对说话者的评价而忽略其表达的内容。

在听话过程中，我们要以开阔的胸怀去自由地倾听，要关注讲话者的内容而不要评价讲话者。如果你对讲话者厌烦了或对他不置可否，那么你就不会全神贯注地去听。这样只会导致你学不到任何东西。

我们怎样才能更好地从关注他人说话内容中学到知识呢？除了重复说"教教我"之外，还可以选择以下三个策略：①不要详述你是同意还是不同意；②对你不熟悉的题目要特别注意；③把你获得的新信息与你已有的旧知识有机结合起来，当你从他人那里得到知识时，要把新的与已熟悉的联系起来。

3. 听清全部内容

听清全部内容，也就是随时都听，这听起来容易，但是做起来不容易。我们的思维有着很大的漫游空间，这会使你分散注意力，并使你的意志背叛你的要求而被打断。当一个说话者缺乏吸引力的时候集中精力就变得更加困难，也变得更为重要。

注意力难以集中，在你接听电话时可以证明。在电话交谈期间，你可以发现你自己在同时从事五种不同活动：看电视，想起以前的电话，担心即将到来的约会，在本上记下自己的一些差事，注意力转移到不同方面。

4. 捕捉要点

尽管一般情况下，人们的说话和谈论，并不都是金玉良言，而是有许多平常的、芜杂的、甚至多余的东西。但对处处留心的人来说，往往能在用心倾听别人谈话的过程中，获得某种宝贵的知识和信息，从而触发自己的思考，产生灵感的火花。

听话时是否能捕捉到有用的信息，是非常重要的，这也是听话的基本目的之一。说话人常常会把话语的意思隐含在一段话里。前面的话，往往是引子，是提示；当中一段话，有时是要点，有时是解释；后面一段话，也许是结论，也许是对主要意思的强调或引申。我们在听话过程中，要善于从说话人的言语层次中捕捉要点、捕捉信息。还有，说话人在强调某些重点语句时，常采用故意放慢语速、突然停顿、提高声调或故意降低声调以及手势等加以提示，这样我们可以从说话人的语气、手势变化来捕捉信息。

二、跟随

专注的目的之一是使你积极地倾听，在对方的说话过程中，除了专注可以理解说话者所说的信息外，还可以采用跟随方式。跟随说话者不仅可以听清全部信息，还可以让你充分记住说话者所说的内容并理解其含义。

1. 组织信息

组织信息，是听话技巧中最为复杂的过程。正如我们在前面提到的，你可以利用听说速度的差异造成的时间间隔来做这项工作，具体来说，这可以包括以下三种方式：复述内容、记笔记、作比较。

（1）复述内容　复述是指准确简洁地重新表达对方的意见。这样做不仅可以检验自己是否正确地理解了自己听到的话；还可以鼓励对方详细解释他的说法，并表明你在倾听。在提问—回答式的讨论过程中，复述还能确保每个人都能详细地听到正在讨论的内容。

（2）记笔记　随听随记，及时做笔记，可以有助于提高听知的效果。

记录对方所说的话，不必请求允许。这样做能够说明你确实对正在讨论的话题感兴趣，并准备追随说话人的思路。记笔记会产生一种无声的力量，使得说话人充分地表达自己的见解。

记笔记的优点：

① 它不需要（或只需很少）练习；

② 它的确总能让人把话说出来；

③ 当偶然出现冷场时，它让你有事可做；

④ 它能让你注意到事情的重点，而且会给你留下描述这些事实的书面材料；

⑤ 它使人能够从已经记录下来的信息，自如地预测下一步将会发生什么事。

不过，有些情况下可能不适合记笔记。掂量一下具体情景，看看记笔记是否会使说话人觉得被监督或者你是否会过于专注于书写。有时用完全的目光交流来表示你的关注比记录更重要。

（3）作比较　在你做以上两项工作的同时，你也要注意作比较。哪些是事实，哪些是假设，哪些是优点，哪些是缺点，哪些是积极面，哪些是消极面，你都要搞清楚。同时，你也要注意意思的连贯，看看说话人现在说的和刚才说的是否一致。这有助于澄清事实，其中有些暂时不明白的地方,也可能会因此而迎刃而解。要是有些问题实在无法理解,那就可以马上提出来。

2. 移情的倾听

为了尽力明白说话者所说的意思,我们需要运用移情的倾听。除了要听人们讲的话,还要注意他们是如何表达的。我们必须认识到这一点,即我们对没有说出的信息的反应至关重要。我们必须移情的倾听,敏感地听出说话者的忧虑、伤害、愤怒、爱意、自豪、激情、绝望、高兴等各种感受并对其作出相应的反应。

正如彼得·德鲁克所说,沟通中最重要的是能听出没有说出的信息。移情的倾听者是对说话者的感觉产生反应,而不是对其话语。也就是说,要能听出"字里词间的意思"。移情的倾听要求听众想象自己处于那种环境会有什么感想。

怎样才能有效地听出别人的言外之意呢?

(1) 了解说话者　即听出说话者的意图、期望、愿望、设想、观点、价值观等。你并不需要同意或接受这些概念、观点或者价值观,而是要尽力去理解它。为了检查你是否理解了,你可以向说话者重述一遍你对他或她的意思的猜测。向说话者询问你的猜测是否正确暗示你在努力地理解对方的话语。

(2) 揣摩词语　同一词语对于不同的人来说,有不同的含义。要尽力揣摩他使用这一词语的隐含意义。说话者用"立即的"、"费钱的"、"快点"等词语到底意味着什么?在这个瞬息万变的世界里,同一词语在48岁的父母和16岁的儿子眼里有区别,在50岁的老师和11岁的学生眼中同样有差异。如果沟通双方没有以同一方式理解,那么同一词语会呈现出不同含义。

(3) 倾听非语言暗示　手势、手指、跷二郎腿、声调、焦急的一瞥、面部表情和紧张程度是一些非语言信息,它们构筑成信息传递的一个重要组成部分。仔细观察、倾听和谨慎评价你面前的这种信息。用眼睛去"听"(也就是说,观察非语言信息)有时跟用耳朵听同样重要。尽管有大量阐述身体语言的书籍,但是要谨慎对待。可能有些作者已经告诉你"点头表示同意",但并不是所有场合都是这样。你必须根据文化背景和个人风格来理解身体语言和其他非语言沟通。

要理解副语言,它包括语调、语音、停顿和沉默等。副语言揭示了说话者已说的话语和未说出的情感之间的不一致。任何一种副语言都可以加强或削弱口头信息。如果你对它们保持警觉的话,那么它们将有助于你有效地倾听。

(4) 体味言外之意　在许多情况下,当你移情地倾听时,从说话者的话中听出他不想说出的东西则相对简单。这样将有助于继续沟通或者结束这一对话。

如果你移情地去听对方表达的感情,那么你可以听出以上信息中没有说出的意思。这样做的话有助于沟通过程。然而,你同时要认识到你不应该总是作出反应,即使说话者希望你这样做。

(5) 敞开胸怀地听　为了移情地倾听说话者表达的内容,你必须认识自己对讨论主题的倾向。你并不需要改变你自己的观点,但是你要能衡量并了解别人的观点。可怜的听众经常只是听到开始几句话便马上得出同意、友好、敌对或无关紧要的结论。相反,倾听信息,评价说话者的观点,然后在作出判断之前想想是否是事实并小心分析。不要急于得出结论或放弃自己的想法。你只需以开阔的胸怀去自由地倾听。

(6) 选择合适的时间和地点　外在干扰的副作用很大,如果可能的话,一定要避开干扰并找到合适的时间和地点以达到有效倾听的目的。

三、保持公正

无论是专注、跟随还是保持公正，都是为了投入沟通过程中，全面理解说话者想要表达的意思和观点。保持公正包括区别事实和观点、控制情绪和避免曲解。

1. 区别事实和观点

在你听说话者阐述时，你要能够从他的话语中分辨出哪些是事实，哪些是观点，这样才不致误解说话者的原意。

(1) 调整冲突的两种方法

情景——你下班回家后发现两个孩子正在争吵、哭闹。你的反应是看着你的配偶，他提醒你该轮到你执行公正了。你的目的是要知道发生了什么，并且让他们和好如初。你可以采取以下两种方式中的一种。

（剧本1）

父亲：好了，你俩别吵了，发生了什么事？

小明：他打我！

小亮：他偷我的书！

小明：看；他打我这儿，他打得这么痛！（他开始哭）。

小亮：他拿了我的书，又把它弄坏了！他以前也干过这样的事。你惩罚他了，但他又犯了，我讨厌他拿我的东西。我想你说过那样做是不允许的。

父亲：让我看看伤（检查小明）。

小亮：你为什么不处罚他？我几乎没碰他。我没打他。

父亲：小明，现在疼吗？

（剧本2）

父亲：好了！你们俩别吵了。小明，你在自己屋里等一会儿，我想跟小亮单独谈谈。（小明离开了）小亮，我不在时你都干什么了？

小亮：你知道，爸，我在看书，就是爷爷给我的那本。

父亲：你在哪儿看的？

小亮：在我自己房间里。

父亲：那么你还做其他什么了？

小亮：我从厨房里拿了一些蛋糕，小明也想要。我们为了蛋糕打起来了。

父亲：然后呢？

小亮：我们打了起来。

父亲：然后呢？

小亮：我想我猛推了他，因为他太坏了，偷了我的书。

父亲：后来又怎么样了？

小亮：对此我非常生气，我又打了他。

父亲：那么，你伤没伤着你兄弟？

小亮：伤了，但他活该。

在第二幕中，家长很聪明地把两个孩子分开了，单独听他们的讲述，另外应该注意在第二幕中是以"你干了些什么"开头，而不是模糊地问"这儿怎么了"。在第二幕中，家长与他们的孩子单独谈话，知道如何区分事实和观点。可以打赌，这一幕中家里的和谐气氛马上就会恢复起来。

(2) 好的听众从不把观点误认为是事实 事实就是事实，不需要依靠什么来证实，然而观点却不同。如果一个人坚持把观点当作事实的话，你问问他为什么这么说。

如果你密切注意了事实和观点的区别，你就会发现说话者通常是怎样把两者混为一谈的。他们在表达偏见或喜爱时就像在谈论可靠的事实，他们会努力为自己的观点提供论据，如果你仔细地听，你能透过这些把事实和观点混淆在一起模糊难辨的现象发现真相。这样，当你想听懂别人的说话时就不会被误导或受挫。

2. 控制情感

一旦你的情绪有所反应，你内心就会有一种不可抑制的冲动，要去打断人家的话，要插进去争辩。你可能会心急如焚，甚至还会气急败坏，完全失去理智，但是，不管在什么情况下，你都要想办法控制自己。

（1）暂缓你的反应或发作。你可以在心中默默数数字，或者做深呼吸。

（2）可以想想你与对方有哪些共同点，不要老是想着那些分歧。也许你只是不同意别人的动机，但你也不要对他人的做法或想法一概抹杀。

（3）你可以回想一下过去那些成功和欢乐的时光，以使自己松弛和平和下来。尽可能地把这些情景作视觉呈现，要想得美好一些。一旦你控制住了自己的情绪，你就会发现，积极聆听已不再是一场"战斗"。

3. 避免曲解

在现实生活中我们也有过这样的体验。小到平时的闲聊，大到公开宣布的新闻，所说的内容经一个人传向另一个人，很少能做到不失真。实际上，每个人在相互传达信息时总是要改变几句原话或加上自己的看法。这并不意味着人们是在有意识地曲解别人的话或把错误的信息传给别人。

即使我们当时全神贯注，也极有可能曲解说话者的本意。无论在什么时间，在什么地点，我们的听力总会出点问题。在对方说完后，我们觉得我们已经理解了说话人的意思，而实际上却可能掌握了错误的信息。

为了防止曲解，我们必须采取相应措施。

（1）专心听各种谈论　哪怕是你不感兴趣的谈话，你也有必要专心去听。一旦我们把听到的话加上自己的感情色彩时，我们就失去了正确理解别人说话的能力。

（2）注意容易产生曲解的时间　比如说，在一大群人中或早会上，我们很难听清楚。强迫自己去听不感兴趣的话题是很困难的。但知道了什么时候容易引起曲解，就能运用自己的听话技巧帮助自己。因为你有了尽量避免曲解的意识，你便可以想办法去克服它们。曲解总在你心不在焉、放松警惕时发生，如果你分散精力，你听明白对方的话的机会就会减少。

（3）控制情绪　尽管自己的情绪波动，又有烦人的事缠身，我们还要专心地去听别人的谈论，如果你实在静不下心来听，你就把谈话延期，等你心无杂念时再去处理。无论你做什么，都不要养成懒惰的习惯，你要对谈话的内容负责。

第二节　适当的鼓励

仅仅是投入的听是不够的。你要给人留下你听时是认真的这种深刻印象。如果你想赢得别人，你最好让他们知道你在听他们说。你的理解技巧会帮助你集中精力，但你还需要反馈出你的关注，鼓励对方表达。

当别人注意到你是多么重视他的说话时，他们会更加喜欢你。当该你讲的时候，他们会报以同样的礼貌，听得更加认真。他们信任并依赖你，没有比反馈出你是多么注意聆听别人的说话这种方法更好的方法了。它会帮你赢得别人的尊重和欣赏。

一、启发

启发是指以非言语暗示来诱导说话者诉说或进一步说下去的方式。

1. 测试你的非言语暗示

有时,一个杰出的听者仍不善于沟通,原因在于非言语暗示。即使最优秀的听众也需要控制他们的非言语沟通以便使说话者觉得他们在被听着。在下列的练习中,测试一下你作为听话者是否善于启发对方。

——我在听人讲话时保持不动,我不摇晃身体,不摆动自己的脚,或者表现出不安定。

——我直视说话者,对目光交流感到舒服。

——我关心的是说话者说什么,而不是担心我如何看或者自己的感觉如何。

——欣赏对方的话语时我很容易笑或显示出活泼的面部表情。

——当我听时,我能完全控制住自己的身体。

——我以点头来鼓励说话者随便说或以一种支持、友好的方式来听他们的说话。

答案分值:4——总是这样;3——通常是;2——有时;1——从不。

你答案的总分数,如果大于15,则你的非言语暗示非常好;如果在10~14之间,说明你处于中间范围,应该有一定的改进;如果低于10,那么请注意,本节会对你十分有用。

听,除了可以使你获取信息外,还能让别人感受到你对他的肯定。它使说话者感到被需要、被理解、被注意。

2. 启发对方的策略

一旦你决定听,不妨表现得明显些。通过显示你的注意和给人一个你乐于听的印象来传达你的非言语性支持。

(1) 身体上与讲话者保持同盟者的姿态　尽管没有必要模仿说话者所做的每一个动作(不需要像说话者一样挑眉),但有必要使自己(头、肩、腿)处于一个类似的方式,保证你的头垂直于肩,不要向一边倾斜。如果说话者很少倾斜他的头,那么你也不要这样,应尽量使你的肩膀与讲话者成一线,注意说话者是否倾向你或很随便。当你站得笔直而讲话者喜欢轻松一点的姿势时,那么实际上你表达了一种不想继续谈下去的态度,你应使说话者感觉舒服,才能使他们对你开诚布公。

(2) 理解、承认对方的观点应在听时发出"嗯"、"唔"、"啊"的声音　这些信号在打电话时是很有效的,在面对面的交谈中,听的技巧更在于不时地理解性自我低语,但要把这些理解性的声音限制在15秒之内,不要以为听完每个句子你都用"是"和"确实"来回应是最好的,要注意不要太过分。如果说话者希望在他说话的每一个停顿处你不要出声,那么你就有分散他们注意的风险了。当他们说完一句话而没有听到你的咕哝声时,他们也许想知道到底哪儿不对。

(3) 保持目光交流　保持目光交流不仅能使你集中自己的注意力,还能使对方切实感受到你在认真地听。眼睛是心灵的窗户,目光的交流显示出你把注意力集中在说话者的身上。周围嘈杂的声音,都能引起你的注意力转移,特别是在你没兴趣听的时候。你应该训练自己,从而能让你忽视拥挤交流中的噪声、背景中的音乐,甚至是窃窃私语的声音。

(4) 亲近说话者　根据情况,你可以向说话者靠近一步或从椅子上向前倾来表示你想听到每一个词,每一句话。一些售货员故意在谈话开始时与对方保持一定距离,随着谈话的进行,他们则巧妙地靠近。这使顾客想:"噢,他真想听我说话!"

(5) 一定程度上使用身体语言　有很多方法能鼓励说话者,通过从点头到微笑来改变你活生生的面部表情（像忧虑、好奇、担心、期望）。不要对某暗示过于依赖，否则你会让说话者知道你关心或你在想自己的事。可以想象一下，如果你跟某人谈话时，那人不停地点头像是说："哟，哟"，或一直不停地笑着，看上去像是凝固了似的，不可思议地虚假。

(6) 拿下你脸上的面纱　当你聆听时，不要面无表情，摆着一副拒人千里的样子。不耐心的听众总是喜欢揉自己的眼睛，摸摸头发，托着下巴。习惯成自然，久而久之，自然就会变成一个难以根治的毛病。当你坐着的时候，要坐得笔直，不要弯曲在椅子里好像要逃脱似的，把胳膊放在椅子扶手上，双手放松，不要老想去摸摸头发等。当然，也不要交叉双手，否则，你和说话者之间就形成了一个隔层。

(7) 措词委婉　当你想邀请别人发言、表达他自己的观点时，你不能以命令的形式指令他说话，而应委婉地表达。

二、提问

1. 提问的重要性

传递非言语信息和记住说话者的个人事实是表明你在倾听的两个步骤。这里又有一个技巧：提出紧随其话的问题。这样能让说话者知道你很关注他（她）的话。

这一简单的但又经常被忽略了的工具几乎对每一种谈话都有用。这很容易做，当某人讲完后，提出问题邀请说话者继续说或详述。但是，很多听话人在别人说完后没有提出问题，而是过早地将话题拉回到自己身上。他们对别人的话兴趣索然。这种做法根本不能鼓励说话者，更不用说促进双方互相沟通了。

2. 提问的类型

(1) 闭口式提问　这种提问方式比较简单，问题的句子结构与讲话者在讲话过程中所使用的句子结构相同。提问通常采取一般疑问句，从而使说话者几乎以不假思索地用"是"或"不是"来回答。

(2) 开放式提问　它是指所提问题不能简单地用"是"或"不是"来回答，必须详加解释才能回答圆满。这种提问方式常采用特殊疑问句提问，要求说话者思考一下。这类提问一般包括下面6个词：什么、谁、如何、什么地方、什么时间、为什么。

开放式提问有两种类型。

① 阐述性问题　即问"什么"的问题，一般需要说话者作阐述性的回答。

② 辩护性问题　即要求说话者为自己的观点进行解释的问题，具有挑战性，它有可能使听话者和说话者建立完全不同的关系。这种问题一般包括"为什么"和"如何"等词。

听话者采用这种提问方式时，要注意自己的目的是为了鼓励对方进一步说下去，最终促使双方达成有效沟通。

3. 如何提问

提问的目的是鼓励说话者，寻求更多的信息，因而要掌握一定的技巧，这不仅包括前面所说的掌握提问方式，还包括以下几点。

(1) 因人而异　听话者在提问时要针对不同的环境，不同的人，采用不同的方式。有时可以单刀直入，有时可以迂回曲折，有时可以步步紧逼，有时又可以声东击西。总之，不管以什么样的方式，目的都是促进沟通。

(2) 让对方有话可谈　闭口型问题易于回答，但不利于对方发挥，回答余地小。如果纯粹用闭口型问题提问，则有可能导致冷场。如果用开放型问题提问，则回答者有充分的余地，可以尽量地发挥，而不至于冷场。因此，在提问时，应确保双方有话可谈，不会冷场。

（3）顺势而变　听话者在提问时要善于转换话题，缓和空气，切记目的是让说话者继续说下去，最终形成有效沟通。

（4）旁敲侧击　记者和律师都善于这样提问。虽然你并不一定能得到答案，但是你仍要提问，借以观察对方的反应和态度。不回答本身就是最好的回答。

三、复述

复述，即准确简洁地重新解释对方的意见，不仅可以让你理解说话者的信息，而且有利于鼓励说话者继续说下去。复述内容来澄清意思可以帮助你跟上说话者，以免误解。

你可以在任何情况下都使用复述内容，无论是个人还是生意谈话、是朋友之间还是陌生人之间、是严肃的话题还是轻松的话题。当你在谈话时全神贯注地倾听说话时，你就会很容易明白别人的意思。

四、保持沉默

说到鼓励技巧，不得不涉及"保持沉默"。当你把沉默当成伙伴的时候，你会与更多的人谈得愉快，你在听话的过程中也将如鱼得水，应付自如。

1. 沉默是金

沉默成为一种挑战的一个原因是许多人不愿意听。当别人说话时，他们自己也想说。许多推销员承认："我喜欢讲，一旦有人停下来暂时不说，即使是因为他（她）想喘口气或者喝一口水，我就会马上接着他说。"

沉默能清楚地解释我们的各种思想。如果我们充满怀疑，很不自信，谈话会慢慢地中止。如果我们觉得在争论中不知所云，我们会逐渐沉默下来。

但倾听中的沉默不能是这样。沉默是金。最有效的鼓励是用沉默去引起别人的注意，而不是去琢磨自己的猜疑或不安。

2. 保持沉默

（1）静静地等待　听需要沉默，你必须把双唇合拢，静静地坐着，给其他人充分的时间去表达他们自己的思想，只有这样你才能鼓励他们。

（2）使用简短的插话　保持沉默的目的是为了鼓励对方说话，但如果沉默不是解决问题的办法时，或是你想使说话者转移到另一个话题上，则不妨使用简短的插话。

沉默中使用简短插话，使倾听变得更加容易，因为你的插话使说话者明白你了解了他（她）的意图，于是便会打消进一步说明的想法。

但要切记，如果你打断了别人的说话，那么你有可能会冒与他疏远的危险。使用简短插话的目的不是为了打破沉默，而是充分显示沉默的力量。所以不要总是插话，即使想插话也要简短。否则你就会引起别人的不满。

（3）默记关键词　如果你不得不倾听一个人胡说八道，你不一定要打断他的话，你可以在脑海中总结出他的观点，用关键词概括他说的主要内容。例如，因为价钱太高而愤怒的人给你打了20分钟电话，他以前给你打过电话，但你不在，或者你的秘书太没礼貌，令他感到了不愉快……在他吼叫和胡言乱语时，你只需倾听并逐条记住，就用"价格"、"办公室"或"秘书"这样的词代表打电话者的抱怨。最后你有机会回答他时，可以仅靠你脑中的关键词的帮助对他作简要的回答。这样，你甚至可以给最挑剔的顾客留下深刻的印象，因为他们觉得你确实在倾听他们的说话。

回顾与总结

专注 是指用身体给沟通者以"我在注意倾听"的表示。

排除干扰的方法有 ①做做深呼吸;②寻找有趣的方面;③注意参与的姿势;④保持距离;⑤保持目光交流。

组织信息的技巧包括 复述内容、记笔记、作比较。

有效地听出别人的言外之意的方法 (1)了解说话者;(2)揣摩词语;(3)倾听非语言暗示;(4)体味言外之意;(5)敞开胸怀地听;(6)选择合适的时间和地点。

启发 以非言语暗示来诱导说话者诉说或进一步说下去的方式。

表明你在倾听的两个步骤 传递非言语信息和记住说话者的个人事实。

复述 即准确简洁地重新解释对方的意见,不仅可以让你理解说话者的信息,而且有利于鼓励说话者继续说下去。

讨论题

1. "用耳听就是倾听"这一说法对吗?为什么?
2. 有效提问具有哪些功能?
3. 联系实际,分析怎样才能有效地听出别人的言外之意呢?
4. 在现实沟通中,如何运用技巧适当地鼓励对方?
5. 你将如何根据自己的情况提高倾听技巧?

第五章 有效沟通技巧（二）
——说话的技巧

【学习目标】
学完本章后，你应该能够：
- 学会分析不同类型的听话者，并选择适当的话题
- 掌握沟通中表达的各种技巧

第一节 ■ 说话前的准备

一、分析听话者

1. 了解听话者的需要

既然说话的对象是人，那么你必须首先了解听话者的需要。

追求需要的满足是人一切行为的最大动机。要把这些需要全列出来很难，即使只想加以分类也很不容易，而且分类之后反而不容易看出需要所重叠的地方，因此勉强分类会使得需要的变化过程变为一幅静止的图画。准备说话前，有必要了解听话者那些基本的、可预测的需要。

（1）听话者的需求层次

① 生理需要　生理需要是所有动物共同的特性。这种需要是要满足生命的动力，诸如食物、水、住所、疲倦、性满足以及其他方面。生理需要是人最基本的需要。

② 安全需要　当生理需要获得满足后，人首先关心的是安全需要，它包括保护自己免受身体和情感伤害的需要。

③ 社会需要　社会需要包括友谊、爱情、归属及接纳方面的需要。每个人都渴望有朋友、恋人、家庭。渴望被爱甚至比渴望其他东西更甚。你总希望与其他人有感情的联络，希望在他们的团体里被接纳。在现实生活中，有相当一部分人常常觉得这些需要和渴求没有得到满足。

④ 尊重需要　事实上，尊重需要和性格一样，是一种多重的需要。这种需要主要表现为两种：一是渴望自由和独立，并伴随力量、能力和自信的需要；二是渴望名誉权威。这是对地位、支配和获得他人尊敬的需要。满足尊敬的需要是使人觉得自己活着有价值并被他人重视。健全的自尊是建立在获得他人应有的尊敬上，而不是建筑在狂妄自大上。

⑤ 自我实现的需要　即使以上几种需要都满足了，你也许仍然会觉得不满足和焦虑不安。因为，我们都想做一些适合自己的事情。正如音乐家喜欢音乐，艺术家渴望画画一样，我们都想从事自己能完成而且能常带来享受的工作。马斯洛称之为"自我实现"。广泛地讲，自我实现乃是完成每件自己胜任之事的欲望，而这些欲望表现的形式却是因人而异的。

以上五种需要的重要性随着满足度的提高而递减，当一种需要得到满足后，另一种更高层次的需要就会占据主导地位。个体的需要是逐层上升的。从激励的角度来看，没有一种需要会得到完全满足，但只要它得到部分的满足，个体就会转向追求其他方面的需要。如果希望说服别人，就必须了解此人目前所处的需要层次，然后着重从这一层次的需要出发，晓之以理，动之以情。

(2) 如何了解听话者的需要

① 从非语言行为洞察听话者　说话的过程，是思想、观点的交锋，也是双方沟通的重要方面。在说话的过程中，发生着一系列感情因素的变化，并且透过各种方式表现出来，即以非语言方式展现。

在说话时，你可以通过仔细观察听话者的非语言行为变化了解他的需要、欲望、观点和想法。例如，在一个极友好的气氛中，听话者突然背向后靠，双手环抱。这时你就该知道麻烦了。

从非语言行为洞察听话者可采取以下方式：a. 合适的目光接触；b. 非语言声音；c. 脸部表情。

② 了解非语言行为的一致性　了解非语言行为的一致性，就像一种监视装置，透过它可以发现听话者的态度和行为的意义。这好比一种"反假设"控制，驱使我们在下结论之前作进一步的观察。推敲他人的非语言行为并赋予意义，初看，是件有趣且容易的事，然而，不久你就会发现，每一种行为都可能很快地被另一种行为所反映、强化和混淆。

非语言行为的一致性不仅是指行为间的配合，而且指行为要与语言相关联。"行为认同"在整个沟通过程中是很重要的。政治家能否赢得竞选，往往在于是否能保持这种一致性。遗憾的是，我们仍然可以看到许多人在说话时，展现了不当的行为。

③ 解释非语言行为的含义　观察并了解听话者行为动作是相当容易的，但是解释它们却是另一回事了。如果一个人说话时以手掩口，表示一个人无法确定他所说的话。对于这种判断，一般没有意义。但具体到一个人，这种动作究竟意味着他在说谎？还是没有把握？或是怀疑自己所说的话呢？答案可能是其中的一个。在下此结论之前，你不妨回想一下，这个人以前是否曾经那样？当时的情况如何？如果没有，那你细心观察究竟是什么原因使其产生这一动作的？如果听话者回答你的问题时素来喜欢掩口，便可作下一段的分析了。在他说了自己的话后，你问他："你肯定吗？"他可以回答"是的"这两个简单的字，也可以使他产生犹豫，从而深知他并不能确定自己所回答的话，从而以"我也没有太大的把握"作答。

交叉手臂于胸前的姿势，常给人以抗拒的心理。当我们想与某人说话时，可能会发现他紧抱双臂，这意味着他不想听，而且态度很坚决。在很多对话中，我们与其去辨认这种姿态，想出解决办法，不如转换话题，以免当场硬和他对着干。

举手投足间，流露着情意。微微扬眉、倾首、手迅速移开——这些都是听话者的一种语言，应予以充分了解。

2. 了解听话者的类型

根据注意力水平的高低，我们可以把听话者分成四种典型的类型。看看你身边的听话者属于哪一类？

(1) 漫听型　这种听话者其实很少在听，在别人说话的时候，他们也没有作过多少去听的努力，因为事实上，他们压根儿没有投入多少注意力。在你努力陈述自己的观点的时候，他们眼神飘忽，甚至忸怩作态。有时候，他们的注意力还会闪开去想一些别的无关的事情。而他们这种开小差的情形往往很快被说话者觉察。

漫听型听话者常常还是多嘴多舌的人。他们经常打断别人说话，而且总觉得应该由自己来下断语。这类人常被看作是老油条，或者是无法容忍的可恶的人。

(2) 浅听型　这类听话者流于浅表。他们只听到声音和词句，很少顾及它们的含义和弦外之意。浅听型听话者往往停留在事情的表面，对于问题和实质，他们深入不下去。

他们常常忙于揣摩对方接下去将要说什么，所以听得并不真切。他们很容易受干扰。事实上，有些浅听型听话者还有意寻找外在干扰，比如接一个电话，或者回复一封电子邮件，他们就用这些作借口，从谈话中抽身出去。

他们喜欢避开艰难的话题，而且就算他们在听的时候，也喜欢断章取义，而不想听你的完整表述。

浅听的最大危险是容易引起误会。在漫听的层次上，听者至少还接收了说话者没有放入话题的、另外的一些信息。但是，浅听型听话者却总是以为自己是在认真地听、认真的理解，因而他们更容易陷于错觉之中。

(3) 技术型　这类听话者会很努力地去听别人说话，当我们把自己看作是"好"的听话者时，我们其实就是给自己贴上了这类听话者的标签。在这一层次上，需要的是更多的注意力和心力。

然而，技术型听话者仍然没有作出一些努力，去听懂说话者的弦外之音。他们倾向于做逻辑性的听众，较多关注内容而较少顾及感受。他们仅仅根据别人说的话进行判断，完全忽视说话者的语气、体态和脸部表情，他们重视字义、事实和统计数据，但在感受、同情和真正理解方面却做得很不够。

也就是说，技术型听众总认为自己已经理解说话者，但是，说话者却常常认为他们自己并没有被理解。

这有点像是牛头不对马嘴。但事实上，在许多这样交谈中，无论是你还是对方都已陷入了这种交流混乱之中而难以自拔。

(4) 积极型　毫无疑问，这类听众最来劲。他们会为聆听付出许多，他们在智力和情感两方面都作出努力，因而他们也觉得特别累。

积极型听话者并不断章取义，相反地，他们会着重去领会别人所说话的要点。他们注重思想和感受，既听言辞，也听言外之意。

积极倾听要求听话者暂停自己的思想和感受，专注于说话者，注意自己的言语和非言语的反馈，告诉说话者你正在吸收他所说的一切，鼓励说话者继续说下去。

听话者大体可分为以上四种类型。我们在说话之前，不但要了解听话者的需要，还要了解听话者的类型，根据不同听话者的特点，因势利导，达到顺利沟通。

3. 了解听话者的个性

(1) 适合听话者的方法　曾有一位记者在采访一位出名的歌星时，问她："人们都觉得你长得像台湾著名影星林青霞，特别是你这头乌黑秀长的头发。对于这一点你有什么看法？"这位歌星当场怒火上升，抢过一把剪刀，"嚓嚓"几下就把自己头发剪断，然后盯着那位记者问道："你觉得我还像林青霞吗？"弄得那位记者极其尴尬。

这充分说明，如果我们在说的过程中不考虑对方的性格，那么往往会适得其反。上面这个例子中，那位记者本想借此赞扬该歌星，不想反而触犯到她的忌讳。

我们都知道，从日常生活中，不难找出适合与对方相处的方法。例如，"那个人属于乐天派，可以较无顾忌地与他交谈。""那个人是个理论主义者，说话要有条理才能令其信服。"

像这一类的话，就是根据对方的不同性格，而采用的微妙的说话方法。只有找出适合听话者个性的说话方式，这样沟通的概率才会大幅度提高。

(2) 了解对方才能把握怎样说　要想真正彻底地了解一个人的性格是一件很困难的事，但也不是完全没有办法。

1933年，罗斯福竞选美国总统，他采用使陌生人悦服的说话方法。美国著名记者麦克逊曾经对罗斯福总统的这种说话方法评价说："在每一个人进来谒见罗斯福之前，关于这个人的一切，他早已了如指掌。大多数都喜欢听顺耳之言，所以了解他们的性格，有助于形成有效沟通。"

二、选择话题

在分析了听话者的需要、类型和个性之后，可以说是做到了"知彼"。这时，你可以根据听话者的不同选择不同的话题。当然，知己知彼方能百战不殆。所以，选择话题时需要做以下几个方面的工作。

1. 了解自己

当你找出了听话者的兴奋点后，你也就知道他对什么感兴趣了。但你是否有能力适应听话者的需要、类型和个性呢？

这方面至少有两个因素需要考虑。

(1) 你的能力和条件　如果有人邀请你作一个关于"21世纪我们干什么"的演讲，那么，你就得考虑自己是否具备与这一专题报告相关的特殊知识、经验、技能、资料和其他能力。如果你具备的话，你就可以接受他的邀请。当然，做好一次演讲，还需要有演讲的技巧，这在书面沟通一篇中再详述。

了解你的能力和条件的另一方面，就是需要对自己的性格特点有一个真实的了解。在谈判中，一个性情急躁的人，很容易因为情绪激动而受人摆布，接受于己不利的协议。因为在激动之中，他不愿思考，特别容易为一个聪明的对手的建议所左右；而且在盛怒之下，即使他觉察到自己正犯着荒唐绝顶的错误，也不会当即改弦更张。而一个沉着冷静、心平气和的谈判者就懂得如何利用情绪的变化来取得预期的效果。你的个性很大程度上决定你的话是否被对方接受。

(2) 你的目标　语言作为思维的外壳，它是一定思想和意图的体现。通过与对方说话，你希望达到什么目标，达到什么效果，在选择话题时明确这一点对你顺利地说话是有帮助的。如果你是一名推销员，那么你的目标就是影响顾客买你的产品，这时，你就根据你对顾客的了解，说服他从而达到你的目标。说话的目标是你的方向，你不论说什么都必须围绕这个目标转。

当然，有的听话者只希望听你讲，有的是希望接受你的意见……这需要根据每次说话的具体情况确定说话的目标。

2. 寻找共同点

做到知己知彼后，就有必要寻找双方的共同点，这样你才能选择合适的话题，引起对方的兴趣。面对一个基督教徒，你就没必要跟他谈佛教或无神论；如果对方是一个坚持科学真理的人，你就不应该跟他聊神秘现象。

寻找共同点是说话前选择话题的重要前提。

寻找共同点有三个条件：

(1) 尽量要求一致；

(2) 偏重对方所关心的事；

(3) 尽可能改变不愉快的气氛。

寻找共同点是为了改变或促进说话气氛，达成你说话的目标。

第二节　恰当的表达

一、注意场合和对象

1. 注意场合

任何说话总是在一定场合中进行，并受其影响和制约的。说话艺术的高低、效果的优劣，不仅和表达的内容有关，也与具体场合密切相连。场合不同，人们的心理和情绪也往往会随之发生变化，从而影响说话者对思想感情的表达，以及听话者对话语意义的理解。

说话时无论是话题的选择、内容的安排，还是言语形式的采用，都应该根据特定场合的表达需要来决定取舍，做到灵活自如。具体包括以下几个方面。

(1) 庄重与否　场合有庄重和随便之分。"我特地看你来了",表示专程来看你,显得庄重;"我顺便看你来了",则有点随随便便来看的意思,有可能会减轻听话者的负担。可是,在庄重的场合说:"我顺便来看你来了",显得不够认真、严肃,会给听话者蒙上一层阴影。在日常生活中,明明是"顺便来看你",偏偏说成"特地看你来了",则显得有些小题大做,使对方十分紧张。

(2) 亲密与否　如果对方是家里人、亲戚或较亲密的朋友,那么说起话来可以随意些,但如果对方是陌生人或者与对方不太熟悉,则有必要谨慎小心,不要随便开玩笑,以免引起别人的不快,或令对方尴尬。

(3) 正式与否　在正式场合,说话应严肃认真,事先得有所准备,不要乱扯一气。非正式场合下说话则可以随便一点,像聊家常一样,便于谈深谈透。

在庆祝十月革命15周年的晚宴上,情绪极好的斯大林,当着众人的面,喊他的妻子娜佳:"喂!你也来喝一杯!"这句话如果放在家里那种非正式场合,是很普通也是很富有人情味的,但是这毕竟不是在家里,而是在气氛庄严而又正式的国宴上,所以从来不认为自己是谁的附庸物的娜佳,觉得斯大林的亲热随便中夹带着一种命令的语气,感到自己受到了羞辱,于是大喊一声:"我不是你的什么'喂'!"接着站起来,在所有宾客的惊愕中愤然退出了会场。

(4) 喜庆与否　一般来说,说话应该与场合中的气氛协调。在喜庆欢快的场合,说话应有助于欢快气氛的加浓,切忌说晦气话。

2. 注意说话对象

我们的言谈举止,无论是当众自我表现,还是人际传递交流信息,一般都不是独自实现的。而是在一定的时间和环境以及一定的对象直接和双向的交流过程之中实现的。说话者、听话者共处于同一环境,构成了沟通的三要素。

我们不仅要在说话前分析听话者,更要在说话时随时关注听话者,考虑哪些可以说,哪些是被他(她)所忌讳的。

说话时应注意听话者以下几个方面。

(1) 性别　对男女说话要注意有所区别,有些可以对男性说,未必就可以对女性说。例如,如果你的邻居是一位女性,长得矮胖。但你要是说她又矮又胖,非常壮,那么她一定不愿意听;要是你说她丰满、富态,她就爱听了。如果你的邻居是一位男的,长得矮胖,你说他非常壮则无所谓。

如果你面对的是一位女性,因为相对男性而言,她们更敏感,要注意说话的分寸。

(2) 年龄　我们经常可以发现,小孩之间的吵架常常是由于互相诋毁导致的。年龄的不同,会导致听话者对话题反感的程度不同。像小孩,你就不能指责他;而对于老人,最忌讳提及"死"字。例如,几位年轻工人去看望一位退休多年的老师傅——

"您老身体真硬朗,今年高寿?"

"七十九,快八十了。"

"好呵,人生七十古来稀,厂里数您最长寿吧?"

"哪里,老宋才是冠军,他活了85。可是年岁不饶人,他前不久去世了。"

"啃,这回该轮到你了!"

老师傅一听这话,脸色陡然变了。

不要把听话者一视同仁,你不仅要考虑他(她)的性别,也要考虑他(她)的年龄。

(3) 文化层次　到什么山唱什么歌,当你与不同层次的听话者说话时,你就必须用他所具有的文化水平说话。如果你客气地向一位没文化的老太太问道:"你配偶呢?"人家说不定还以为你是问她"有没有买藕"呢。一般来说,文化层次越高,越喜欢用一些典雅的言辞。

(4) 文化背景　文化背景不同，听话者对同一句话的理解也不同。例如，我国老百姓见面时爱说一声"你吃了没有？"外国人则不会将其理解为一句问候语，而是如实地告诉你他吃了没有。

说话时要根据听话者文化背景的差异而选择合适的言语，让对方充分理解其中的含义。

二、把握时机

说话除了要注意场合和对象外，正如打铁要趁热一样，说话还要适时，不可坐失良机。把握说话的时机，主要包括几个因素：切入话题的时机、控制说话的时机、充分利用说话时机。

1. 切入话题的时机

交际场合往往会出现这种情况：有的人口若悬河、滔滔不绝，从日常琐事到学习、工作上的问候，都讲得头头是道，十分健谈；有的人即使坐了半天，也只是呆呆地望着对方，无从插口，找不到话题，或者有话不知道什么时候说。这就是一个切入话题时机的问题。

(1) 寻找共同点　说话要及时切入话题，首先必须找到双方共同关心的问题。例如：小李买了一台电脑，由于质量问题连续三次叫电脑公司维修部修理还是老样子。第四次，他找到维修部经理诉说苦衷。经理立即把正在看武侠小说的修理工小何叫来，询问有关情况，并提出严肃批评，责令其速同客户回去重修。一路上，小何铁青着脸沉默不语，小李和颜悦色只是说给自己听。忽然，小李灵机一动，问道："你看的《××××》是第几部呢？"小何马上答道："第三部，快看完了，可惜借不到第四部。"小李说："没问题，我家正好有这一套小说，待会儿你尽管借去看。"紧接着，双方围绕武侠小说你一言我一语，谈得津津有味，开始时的紧张气氛也消除了。

(2) 提出新见解　如果是人数较多的场合，如研讨会、学术报告会等，那么你既可以谈一些共同性的看法，也可以谈点新见解。新见解很重要，一下子就能吸引别人的注意。

环保局召开沙化拯救研讨会，讨论沙化的起因及解决办法。其中一位同行在简单地介绍了目前各种污染所带来的影响后，又着重说出了自己的看法："人类的各种破坏活动只能加速沙漠化的进程，并不是沙化的根本原因。沙化的根本原因在于地球的天体位置发生了变化……"简短的几句话，一下子就吸引了与会者的注意，大家纷纷展开讨论，气氛热烈。

(3) 掌握切入时机　切入话题不但要注意双方所关心的共同点，说出新见解，还要考虑在什么时候最好。例如，在讨论会上，要是先讲的话，可在听众心中造成先入为主的印象，但因过早，气氛还较沉闷，人们尚未适应而不愿随便开口；若是后说的话，可进行归纳整理，井井有条，或针对对方的漏洞，发表更为完善的意见，进行最有力的反驳，但因太晚，人们都已感到疲倦，想尽快结束而不愿再拖延时间，也就不想再谈了。据此，人们经过研究指出：最好是在2～3个人说完之后及时切入话题，这样效果更佳。这时候的气氛已经活跃起来，不失时机地提出你的想法、建议，往往容易受到人们的关注，吸引他们参与交谈。

2. 控制说话的时机

(1) 控制说话的次数、频率及时间　这对于处理人际关系有着重要影响。例如，某部门老领导因故调出，新领导上任。这时候，其他的员工和中层干部就存在一个怎样和新领导交往的问题。一般来说，新领导在一段时间内不应同个别人频频交谈，更不可长时间促膝谈心，而应多了解情况，每个人都要接触，逐渐融洽。否则的话，得到了一两个人，却失去了群众基础，无法与全体人员沟通。

(2) 注意信息反馈　说话中要根据收到的信息反馈，及时调整说话内容，采用相应的表达方式。例如：有位学者到火柴厂演讲。他在谈到某些单位违反职业道德时，举了"半盒火柴在市场上销售"的例子。听了这话，火柴厂的干部职工当然不高兴了：神色冷淡、小声议论。这位学者马上意识到自己犯了一个错误。为了挽回影响，照顾听众的情绪，他有意地讲了希腊神话中关于普罗米修斯盗取火种的故事，想借此来赞美火柴厂的职工为社会作出的贡献。但对他的这番赞扬，听众依然冷漠。因为大多数职工对古希腊的神话故事很陌生，听不懂；即使有人听懂了，也觉得不切实际，吹捧太高，感到别扭。

（3）别出心裁　说话时机的把握，还要考虑怎样将一个老生常谈的事情换个包装说出来，令人耳目一新。即使大家都对这个话题很厌烦，只要你能别出心裁地说出来，那么效果自然不同。

3. 充分利用说话时机

对于说话人来说，要想达到预期的目的，取得好的效果，说话不仅要符合时代背景，与彼时彼地的情景相适应，还要巧妙地利用说话时机，灵活把握时间因素。

据说1978年8月8日，当日本外相园田直来北京，准备和我国政府签订和平友好条约时，黄华外长到北京机场去迎接。飞机停在机场上，下起了大雨，还夹着雷声。园田直走下了飞机，黄华外长迎上前去，随后陪着园田直走进贵宾室。

园田直："到北京迟了，见到黄外长，旅途的疲劳消失了。"

黄华："你带来了及时雨。"

这些本是寒暄的话，但对外交家来说，则包含着更多的意思。黄华外长抓住时机，用"及时雨"来形容园田直此行，既表达了欢迎之意，又有预祝条约商谈成功的含义。

三、控制语言

语言虽有翅膀，但不能飞到任何它想飞去的地方。灵活运用出色的语言技巧，将使你说的话充满魅力。

1. 情理相融

以情动人，以理服人，这是说话的两个方面，二者有机统一，互相交融，可以使说话取得良好的效果。

（1）以情动人　情动于衷而形于言，写文章如此，说话也不例外。一次成功的说话，它的语言总是伴随着诚挚的感情去传递信息，与对方交流思想，达到心灵的沟通。

1966年2月7日清晨，中央人民广播电台录音室里，气氛异常。长篇通讯《县委书记的榜样——焦裕禄》上午就要播出，可是录音制作却遇到了前所未有的"障碍"。稿子还未念到一半，播音员齐越已经泣不成声。中断，一次次的中断。情绪感染了在场的每一个人，很多人潸然泪下。终于，齐越念完了最后一句。千千万万人听到了，千千万万颗心震颤了，山河为之动容，泪飞顿作倾盆雨。就在这天上午，焦裕禄这个平凡而又伟大的名字传遍了中国。

令人感动的事迹，情真意切的话语，使广大听众产生了强烈的共鸣，这就是以情动人的奇妙效应。说话中感情愈浓，其语愈妙，言语愈切，感人愈深。不带感情表达出来的思想，等于没有灵魂，也不可能收到应有的效果。

说话中要以情动人，必须注意以下几个方面。

① 真诚　说话者应该具有真诚的态度，取得听者的好感，融洽感情，消除隔膜，缩短距离。真诚是说话最有效的营养素。只有真诚的心力与情感，才能发出磁石般的吸引力，唤起听众的热情，具有震撼人心的力量。

当然，我们说话时坦率真诚，并不等于可以百无禁忌，对别人不愿谈及的事，应该尽量避免提及。

② 尊重　前面已经说过，尊重是人的一种精神需要。尊重对方能启发对方产生自尊自爱的感情。如果你没有架子，平易近人，使对方感到你是他的知己，是他的良师益友，那么

你们之间的心理距离将会大大缩短。相反，如果你高高在上，目空一切，自以为高人一等，指手画脚，其效果只会令人不服。因此，要想你的讲话使对方接受，就必须尊重对方。

③ 同情和理解　心理学研究表明，人们有一种偏向于"相信知己"的心理倾向，特别是当一个人处于矛盾之中，或遇到某些困难而又一时无法解决时，他非常需要别人的同情和理解。此时此刻，强烈的同情心及满怀深情的言语，将使对方不由自主地向你打开心扉诉说一切。理解可以激起心灵的火花，产生善良和容忍，产生信任和动力。

(2) 以理服人　动之以情，晓之以理。要使听话者对你的说话内容感兴趣，并且乐意接受，使他们信服，最终要有充分的理由，要摆事实，讲道理。

那么怎样才能做到以理服人呢？

① 材料和事实要准确可靠。俗话说："事实胜于雄辩"，事实是说话的基础。

② 说理充分透彻，有的放矢。利用已有材料进行分析说理，抓住事物的本质，一切问题都可迎刃而解。话要是说得令人信服，它就自然而然地对听众产生影响。

2. 简洁精炼

说话要简洁，语言要精练，这样才能使听者在较短的时间内与说话者进行有效的沟通。简洁精练的话语，包含着说话者高度浓缩了的思想感情、智慧和力量。给人以明快有力之感，从而留下深刻的印象。

(1) 抓住重点，理清思路　我们平时与人寒暄或作简短的交谈，是比较随便的，谈不上条理清晰。但在正式场合，比如报告会、讲座、演讲等，情况就不一样了。它要求说话者对所说的内容应有深刻的理解，并对整个说话过程作出周密的安排。一般来说，有这样三点要求。

① 把握中心　说话不是照本宣科，难免带有水分，有时会插一些题外话，有时会发现已讲过的某个问题有点遗漏需要临时补充，这样就容易杂乱。作为一个高明的说话者，应时刻把主题牢记在心，不管怎样加插，不管转了多少个话题，都不偏离说话的中心。

② 言之有序　说话不能靠材料堆积吸引人，而要靠内在的逻辑力量吸引人，这样才有深度。与写作相比，说话是口耳相传的语言活动，没有过多的时间让听众思考，所以逻辑关系要更为清晰、严密。话语的结构要求明了，善于提出问题、分析问题、解决问题。观点和材料的排列，要便于理解、记忆和思考，所以要较多地采用由近及远、由浅入深、由已知到未知的顺序安排。当然，时间顺序最好按过去、现在、未来进行安排，这样容易被听者记住。

③ 连贯一致　开场白非常重要，它直接影响到所讲内容的展开，不能一开口就"噌"地冒出一句让人摸不着边际的话；多层意思之间过渡要灵活自然；结尾要进行归纳，简明扼要地突出主题，加深听话者的印象。

抓住重点，理清思路，这是说话的基本要求，也是说好话的前提。

(2) 要言不烦，短小精悍　言简意赅，以少胜多，听话者感兴趣，也便于理解，容易记住。那种与主题无关的废话，言之无物的空话，装腔作势的假话，听话者极为厌烦。马克·吐温曾经说过，有一次他去听一位牧师传教，开始很有好感，准备捐献身上所有的钱。过了一小时，他听得厌烦，决定留下整钱，只捐些零钱。又过了半小时，他决定分文不给；等到牧师说完了，他不仅不给，还从捐款的盘子中拿出两元钱作为时间的补偿。这是对说话冗长者的绝妙讽刺。

说话应当注意句式变化，多用短句少用长句。长句能够表达缜密的思想，委婉的感情，能够造成一定的说话气势。但是其结构比较复杂，句子长，如果停顿处理不好，不但说话者觉得吃力，就是听话者听起来也不容易。而短句的表达效果是简洁、明快、活泼、有力。由于活泼明快，就可以干脆地叙述事情；由于简洁有力，就可以表示紧张、激动的情绪、坚定的意志和肯定的语气。因此在运用上，短句更适合于在交谈、辩论、演讲等说话中使用，它易说易听。

（3）遣词贴切，判断清楚　一个人说话，总是要告诉别人某种意思，传递某种信息。如果措词不当，语句有歧义，那么别人不是听不明白，就是要发生误会。下面是一个遣词不当引起不良后果的例子。

1977年3月27日，在加那利群岛的特内里费岛的机场上，两架波音747飞机都在待命起飞。它们分别属于荷兰皇家航空公司和美国泛美航空公司。两架飞机同时向机场指挥塔要求起飞，指挥塔在向泛美的飞机发出起飞命令之后，对荷兰飞机说："好，等一下起飞……"

这里的"等一下"——英文"STANDBY"是个多义词。它既有"等一下"、"先别飞"的意思，也有"准备行动"的意思。指挥塔当然是前一种意思，但荷兰飞行员却把它理解为后一种意思。于是两架飞机同时加速进入起飞跑道。一场罕见的空难发生了，两架飞机在空中相撞，全部机组人员和567名乘客遇难。

说话时遣词造句应该要贴切恰当，一是一，二是二。特别是在关键地方，不要用模棱两可的语言或有歧义的词语。上述的案例就是由于误用歧义词而造成巨大的灾难。

3. 委婉含蓄

心直口快、直言不讳，这是人性格的一种表现，也是一种高尚的品德。与这样的人打交道，令你有信任感，不必把话闷在肚里。可是现实生活中并非处处都可以毫无顾忌地直言直语，有时还需要点委婉含蓄。

（1）运用修辞法　比喻、双关、暗示、反语等许多修辞方式都可以委婉含蓄地表达说话内容的效果。

① 比喻　在中国古代，这种用比喻来劝谏君主的例子俯拾皆是。例如：江乙以狐假虎威对楚宣王，苏代以鹬蚌相争说赵惠王，苏秦以桃梗和土偶谏孟尝君，庄辛以蜻蛉—黄雀—黄鹄说楚襄王等，都为说理增强了极大的说服力。

② 双关　双关是用一个词语同时关联着两种不同事物的修辞方式，它主要利用音类同，音形类同，音、形、义类同的办法。

③ 暗示　日常生活中，为了尊重别人，避免刺激别人，用暗示的方式能起到较好的效果。

④ 反语　说话者口头的意思与心里的意思完全相反，叫反语。一般有两种情况，或因隐情难言，或忌讳怕说，只好将正意反说了。在《红楼梦》第七十四回"惑奸谗抄检大观园　避嫌隙杜绝宁国府"中，有这样一段对话。

众人来了。探春故问："何事？"

凤姐笑道："因丢了一件东西，连日访察不出人来，恐怕旁人赖这些女孩子们，所以越性大家搜一搜，使人去疑，倒是洗净他们的好法子。"

探春冷笑道："我们的丫头自然都是些贼，我就是头一个窝主。既如此，先来搜我的箱柜，他们所偷了来的都交给我藏着呢。"

探春说这些话，都是言不由衷的，但出于对凤姐淫威的不满，用反语来发泄胸中的积忿。

（2）运用模糊语言　为了说话留有余地，或不便直说需要婉言的时候，就需要借助模糊语言。

一个青年陪未婚妻和未婚妻的母亲在湖边划船。那未婚妻的母亲一时"触景生情"，有意试探，便问小伙子："如果我和女儿不小心一起落到水里，你打算先救谁呢？"那青年稍加思索回答："我先救……未来的妈妈。"母女俩一听，脸上露出了满意的笑容。

在前例中由于回答先救哪一个都不妥当，而"未来的妈妈"模棱两可，一语双关。

(3) 躲闪回避 在说话中，对于听者提出的某些问题，我们难以回答，或不愿回答，这时就要采用躲闪回避的方法。

在洛杉矶举行的一次中美作家会议上，一位美国诗人给中国作家蒋子龙出了一道难题："把一只五斤重的鸡，装进一个只能装一斤水的瓶子里，请问蒋先生，您用什么方法把这只鸡从瓶中取出？"很明显，这位诗人是想借此来了解蒋子龙的应变能力和口才。蒋子龙回答："您怎么放进去，我就怎么拿出来。您显然是凭嘴一说就把鸡装进了瓶子，那么我就用语言这个工具再把鸡拿出来。"顿时全场鼓掌。

说话时的委婉含蓄要注意以下几个问题。

① 要让对方听得明白，不可晦涩难懂 委婉含蓄的目的是通过特殊途径，将说话者没有明确表达的内容和对方交流，让听话者从中受到启发，进行思考。如果过于晦涩，就难以达到预期的效果。

② 要看场合、看对象、看需要 该直言的地方还得直言，该婉言的就婉言。一般来说，熟人之间大多数情况下应直来直去，过多的拐弯抹角，对方会觉得你太虚伪、太圆滑，因此，该表明你的观点时，决不要吞吞吐吐、含糊其辞。

4. 形象生动

要使你的说话富有魅力，激发听话者的兴趣，收到良好的效果，这取决于多种因素，而形象生动是非常重要的一条。

形象生动就是把抽象变成具体，把无形变成有形，把枯燥变成生动，毋庸置疑，这样的说话是最受听众欢迎的。那种枯燥乏味、呆板单调的话语，只会使听话者感到疲劳、厌倦。

要使说话形象生动，必须做到以下几点。

(1) 寓理于事，寓情于形 为了充分说明某一道理，又让听话者有兴趣，不会感到乏味，方法很多，其中运用典型事例来说服就是很重要的一种。

1948年10月2日，中共中央为了改进和加强新闻工作，在河北省平山县西柏坡村召集部分记者进行学习，刘少奇作了《对华北记者团的谈话》的精辟演讲。在谈到党和群众的关系时，他说："我们党必须和广大群众保持密切的联系，如果和群众联系不好，就要发生危险，就会像安泰一样被人扼死。共产党也会被人扼死的哩！党什么也不怕，就怕这一项。帝国主义，我们是从来不怕的，原子弹，我们也是不怕的。""但是，我们就怕脱离群众"，如果脱离了群众，"那比一百万美国军队还可怕"。

在这篇演讲中，刘少奇运用形象生动的语言，说明了如果党和群众相脱离将要造成的危害性，使到会学习的记者容易领会和接受，使他们在以后的工作中时刻牢记要和群众紧密联系。可见，寓理于事，印象深刻。

寓情于形，就要将感情注入活生生的形象之中。有人曾讲过这样一件事，原中国女排队员曹慧英，为了祖国的荣誉，顽强拼搏，伤痕累累。当中国队获得三连冠后，曹慧英回到部队汇报工作情况。敬礼时，不要说动作优美漂亮，就连基本要求也没有达到，因为她的手指受伤已经弯曲。话一说完，听众随即报以热烈的掌声，表示对英雄的深深敬意。

(2) 运用比喻等修辞手法 1949年9月21日，著名的爱国民主人士黄炎培在第一届政协全体会议上作了一次精彩的讲话。他说："我们要在这个中国人民政治协商会议中间，在东半个地球大陆上边，建造起一所新的大厦。这一所新大厦，已提名了，是中华人民共和国，这一所新的大厦，是钢骨水泥的许多柱子撑起来的。这些柱子是什么？第一是中国共产党，还有各民主党派、各人民团体、各地区人民解放军、各少数民族、国外华侨和其他爱国分子，这些单位就是一根一根柱子。这钢骨水泥是什么？就是中国工人阶级、农民阶级、小资产阶级、民族资产阶级和其他爱国分子的人民民主统一战线。这所新大厦的基础是什么？说理论基础罢，就是马克思列宁主义、毛泽东思想……"

整个说话围绕着一座新的大厦的建设，既谈了新大厦的组织结构，也谈了新大厦的建设过程，而说话者的用意并不在于去描绘这一座新大厦，而是将这新大厦作为新中国的喻体，整个说话采用比喻，从而将说话者所要表达的主要意思也从这精彩的比喻中得到了鲜明、形象的体现。由于比喻精彩巧妙，加之语言的朴实可亲，使他的整个说话生动活泼，形象动人。

当然，形象生动不是说话的目的，它只能增加说话的效果，正如作料不是食物而只是调味品一样。我们在说话时，既要注意形象生动，吸引听众，更要做到情、理、形的统一。

四、美化声音

1. 声音的作用

一般来说，得体的声音能够：显示你的沉着、冷静；吸引他人的注意力，为你做点什么；让过于激动或正在生气的听者冷静下来；诱使他人支持你的观点；更有力地说服对方；使你的观点深入对方心中。

2. 美化声音的八大步骤

(1) 注意自己说话的语调　语调能反映出你说话时的内心世界，表露你的情感和态度。当你生气、惊愕、怀疑、激动时，你表现出的语调也一定不自然。从你的语调中，听话者可以感到你是一个令人信服、幽默、可亲近的人，还是一个呆板保守、具有挑衅性、好阿谀奉承或阴险狡猾的人；你的语调同样也能反映出你是一个优柔寡断、自卑、充满敌意的人，或是一个诚实、自信、坦率以及尊重他人的人。

语调得体，节奏鲜明，会给你的说话打上无形的标点符号。语调的变化多种多样，但常用的有四种。

① 用来表示惊讶、反问、设问、号召、鼓动、命令等，可提高升调，以加强效果，引起听话者留意。

② 用来表示自信、肯定、祈使和结束说话，可用降抑调，以表明你的态度、感情，便于鼓励听话者并促使他们去行动。

③ 用来表示感叹、讽刺、愤怒、思索、怀疑、幽默等，可用弯曲调，以提出说话者的主动性，渲染话语的感情色彩，增强话语的感染力。

④ 用来表示说明、叙述、解释等，可用平直调，以示庄重、严肃，便于把意思说得清楚、透彻。

无论你谈论什么话题，都应保持说话的语调与所谈及的内容相互配合，并能恰当地表明你对某一话题的态度。

(2) 注意你的发音　我们所说出的每一个词、每一句话都是由一个个最基本的语音单位组成，然后加以适当的重音和语调。正确而恰当地发音，将有助于你准确地表达自己的思想，使你心想事成，这也是提高你言辞效果的一个重要方面。只有清晰地发出每一个音节，才能清楚明白地表达出自己的思想，才能自信地面对你的听众。

相反，不良的发音将有损于你的形象，有碍于你展示自己的思路和才能。如果你说话发音错误并且含糊不清，这表明你思路紊乱、观点不清，或对某一话题态度冷淡。当一个人没有很大的激励作用而又想向他人传递自己的信息时通常如此。令人遗憾的是，许多人经常出现发音错误并养成一种发音含糊的习惯。

(3) 不要让发出的声音刺耳　我们每个人的音域范围的可塑性很大，有的高亢，有的低沉，有的单纯，有的深厚。说话时，你必须善于控制自己的音度。高声尖叫意味着紧张、惊恐或者兴奋、激动；相反，如果你说话声音低沉、有气无力，会让人听起来感觉你缺乏热情、没有生机，或者过于自信，不屑一顾，或者让人感觉到你根本不需要他人的帮助。

有时，当我们想使自己的话题引起他人兴趣时，便会提高自己的音调。有时，为了获得一种特殊的表达效果，又会故意降低音调。但大多数情况下，应该在自身音调的上下限之间找到一种恰当的平衡。

（4）不要用鼻音说话　当你用鼻音说话时，发出的声音让听话者十分难受。在正常生活中，我们经常听到"姆……哼……嗯……"的发音，这就是鼻音。如果你使用鼻音说话，第一次见面时绝对不可能让人倾慕。你让人听起来似在抱怨、毫无生气、十分消极。有些人将"哼、嗯"这种鼻音视为一种时髦的说话方式，但如果你想让自己所说的话更具吸引力和说服力，如果你期望自己的说话更加富有魅力，应尽量不要使用鼻音。

（5）控制说话的音量　当你内心紧张时往往发出的声音又尖又高。查理是一家大型金融机构的投资研究部经理。在平时的工作中，他总是表现得异常活跃和激动，为了让大家听到他所说的话，他总是大声叫喊。每当他打电话时，隔几个办公室也能听清楚他所说的每一句话。同事们对他的某些行为迷惑不解。

其实，语言的威慑力和影响力与声音的大小是两回事。不要以为大喊大叫就一定能说服和压制他人。声音过大只能迫使他人不愿听你说话并讨厌你说话的声音。与音调一样，我们每个人说话的声音大小也有其范围，试着发出各种音量大小不同的声音，并仔细听听，找到一种最为合适的声音。

（6）充满活力与激情　响亮而生机勃勃的声音给人以充满活力与生命力之感。当你向某人传递信息、劝说他人时，这一点有着重大的影响力。当你说话时，你的情绪、表情同你说话的内容一样，会带动和感染你的听众。

要使自己的声音充满活力，则要注意重音，即根据表情达意的需要，把重要的音、句或语意强调说出，使说话者的思想感情表现得清楚明晰，以引起听话者留意并加深他们的印象。说话的声音不可千篇一律，而要通过轻重抑扬来恰到好处地进行表达。说话的内容不同，形式也随之有别，有辩论说理的，有叙述说解的，有控诉声讨的，有宣传鼓动的，还有倾诉感情的。

（7）注意说话的节奏　节奏，是指说话时由于不断发音与停顿而形成的强弱有序和周期性变化。在日常生活中，大多数人根本不考虑说话的节奏，从而导致他们的说话单调乏味。

一般的停顿技巧如下。

① 语法停顿　即根据一句话的语法结构来处理的停顿。通常是短句一口气说出，长句则要在主语之后略作停顿，再紧接着往下说。往下说的时候，同样要兼顾到句子的完整和语意的明白来处理停顿。

② 心理停顿　说话者按照自己所表达的内容，需要引起对方的重视和思考时，有意识地突然停顿，使之产生心理共鸣。演讲或报告中的"静场"，大多就是运用语言的心理停顿的技巧来实现的。

③ 逻辑停顿　即在某一观点和问题说完之后，在语言表达上实行停顿。这是为了强调某一语意而处理的停顿，一般是在语法停顿的基础上，配合重音的运用而变化停顿的时间。这种停顿技巧有利于清楚地表达思想和突出重点，在说话中运用较多。

除上述三种停顿外，还有感情停顿，或出于换气、模拟或者为了调整说话时的秩序而需要的停顿等。

所有这些停顿，在说话中往往都是交叉进行的，不能按照上面的不同类型机械照搬，而要灵活掌握，运用自如。

（8）注意说话的速度　话说得太快，对方可能听不清楚，而且源源不断的语言信息也定然难以让对方所领会和理解。因为听话者的感知速度比语言传播信息的速度要慢得多；在感知迅速流动的语言信息时，听话者的注意力必须高度集中，全神贯注；如果你语速太快，对方的感知跟不上，高度紧张，容易感到疲乏和厌烦，甚至干脆懒得去听。

语速过慢，会使说话的过程拉得太长，提不起对方的兴趣和情绪，也不利于集中对方的注意力。一家大型制药公司的一位组长被叫到经理办公室讨论小组计划执行的情况。在交谈之中，这位组长说话太慢，简直是一个字一个字地往外蹦。经理实在不耐烦了，最后亲自提问，只需他回答对还是错。

语速的快慢，应视具体情况而定，比如需要表达急切、震怒、兴奋、激昂等情感时，宜快不宜慢；用在表述沉郁、沮丧、悲哀、思索等情感时，则宜慢不宜快，只有快慢结合，交替使用，做到快而不乱，慢而不拖，才是适度的。

回顾与总结

听话者的需求层次　生理需要；安全需要；社会需要；尊重需要及自我实现的需要。
听话者的类型　漫听型；浅听型；技术型；积极型。
选择话题的方法　了解自己；寻找共同点。
恰当的表达的方法　注意场合和对象；把握时机；控制语言；美化声音。

讨论题

1. 听话者有哪五个层次的需求？如何运用沟通的技巧发掘这些需求？
2. 如何了解听话者的个性？
3. 在实践中，可以运用哪些沟通技巧美化声音？
4. 通过这一章的学习，你将如何提高你说话的技巧？
5. 在现实沟通中，如何根据不同的沟通对象选择合适的话题？
6. 听话者有哪些类型？了解听话者的类型对沟通有何帮助？

第六章 非语言沟通技巧

【学习目标】

学完本章后，你应该能够：
- 认识非语言沟通技巧在沟通中的重要性
- 掌握非语言沟通的各种技巧

第一节 非语言沟通概述

一、非语言沟通的定义

非语言沟通指的是除语言沟通以外的各种人际沟通方式，它包括形体语言、副语言、空间利用及沟通环境等。

非语言沟通涉及人们面对面沟通中的诸多方面，例如用来加强或替代所说的话。有时候人们有意识地运用非语言沟通技巧，而有时候却是一种下意识的行为。例如，面部露出的微笑、眉头紧皱、开会入席的座位、办公室的大小及室内陈设，凡此种种都表达着各种信息：高兴或苦恼、权势或地位等。

非语言沟通在实际沟通活动中起着非常重要的作用，甚至比通过语言表达的信息更为重要。根据有关研究表明，在人们实际沟通过程中，非语言沟通所包含的信息远远超出语言所提供的信息（见下图）。正所谓"无声胜有声"！

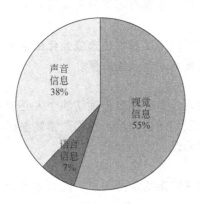

沟通信息分布图

对于倾听者来说，非语言沟通可以帮助确定讲话者是否有诚意，因为当一个人在谈话时，他/她讲的话可以给自己戴上某种面具，而其身体语言就不会被掩饰得那么有效了。的确正如人们常说的"不仅听你说什么，更重要的是看你怎么说"。

当然，讲话者也从非语言信息中得益。通过观察倾听者所传递的非语言信息来决定他/她所传递的信息是否被理解。

二、非语言沟通与语言沟通的关系

非语言沟通又与语言沟通密切相关。在实际沟通过程中，当语言信息与非语言信息互相不一致的时候，人们往往会更加相信非语言信息。通常，语言信息和非语言信息有以下几个方面相关联。

1. 重复

当谈到某个方向时，伴随着手指的指示。

2. 矛盾

当某人在争吵中处于劣势时，嘴里却颤抖地说道"我怕他？笑话！"事实上，从说话者颤抖的嘴唇上不难看出，他的确感到恐惧和害怕。又如，当顾客在首饰店的柜台前指着金灿灿手链对服务员说"请把这款项链给我看看。"服务员一定会认为顾客说错了，这时，服务员通常会认定顾客需要的东西是他手指的手链而不是他所说的项链。这个例子说明在语言和非语言信息出现矛盾的时候，非语言信息更能让人信服。

3. 代替

当经理走进办公室，显出一副伤脑筋的样子，不用说，他与上司的见面很糟糕。这时，非语言信息就起着代替语言信息的作用。

4. 强调

通过非语言信号，语言信息得到补充。如一位经理敲击桌子或者拍一下同事的肩，或通过语调来强调有关信息的重要性。

三、非语言沟通主要功能

非语言沟通有各种类型，其中主要包括身体动作、空间利用、副语言等。具备认识和辨析这些非语言信号的能力无疑有助于有效沟通。

在人际沟通中，人们的内心活动变化会在手势和形体语言中有意无意地流露出来。通过形体暗示所透露出来的非语言信息主要有以下四种沟通功能。

1. 态度信息

一方面，手势和形体姿态可以帮助我们传递或强化由语言表达的信息；另一方面，形体暗示更能生动地反映出信息传播者对他人的态度。

2. 心理信息

研究表明，形体暗示功能可以有效地提供确切的个人心理状态的信息。它不仅能表明我们是否自信，而且还能暗示出我们的自信度。它们通常能够揭示我们是否靠得住，它们也能够将我们的消极心理状态暴露无遗。

3. 情绪信息

我们的脸能非常准确地传递特定的情感信息，而形体暗示则显示我们情绪的变化水平和紧张程度。

4. 相关信息

通过非语言沟通还能揭示许多其他重要的相关信息，例如，个人偏好、权利地位以及情绪变化等。显然，如果我们不熟悉手势和姿势所提供的相关信息，我们在人际沟通过程中就容易产生误解，甚至引起不必要的冲突。

手势和形体姿态在人际沟通中非常重要。我们可以将眼睛比作心灵的窗口。同样，我们也可将形体暗示（即手势和形体姿态）看作是我们心理活动的晴雨表，内心活动的变化会在手势和形体语言中有意无意地流露出来。

第二节　非语言信息解析

一、常见形体语言解析

除了演员、政治家和演说家们会通过训练使自己有意识地利用一些手势来加强语气外，在一般的人际沟通过程中，许多手势都是无意识的。比如说，当说话者激动时，手臂的快速动作可以强调正说着的话。利用头部、肩部、手臂和手、手指、腿和脚表示的姿势形式也很丰富，尽管常常只起到辅助作用，但手势也可被有意识地用来代替说话。例如把手指放在嘴唇前要求安静；另外，当会议进行得很激烈时，有人为了使大家情绪稳定下来，作出手掌心向下按的动作，意思是说"镇静下来，不要为这一点小事争执了"。

以下的姿势我们常见于日常生活中，它们或者是用来强调表述或者是代替说话。

1. 头部

朝一边点头是催促某人紧跟着；上下点头是赞许、同意或默契；摇头是不同意；头朝对方略微侧转表示注意；单手或双手抱头是沉思、沮丧或懊悔等。

2. 手臂和手

双臂展开表示热情和友好；双手插裤袋表示冷淡或孤傲自居；两臂交叉抱在胸前表示戒备、敌意或无兴趣；双手合十表示诚意；招手表示友好等。

3. 手指

捋发表示对某事感到棘手，或以此掩饰内心不安；十指尖相触表示自信或耐心；指点某人/物表示教训或威胁；握拳表示愤怒或激动；搓手表示急切期待或心情紧张等。

4. 腿和脚

双脚呈僵硬的姿势表示紧张、焦虑；脚和脚尖点地表示轻松或无拘束；坐着时腿来回摆动表示轻松或悠闲；跺脚表示气愤或兴奋等。

二、姿势的解析

不同的坐姿和站姿传达不同的沟通信息。面试时，应试者弓着背坐着，两臂僵硬地紧夹着上身，两腿和两只脚紧靠在一起，就好像对面试者说"我很紧张"。同样，如果应试者懒散地、四肢撒开地坐着，表明他过分自信或随便，令人不舒服。一般来讲，无论是站着还是坐着，当一个人放松或悠闲的时候，身体往往处于比较舒展的状态；而当一个人不舒服、紧张、害怕时，整个身体都是绷得紧紧的，手臂和两腿紧靠在一起。

三、眼神的解析

常言道，眼睛是心灵的窗口。显然，眼睛具有很强的交流功能和感染力，常见的表现形式有：目光注视、眼睛凝视、目光回避、扫视、斜视和眨眼等。

研究表明，眼睛具有许多特有的交流功能，透过眼神或眼色，可以透视出人的内心世界，其沟通功能大致包括以下几点。

1. 专注作用

眼神，能够反映出一个人的注意力及兴趣程度。一般来说，瞳孔的大小能精确地反映一个人的兴趣水平和对他人的态度。例如，当兴趣强烈时瞳孔会放大，而当兴趣减少时，瞳孔就会收缩。

2. 说服作用

眼睛在说服性沟通中起着重要的作用。在沟通中，劝说者要使人感到真诚可信，必须与被劝说者保持眼睛的接触。为了避免可信性的显著下降，劝说者不能用欺骗的眼神经常向下看或眼光离开被劝说者。过度的眨眼或显示眼皮的颤动都会让对方生疑。

3. 亲和作用

目光在建立、保持以及终止人际关系方面扮演着很重要的角色。仅仅盯着某个人看只是一种感兴趣的标志。而注视则表明你对对方很感兴趣，并允许对方获得关于你的信息。这里需要强调的是，目光举止在人际关系的发展方面，比其他任何一种非语言交流都来得更重要一些。

4. 调节作用

有足够理由说明，眼睛配合手势可以更好地进行暗示，目光和举止可以显示一个人的内心世界。

5. 强力作用

人的目光举止不仅可以折射其地位高低，也能有效地反映出其领导潜力。一份对某军校警官的目光举止的有趣研究显示出这种人际关系的本质。研究表明，级别低的警官看上去比级别高的警官更谦逊，同时也证实那些看上去总是小心翼翼、行动谨小慎微的学员大多数只获得级别较低的领导职务。事实上实权在握的人，看上去其目光通常很有力。这类人常以有力的目光注视着自己的部下，控制着他们的情绪。相反，那种回避和低头不敢对视的目光一般被看作是软弱屈从的标志。通常，这类人或不具领导才能或领导能力不强。显然，通过对目光的观察，有助于管理人才的聘用。

6. 影响作用

通常，眼睛和脸部表情可以作为交流中有效的中介体，当你看到某个人的表情是冷淡或者热情或者可爱时，你可能会意识到，眼睛所表达出的语言就是情感语言。当一个人很想了解另一个人是在表达一种肯定的还是否定的感情时，他可以通过观察眼睛的瞳孔来加以判断。当你所表达的是肯定的情感，如高兴或幸福时，瞳孔就会增大；反之，当你表达的是否定的情感，如悲伤或痛苦时，瞳孔则会缩小。

总之，眼睛可以正确反映一个人是在表达肯定还是否定的情感，这与"喜形于色"的说法是一致的，即人们常把自己的情感表露于面色上，把情感的温度显现在目光中。因此，希望了解别人心情和情感的人，可以依靠对方面部和眼睛所提供的信息进行判断。

四、形体暗示的辨析

手势和形体姿态在个人沟通中非常重要。我们可将眼睛比作心灵的窗口。同样，我们也毫不夸张地说形体暗示（即手势和形体姿态）是我们心理活动的晴雨表，内心活动的变化会在手势和形体语言中有意无意地流露出来。形体暗示在传递有关自信度、个人偏好、独断性、权力大小方面起着关键的作用。在这里，我们将明确些在沟通过程中出现的受欢迎的暗示以及不受欢迎的暗示。

在沟通时表现出开放和自信的形体暗示是很受欢迎的。在人际沟通过程中表现出开放的姿态非常重要，这样你会给其他人一个这样的信号：我真诚地努力表现出自己真实的思想。开放式的手势常引起对方同样的开放式的姿态。

开放式形体暗示通常表现为：伸展一下双手，松一下衣服扣子或领带，还有放松一下四肢等。相反，如果紧缩双臂、夹紧双腿等相关的动作则表现出一种自我防御的封闭式形体暗示。

对于希望表现出镇定自若的人来说，自信的动作就非常重要。一些典型的自信动作有：手指尖塔（将手指指尖靠在一起形成塔尖状）；双手背后，下颌微抬；斜着身子，以手托头。而像一些摸嘴、摸鼻子、抓头的手部小动作通常是一种不自信的信息流露。

开放式和自信的动作是受欢迎的,而保护性的和紧张的动作则不受欢迎。保护性的动作有很多,它们都带有制造不愉快气氛的意味。例如目光下垂、封闭的形体姿势是典型的保护性动作。紧张的动作也有许多形式,例如捻弄手指、拉衣服和摸耳朵等。事实上,任何毫无意义的动作也都可能被解释为是紧张的表现。

在人际沟通过程中,掌握形体暗示对于了解对方的偏好、情绪或权力地位等信息具有重要作用。以下是常见的几种形体暗示。

希望别人喜欢的愿望人人皆有,喜欢别人但却没能激起对方作出相应的反应,你自己是否有错?你如果确实喜欢一个人,你可以通过适当的形体暗示将自己的意思表达出来。对照下列形体暗示表现,你做到了哪几条。

(1) 不期而遇时有向前的倾向。
(2) 身体和头直接面对对方。
(3) 开放的形体姿态。
(4) 肯定性的点头。
(5) 活泼的动作。
(6) 减少个人距离。
(7) 适当的放松。
(8) 接触。
(9) 保持目光接触。
(10) 微笑。

通过解读对方所表现出来的形体暗示,你也可以了解到别人是否对你感兴趣。对照下列形体暗示表现,从中你能解读出什么信息?

(1) 短时间的目光接触。
(2) 白眼。
(3) 不高兴的面部表情。
(4) 相对较少的动作。
(5) 身体僵硬。
(6) 神情冷漠,漠不关心。
(7) 封闭的形体姿态。
(8) 身体紧张。

显然,上述形体语汇传递出"不喜欢"的暗示。此外,当一个人希望得到别人的喜欢,但自我表现过了头,则适得其反。例如,那些挥手过于夸张、盯着人看、点头过度的人,常常会引起别人的反感。又如,那些坐得太近的人虽然希望传递他们表示喜欢的暗示,但事实上,这些粗俗、过分的形体暗示常常也会引起他人的反感。

当然,通过形体语言的解读,虽然可以初步判断信息传播者的个人喜好、权力地位,但是若需要获得确切的信息,还要综合其他语言和非语言的沟通。

五、空间暗示的解析

在沟通中,不同的沟通方式表达了不同的含义。通过控制交际双方的空间距离进行沟通,称为空间沟通。人们交谈中掌握距离的方式表达了他们的信仰、价值观以及他们的文化内涵。例如,德国文化崇尚秩序井然和等级森严,所以德国人倾向于划分出界线分明的私人领地,从而明明白白地表露了他们保留个人隐私的需要。

美国人要求拥有自己的办公室以掩盖自己的隐私,通过使用巨大而且能够升降的办公桌与别人保持距离。相反,阿拉伯人在公共场合根本不知道什么是隐私,他们在谈话时是那样的亲密无间。这种沟通的特点被描述为：目光的直接接触，手的互相触摸，沐浴在对方温暖而潮湿的呼吸中，这些都代表了深层次的有感觉器官参与的交谈，这种沟通方式对很多欧洲人而言是不可忍受的。

我们必须承认我们的空间受到两种相互竞争的需求的影响：友好协作的需求和保留隐私的需求。大体上来说，通过形体上的接近可以表达我们想发展更密切关系的愿望。因此，形体上的接近在人际交往中扮演着十分重要的角色。相反，我们通过与他人保持距离以满足自己保留隐私的需要，这时我们常常寻求形体方式来确信这种距离的存在。例如，使用肘部以防止他人靠得太近，或者把椅子移开，或者侧过身等，以对自己的心理空间作出防御性反应。

使用空间的方式以及我们对他人使用空间方式的反应，会给他人留下很深的印象。例如，就办公室的空间大小而言，有些组织是根据职位高低来决定办公桌的大小。有些组织则取决于权力的大小。此外，家具的陈设也构成了空间暗示的一个因素。事实上，管理者在办公桌后面与人沟通时，两人之间的办公桌就不经意地构成了一道物理的甚至心理的屏障。如果管理者有意保持自己的权威，则应保持这点屏障，如果管理者希望取消沟通的屏障，则应离开办公桌，以开放的心态与人沟通。通常，人们会从这些空间暗示取得这样的判断，如友好程度、亲密程度、霸道程度、诚实程度以及同情程度。我们发现，面试的成功、销售的成功、跨文化的沟通都与我们掌握空间的方式密切相关。简言之，作为代表个人和企业形象的管理者必须知道在不同场合中什么样的空间行为是合适的，什么样的空间行为是不合适的，因为这些行为举止在形象管理中是十分重要的。

六、时间暗示的解析

如同空间一样，时间在沟通中也起到传递信息的作用。通过对把握时间的观察，可以了解到人们对事件的重视程度、职位高低。例如，从你是否坚持确保准时赴约的态度，就可以反映出你对这次约会的重视程度，至于谁等谁、等多久，则反映了两者间的从属关系。一般来讲，无论是组织还是个人，都对迟到或等待有一定程度的容忍范围。如果没有准时赴约让他人等很久，会引起对方的不满，同时也会降低自己的信誉。

对于是否守时赴约的心理准备取决于双方的价值估量：如你是与自己的上司赴约，你一定不会让他等你，而应早到以恭候对方。如果是与你的同事或下属赴约，你对按时赴约的心理准备就显得轻松随意。

在对参加会议的到会时间控制上，通常，会议成员提前到会等待，而会议主持或主席则准时到会。从中可以看出不同职位或权势者对时间把握的差异。

时间暗示还表现在其他方面，例如，说话的语速或手势挥动的频率会反映出人们内心情绪的紧张程度和感受，走路的快慢则反映了人的性格、心理、年龄、健康状况。

七、沟通距离的解析

（一）沟通距离

通常，根据人们不同的需要，沟通"距离"被划分成四种：亲密距离、私人距离、社交距离和公众距离。

1. 亲密距离

它是很容易辨别的，一般在 0～0.5 米。因为交谈者有意识地与对方频繁地进行身体接触。适用对象为父母、夫妻或知心朋友等。

2. 私人距离

一般在 0.5～1.2 米。往往是人们在酒会交际过程中与他人接触时的距离。在这种距离下，常常会发生更进一步的人际交往。我们习惯性设定的私人距离会反映出我们的自信心强弱和保护个人隐私需要的心态。成功的沟通者在与他人接触时，会对他人设定的私人距离保持足够的敏感性。

3. 社交距离

一般在 1.2～3.5 米。用于商业活动和咨询活动，这种距离的控制基于以下几个重要因素，诸如你是站着还是坐着，或者你是与一个人交谈还是与一群人交谈。

4. 公众距离

一般在 3.5 米以上。从社交距离到公众距离的变换对我们有很重要的暗示作用。在公众距离中的较近阶段（3.5～7.5 米），对非语言因素的理解会千差万别。公众距离中的较远阶段（7.5 米以上）对人际交往是破坏性的。在 7.5 米以外，声音中的潜在含义就会传递失真。

当然这种沟通距离的划分也不是绝对的，它受到文化的制约，不同的文化背景对这种距离的敏感性是不一样的。

（二）影响沟通距离的因素

而影响沟通距离的因素有很多，归纳起来大致有以下三个方面。

1. 地位的影响

当两人之间地位差距拉大时，那他们之间的沟通距离也会随之增加，地位低下的人好像意识到他们需要与地位高的人保持一定的距离。

2. 个性的因素

与性格内向的人相比，性格外向的人在与他人接触时能保持较近的沟通距离；与缺乏自信心的人相比，自信心强的人在与别人接触时，沟通距离也较近。

3. 人与人之间的熟知程度

通常，人们总希望与自己熟悉的同伴或好朋友保持较近的距离，而尽量远离陌生人。

八、音质的解析

声音在实际沟通过程中也占有很重要的位置。它具有情感作用、印象管理作用和调节作用。

（一）音质概述

1. 声调

声调指的是一组词的升降调，表示该句子是问句还是陈述句，说明讲话的人是没有把握还是很自信，或表示一个声音很郑重或者含讽刺意味。对话中使用了副词时（说明讲话经过考虑），一般也要说明声调是什么。当声调和某个字词的含义相悖时，人们往往相信声调。吉安·戴维斯提到，有人用"快死了，你呢？"来回答朋友的问候"你好吗？"听到这种回答的朋友却回应"很好。"因为语气很快，所以他们不会理会字面的意义的。

2. 音高

这指的是声音的高低（就像钢琴上弹奏出的高低音符那样）。低音被认为较高音更具权威性，更性感，更悦耳。讲话人生气或激动时，音高往往会提升；有的人提升音高是为了提高声音。音高原本就是女性应该努力降低的声音，这样在向众人演讲时就不致声嘶力竭。

3. 重音

这指的是句子中要强调的一个词或一组词。下列例句显示，强调句中不同部分，意思可以相差很多。

我会给你涨工资。(重音在:"我会")

[隐含意:根据音高和速度"别的主管是不会的"或"我才有权决定你的工资涨幅"]

我会给你涨工资。(重音在:"给")

[隐含意:根据音高和速度:"并不是你挣的"或"好吧,你赢了,我并不同意,只是答应你从而摆脱你罢了"或"我也是刚刚才决定给你涨工资的"]

我会给你涨工资。(重音在:"你")

[隐含意:"本部门没有其他任何人得到了这种待遇"]

我会给你涨工资。(重音在:"涨工资")

[隐含意:"你就不再可能得到提职或其他想要的东西了"]

我会给你涨工资。(重音在:"你涨工资")

[隐含意:"这是你应该得到的"]

讲话富于激情的人,除了经常变换声调、音高和重音外,他们讲话听来更加有力和充满智慧。说话只有一个声调,听起来没有智慧而且很冷漠。

(二) 音质的调节

调音质的策略大致包括下列几种。

1. 不要让你的声调将你定型

不同的声调给人以不同的感受。许多电影制作人在试镜者的其他条件都差不多的时候,就会以谁的声调最符合剧中角色作为依据。鼻音重的人给人温吞的印象,嗲声嗲气的声调则让人有声色方面的联想。如果你不想就此被人定型,不妨视场合运用不同的声调。

2. 低沉的声音比较有权威感和让人信赖

我们经常根据声乐家的标准将一般人的声音分成中、高、低音。声调高的人给人以紧张、缺乏自信与情绪化的负面印象;声调低的人则让人感觉稳重老练。因此你不妨请老师或自己用录音带多多练习,将声调压得低些。

3. 适时放慢说话速度

这可以给人认真、权威和思虑周密的良好印象。此外,它让你有较多的时间选择恰当的词汇。

4. 适时加快说话的速度

这可以给人充满热忱与活力的印象。说话速度快比较能够吸引别人的注意力,对方必须集中精神才能听清楚你在说些什么。

5. 声量要大小适中

声音太大通常给人吵架与没礼貌的感觉,声音太小又让人觉得害羞、内向与缺乏自信。这都应该避免。

回顾与总结

非语言沟通 除语言沟通以外的各种人际沟通方式,它包括形体语言、副语言、空间利用及沟通环境等。

非语言沟通与语言沟通的关系 重复;矛盾;代替;加强。

非语言沟通主要功能 态度信息;心理信息;情绪信息;相关信息。

眼神在沟通的作用 专注作用;说服作用;亲和作用;调节作用;强力作用;影响作用。

空间沟通 通过控制交际双方的空间距离进行沟通。

沟通"距离"划分成四种:亲密距离、私人距离、社交距离和公众距离。

讨论题

1. 何为非语言沟通？
2. 如何理解"不仅听你说什么，更重要的是看你怎么说"？
3. 非语言沟通与语言沟通有什么差别？
4. 为什么说眼睛是心灵的窗口？
5. 非语言沟通的文化内涵是什么？
6. 谈谈非语言沟通技巧与有效沟通的关系。
7. 管理者应如何提高自身的非语言沟通能力？

第七章　与领导沟通的技巧

【学习目标】

学完本章后，你应该能够：
- 了解领导者的不同风格
- 掌握与不同领导沟通的各种技巧

第一节　领导者的领导风格

人人都有自己的领导，都要与领导进行沟通。那么，到底领导是什么以及领导者具有哪些领导风格呢？只有清楚了这些，才能有助于自己和领导进行有效的沟通。

下面我们来详细分析各种领导风格的特点及作用。

1. 强制型领导风格

在大多数情况下，强制型领导风格是所有领导风格中最无效的一种。首先是缺乏灵活性。强制型领导极端的要求下属完全服从的决策方式使组织中新的思想不能发挥作用，员工普遍感到自己没有受到重视，即使有想法也不愿意说出来，灵活性受到很大的影响。员工不能按自己的意愿行事，责任感会逐渐丧失，有些人会变得愤愤不平并采取不合作的态度。其次是报酬系统。能激励大多数高绩效员工的并不是挣到更多的钱，他们追求的是完成工作时的满意感，而强制型领导风格会减少这种满意感。领导可以通过告诉员工，他们的工作对实现公司的目标有很大的作用，以此来激励员工。但强制型领导风格却使得这种方式不能起到应有的作用。因此，这种领导风格会削弱组织的目的性和员工对组织的承诺，最终使员工偏离他们所从事的工作，并认为这是无关大局的。

虽然这种领导风格有很多缺点，但这并不是说它一无是处。当企业处于转型期、面临敌意收购或在经历了像地震、火灾等灾难的危急关头，这种领导风格往往可以起到意想不到的作用。它能够改变企业的一些不良习惯，并使人们意识到应该采用一种全新的工作方式，但使用时一定要加倍小心。如果领导仅仅只依靠这一种领导风格，或在危机过去后仍然继续使用这种领导风格，而不关心其他员工的士气和感觉，它的长期影响将是毁灭性的。

强制型领导者是全面型领导者，他们坚持对企业从设计到生产到市场营销的每一个方面进行监督。他们经常是独裁者，亨利·福特就是这样一位控制型高手，他不愿意授权给他人，到后来也只授权给他深信不疑的人。亨利.J.海因茨不像亨利·福特那么专断，但是他在企业中无处不在。这位食品加工制造商亲自制定生产标准，管理市场营销与销售，处理员工关系。强制型领导者获得成功是因为他们以自己对目标的判断力使公司具有生命力。虽然人们对谁是公司的领导者从来没有异议，但是强制型领导者能够把自己对未来的预见充分明确地传达给员工，使员工了解并赞同他的预见，因而能够把组织的目的当成他们自己的目的。

2. 权威型领导风格

调查显示，在各种领导风格中，权威型领导风格也许是最有效率的，它能提升企业工作氛围的各个方面。确切地说，权威型领导是一个理想主义者，他通过让员工们了解自己的工作是整个组织宏伟蓝图的一部分来激励他们。员工了解自己的作用以及为什么起作用。同时，权威型领导还能通过在一个宏伟的蓝图中构筑个人的任务，围绕蓝图明确定义各种标准，并根据员工的工作是否有助于蓝图的实现，对其绩效情况进行反馈。这种风格的领导使每个员工了解成功及报酬的标准，从而使员工对组织的目标和战略的认同达到最大化。而且权威型领导在确定目标时往往会给员工留下足够的空间保留自己的想法，并给予员工创新、体验和冒一定风险的自由，从而使得企业能保持一定的灵活性。由于对企业工作氛围的积极影响，这种领导风格在多数情况下都能取得较好的效果。而当企业处于不确定状态下时，这种领导风格尤其有效。一个权威型的领导会设计一个新的方案，从而将他的员工带入一个新的长远规划中。

但这种领导风格也并不是在任何情况下都起作用的。当这种风格的领导与一个专家或比他更有经验的同龄人一起工作时，这些人也许会认为领导的架子太大或难以接近，这种领导风格就会失败。同时，如果一个管理者过于想成为权威，他必然会削弱一个高绩效团队所需要的人人平等的精神。虽然这样，领导们还是应该理智地充分利用权威这支球棒。它也许并不能保证一次就达到目的，但从长期来看，这种领导风格的确是有帮助的。

松下幸之助就是近代著名的一位权威型领导。尽管松下幸之助在日本以"商业管理之神"而著称，但是他的领导风格是人性化的。他具有强烈的使命感，那就是通过工业进步把繁荣带给人民。他的工人以极大的热情与他一同分享这种使命感。他的这种使命感与他不断地关心工人的福利是相匹配的。1989年他去世时，很多人为之哀悼。乔治·凯德伯里是一位关心雇员福利的雇主。同1900年建立了自己的先施百货公司的中国香港百货商店主马应彪一样，他每星期都在工厂的星期日学校教课。另一位百货商店主约翰·沃纳梅克把雇员的福利看做家长的责任，比创造利润更重要。1922年他去世时，在葬礼的那一天，整个费城的商店都停止营业，成千上万的人们站在送葬队伍行进的道路两边，为他送行。这些领导都具有超群的商业智慧，是非常成功的组织者和市场营销者。但是他们的非凡成就来自他们的个人领导风格，他们通过致力于实现下属的幸福安康而激发他们的忠诚。他们的领导风格建立在个人权威的基础之上。

3. 合作型领导风格

如果说强制型领导要求"按我的要求做"，权威型领导鼓励"跟我来"的话，合作型领导提倡"员工先行"。这种领导风格关注的是周围的员工，它更重视个人及其情感，而不是任务和目标。合作型领导努力使员工心情舒畅，并在员工之间创造和谐的气氛。同时合作型领导不会对员工完成自己工作的方式进行不必要的责难，能给予员工以最合适的方式工作的自由，这都有助于灵活的组织风格的形成。从对工作的认识和奖励的角度来看，合作型领导会给予下属大量积极的评价，这对员工往往有很大的激励作用。合作型领导也是建立组织归属感的专家，他们会以一个蛋糕来庆祝一小组的成功，从而与员工分享成功的欢乐，他们是自然关系的建立者。合作型领导风格具有的积极作用使得它几乎可以适用于任何情形，而当领导在努力建立团队内部的和谐、提高士气、改善沟通或修复受损的信任时，使用这种领导风格会更有效。

虽然合作型领导风格非常有用，但它不应该被单独使用。因为它比较强调表扬，有可能使存在的问题没有得到及时解决，员工也可能认为做一个平庸的人在组织中是被允许的。由于领导很少提供建设性的建议，员工必须自己搞清楚应该怎么办。当员工面临复杂的困难而需要清晰的指导时，这种领导风格使他们面临无人指导的困境。如果过于依赖这种领导风格，可能会导致一个团队的失败，这大约就是许多合作型领导也常使用权威型领导风格的原因。由权威型领导风格构建蓝图，建立标准，并让员工了解他们的工作是怎样推进组织目标的实现的；在日常工作中再把这种领导风格转换为合作型领导的关心、培养，这样就把两种领导风格很好地结合在一起了。

恩斯特·阿贝就是其中之一,还有托马斯·爱迪生,他即使在当时也是一名偶像型人物。宝丽莱公司的创始人埃德温·兰德(Edwin Land)是美国20世纪伟大的技术型企业家之一,也是一位合作型的领导者。

4. 民主型领导风格

民主型的领导通过花费时间听取员工的意见和建议来建立信任、尊敬和忠诚;通过让员工在影响自己的个人目标及工作方式的决策中发表意见,来提升组织的灵活性和责任感。通过倾听员工的呼声和建议,来了解如何保持高昂的士气。员工处于一个民主的系统中,他们在决定自己的目标及衡量成功的标准方面享有发言权,并能清楚地了解什么是可以实现的,什么是不能实现的。这种领导风格在领导自己并不清楚应该怎么做,并需要有能力的员工的建议时能发挥最大的作用。即使领导有很强的预见能力,民主型领导风格对实现目标的过程中新的意见和建议的形成也有很大的作用。

然而民主型领导风格也有自己的缺点,那就是它对工作氛围的影响没有其他领导风格大。它的一个令人不能容忍的结果是无休止的会议,因为需要深思熟虑,而一致的意见又很难形成,唯一可以做的就是安排更多的会议。有一些民主型领导倾向于把一些关键问题推后讨论,希望经历一系列的失败后能做出最佳决策,而员工最终会感到迷惘及无人指导。这种领导风格在有些情况下甚至有可能导致冲突升级,它在员工不胜任或没有得到明确的建议时作用也不大。

民主型领导者在20世纪出现了两个著名例子。捷克的鞋业制造商托马斯·巴茨便是其中之一。他在兹林的工厂发展了自己独特的管理风格,认为组织比他自己更伟大。巴茨的管理哲学包括把许多权力和责任交给组织中的低层管理部门,而他留给自己的主要职责是把组织的各种要素集合起来,并协调它们的活动。20世纪90年代,SMTC公司的首席执行官里卡多·塞姆勒进一步发展了权力下放体制,把几乎所有的权力都下放给每一个员工。

5. 导向型领导风格

与强制型领导风格相似,导向型领导风格也经常被采用,但对它的使用应该有节制。在这种领导风格下,领导制定相当高的绩效标准,并以身作则,他希望能把事情做得又快又好,对周围其他人的要求也一样。如果员工不能很好地完成工作,领导就会用其他人来代替他们,因此这种风格常常会破坏工作氛围。许多员工不能容忍导向型领导者的过高业绩要求,士气会下降。也许在领导者的头脑中,工作的指导方向是明确的,但他往往不会把它清楚地表述出来,因此员工们不再是朝着一个明确的方向发挥自己的最大潜力,而是对领导希望怎么做进行猜测。同时,员工也感到领导并不相信他们的能力,不允许他们以自己的方式工作。结果是工作的灵活性和责任心下降了,工作成了集中性的任务,并以一成不变的形式进行下去。而且导向型领导一般不对员工的工作情况进行反馈,当他发现员工的工作滞后时所做的仅仅是撤换他们。如果领导有事离开,员工会因为习惯于有专家制定规则而感到无人指导。因为员工不知道自己的工作是如何帮助组织实现目标的,他们的责任感将在导向型领导的统治下逐渐丧失。

导向型领导风格也并不总是起到负面作用。这种领导风格在所有员工自我激励、高度竞争及需要较少指导或协助的情况下(如研发小组或法律小组)能起到良好的作用。而且如果需要领导的是一个非常有能力的小组,这种领导风格能保证工作按时甚至提前完成。但与某些其他领导风格一样,导向型领导风格也不能单独使用。

导向型领导者乐于把许多管理事务委派给其他人,而自己全神贯注于制定总体战略,并指导战略实施。约翰·D·洛克菲勒就是这种领导风格的著名代表。作为世界上最大的石油公司的首脑，除了自己最亲近的下属之外，他很少与任何其他人一起旅行和开会。他认为自己的职责是计划公司的发展方向，决定公司的下一步行动。一旦决定作出之后，它们的实施就交给下属来完成。科西莫·德·美第奇从其父手中接管美第奇银行之后，很少离开佛罗伦萨，从未视察过公司的任何一个海外分公司。视察旅行交给公司的其他人来完成，而他自己只制定路线，其他人则按照路线前进。

6. 教练型领导风格

这种领导风格在改善工作氛围及企业绩效方面有显著的正面作用。教练型的领导能帮助员工发现自己的能力和自身的弱点，并能将它们与员工个人的职业发展联系在一起。教练型领导鼓励员工建立长期发展目标，并帮助他们制订实现目标的计划。他们在员工应扮演的角色及实现目标的方法方面与员工达成一致，并给予大量的指导和反馈。他们擅长指派工作任务，能给员工安排有挑战性的任务，即使这项任务不能很快完成，如果失败能对今后有利并能促进长期的学习，领导也愿意承受短期的失败。这种风格需要大量的对话，而对话能促进工作氛围的各个方面的改善。当一个员工知道他的老板在关注着他并一直关心他的所作所为时，他会放心大胆地工作，因为他知道他能得到及时的指导和反馈。

如果员工不愿意学习或不愿意改变自己的工作方式，这种风格则没有任何意义。如果领导缺少帮助员工的经验，这种方法也会失败。现实的情况是，一些公司已意识到了这种风格的作用，并在试图运用它，他们想使用这种方法为员工提供持续的绩效反馈，从而激励员工，但他们往往缺乏进行有效指导的能力。在六种领导风格中教练型领导风格是最少被采用的一种。许多领导说，他们在面临压力极大的经济环境时，根本没有时间去运用这种慢速而又乏味的教育员工并帮助他们成长的方法。但实际情况是，在第一次使用后，这种方法只会占用很少的时间或根本不占用额外的时间。当然，这种风格往往侧重于个人的成长而不是与工作相关的任务。虽然教练型领导风格也许并不能保证最终结果，但它的确能帮助员工成长。

许多研究表明，一个领导越能展现出多种风格，他将会越成功。如果一个领导能掌握四种以上的风格，尤其是其中的权威型、民主型、合作型和教练型领导风格，他将会得到最好的工作氛围和绩效，当然成功的领导还要学会根据情境需要灵活选用合适的领导风格。实际上，很少有领导能同时具备这些领导风格，能在正确的时间和场合恰当运用这些领导风格的人就更少了。补救方式可以是领导与具备他所欠缺的领导风格的人共同组建团队，或者是扩展自己的领导风格。

第二节　与不同风格的领导沟通的技巧

不同的领导具备不同的素质和经历，因此也就形成了不同的领导风格。在面对不同领导的时候，必须首先清楚其领导风格，然后在与他们的交往中区别对待，运用不同的沟通技巧，这样才能获得很好的沟通效果。例如，在企业中，总经理可能是对你的发展前途影响最大的人物，你必须清楚总经理为人处世的原则以及管理的方式。如总经理是否是一个事必躬亲的人；他是否喜欢描述企业的愿景，而忽视现实中的一些问题；他最喜欢的沟通方式是什么；他什么时候最容易接受意见等。

1. 与强制型领导沟通的技巧

强制型领导风格的领导者一般要求下属完全服从，鼓励竞争和自我控制。因此，在与他们进行沟通时，应该注意语言的简明扼要，干脆利索，不拖泥带水，不拐弯抹角。无关紧要的话少说，直截了当，开门见山，直奔主题。对于企业来说，这种领导风格适合企业处于危难、开始完全转型或有问题雇员的情况。

另外，这类领导十分重视自己的权威地位，不喜欢下属违抗自己的命令，更不允许下属向自己提出挑战。所以应该尊重他们的权威，认真对待他们的命令，在称赞他们时，应该多称赞他们取得的成就，而不是他们的个性或人品。

2. 与权威型领导沟通的技巧

这类领导者自信、移情和善于使人改变，喜欢与他人互动交流，在互动中动员员工实现共同的愿景。对于企业来说，这种领导风格适合当企业需要一个新的愿景或明确的方向时。

在与这类领导进行沟通时，一定要多公开赞美，而且一定要真诚，言之有物，虚情假意的赞美会被他们视为阿谀奉承，从而影响他们对你个人能力的整体看法。应该多和这类领导亲近，态度要和蔼友善，要多使用自己的肢体语言，因为他们对别人的一举一动都会十分敏感。另外，他们还喜欢与下属当面沟通，喜欢参与，要求下属开诚布公，即使有不同的意见，也希望能够摆在桌面上谈，而厌恶在私下里发泄不满情绪的下属。

3. 与合作型领导沟通的技巧

这类领导注重合作，多通过移情和建立相互关系来制造和谐氛围和建立感情联系。这种领导风格适合修补小组的裂痕或在严峻情况下激励员工士气的情况。

与这类领导沟通时，一定要注意合作，勇于分担责任，多参与，勇于提出自己的意见和看法，这样会给领导留下很好的印象。如果缩手缩脚，可能会给领导留下没有能力的坏印象。

4. 与民主型领导沟通的技巧

这类领导注重合作、小组领导关系，通过参与达成共识。这种领导风格适合建立共识和使有价值的员工投入工作的氛围。

与这类领导进行沟通时，要多参与、多合作，心态平和地和领导一起工作。这类领导可能更关心人，而较少关心工作。所以必须尊重自己的领导，多参与领导的各种工作。

5. 与导向型领导沟通的技巧

这类领导注重良心、主动性和成就驱动，讲究逻辑而不喜欢感情用事，通过建立高的绩效标准来完成工作。这种领导风格适合通过高的激励和竞争性团队快速获得成果的情况。

与这类领导进行沟通时，应该直奔主题，直接谈他们感兴趣而且实质性的东西。这类领导喜欢直截了当的方式，对他们提出的问题也最好直接作答。另外，必须在一些关键性的问题上对细节加以详细说明。

6. 与教练型领导沟通的技巧

教练型的领导者一般愿意发展他人，善于为将来发展员工。这种领导风格适合于帮助雇员改善绩效和发展长期能力的情况。

与这类领导沟通时，应该就自己的各个方面和领导进行沟通，同时也要多承担工作，并且及时地和领导探讨工作中出现的各种问题，以从领导那里学到新的知识和技能。下属必须真诚，谦虚，努力学习。

回顾与总结

领导者的领导风格　强制型领导风格；权威型领导风格；合作型领导风格；民主型领导风格；导向型领导风格；教练型领导风格

讨论题
1. 如何与强制型领导风格的领导沟通？
2. 如何与权威型领导风格的领导沟通？
3. 如何与合作型领导风格的领导沟通？
4. 如何与民主型领导风格的领导沟通？
5. 如何与导向型领导风格的领导沟通？
6. 如何与教练型领导风格的领导沟通？

第八章 与下属沟通的技巧

【学习目标】

学完本章后，你应该能够：
- *掌握与下属进行日常沟通的技巧*
- *学会处理与下属之间各种问题的技巧*

第一节 ■ 与下属进行日常沟通的技巧

对经理来说，与员工进行沟通是至关重要的。因为经理们要做出决策就必须从下属那里得到相关的信息，而信息只有通过与下属之间的沟通才能获得；同时，决策要得到实施，职业经理也要与员工进行沟通。再好的想法，再有创见的建议，再完善的计划，离开了与员工的沟通都将成为无法实现的空中楼阁。

沟通的目的在于传递信息。如果信息没有被传递到所在单位的每一位员工，或者员工没有正确地理解管理者的意图，沟通就出现了障碍。那么，经理如何才能与员工进行有效的沟通呢？

1. 让员工对沟通行为及时做出反馈

沟通的最大障碍在于员工对职业经理们的意图不理解或理解得不准确。为了减少这种问题的发生，职业经理可以让员工对其意图做出反馈。比如，当向员工布置了一项任务之后，可以接着向员工询问："你明白我的意思了吗?"同时要求员工把任务复述一遍。如果复述的内容与职业经理的意图相一致，说明沟通是有效的；如果员工对职业经理的意图的领会出现了差错，可以及时进行纠正。或者，可以观察他们的眼睛和其他体态举动，了解他们是否正在准确地接收信息。

2. 对不同的人使用不同的语言

在同一个组织中，不同的员工往往有不同的年龄、经历、教育和文化背景，这就可能使他们对相同的话产生不同的理解。另外，由于专业化分工不断深化，不同的员工都有不同的"行话"和技术用语。而职业经理往往注意不到这种差别，以为自己说的话都能被其他人恰当地理解，从而给沟通造成了障碍。

由于语言可能会造成沟通障碍，因此职业经理应该选择员工易于理解的词汇，使信息更加清楚明确。在传达重要信息的时候，为了消除语言障碍带来的负面影响，可以先把信息告诉不熟悉相关内容的人。比如，在正式分配任务之前，先让有可能产生误解的员工阅读书面讲话稿，对他们不明白的地方先做出解答。

3. 积极倾听员工的发言

沟通是双向的行为。要使沟通有效，沟通双方都应当积极投入交流。当员工发表自己的见解时，职业经理应当认真地倾听。

当别人说话时，我们在听，但是很多时候都是被动地听，而没有主动地对信息进行搜寻和理解。积极的倾听要求职业经理把自己置于员工的角色，以便于正确理解他们的意图而不是自己想理解的意思。同时，倾听的时候应当客观地听取员工的发言而不急于做出判断。当听到与自己不同的观点时，不要急于表达自己的意见。因为这样会使你漏掉余下的信息。积极的倾听应当是接受他人所言,而把自己的意见推迟到说话人说完之后再表达。

4. 注意恰当地使用肢体语言

在倾听他人的发言时,还应当注意通过非语言信号来表示对对方的话语的关注。比如,以赞许性的点头、恰当的面部表情、积极的目光相配合;不要看表,翻阅文件,拿着笔乱画乱写。如果员工认为你对他的话很关注,他就乐意向你提供更多的信息;否则员工有可能怠于向你汇报自己知道的信息。

研究表明,在面对面的沟通当中,一半以上的信息不是通过词汇来传达的,而是通过肢体语言来传达的。要使沟通富有成效,职业经理必须注意自己的肢体语言与自己所说的话的一致性。

比如,你告诉下属你很想知道他们在执行任务中遇到了哪些困难,并乐意提供帮助,但同时你又在浏览别的东西。这便是一个"言行不一"的信号,员工会怀疑你的诚意。

5. 注意保持理性,避免情绪化行为

在接收信息的时候,接收者的情绪会影响到他们对信息的理解。情绪能使人们无法进行客观的理性的思维活动,而代之以情绪化的判断。职业经理在与员工进行沟通时,应该尽量保持理性和克制,如果情绪出现失控,则应当暂停进一步沟通,直至恢复平静。

6. 减少沟通的层级

人与人之间最常用的沟通方法是交谈。

交谈的优点是快速传递信息和快速反馈信息。在这种方式下,信息可以在最短的时间内被传递,并得到对方回复。但是,当信息经过多人传送时,口头沟通的缺点就显示出来了。在此过程中卷入的人越多,信息失真的可能性就越大。每个人都以自己的方式理解信息,当信息到达终点时,其内容常常与开始的时候大相径庭。因此,职业经理在与员工进行沟通的时候应当尽量减少沟通的层级。越是高层的职业经理越要注意与员工直接沟通。

通用电气公司伊梅尔特在谈怎样支配自己的有效工作时间时说:我差不多有30%到40%的时间在跟人打交道,进行交流、沟通,这是CEO非常重要的一个工作。

7. 敞开办公室大门

与员工进行直接交流就要向员工敞开总裁办公室的大门,鼓励越级报告。在惠普公司,总裁的办公室从来没有门,员工受到顶头上司的不公正待遇或看到公司存在的问题时,可以直接提出,还可越级反映。这种企业文化使得组织成员在相处时,彼此之间都能做到互相尊重,消除了对抗和内讧。在摩托罗拉的迎新培训中,新员工会遇到这样的一个问题:"如果公司不幸失火,你们怎么做?"答案绝不是我们从小接受教育时就学会的"保护集体财产",培训师给新员工的正确答案是:"什么东西都不要管,只管你自己逃出去,因为人是最重要的。"摩托罗拉的每一个高级管理人员都被要求与普通操作工在人格上千方百计地保持平等。所有的员工(甚至包括总裁、副总裁)都在同一个餐厅排队,等候同样的饭菜。更能表现摩托罗拉"对人保持不变尊重"个性的是它的"open door"。所有管理者办公室的门都是绝对敞开的,任何职工在任何时候都可以直接推门进来,与任何级别的上司平等交流。由于中国的传统等级观念根深蒂固,这种方式在中国企业中使用得还比较少,但这是一个发展的趋势。

8. 实行走动式管理

美国很多企业的管理专家,都在做着这样一件事情,叫Management by Wandering Around,简称为MBWA。这是什么意思呢?就是走动式管理。美国有一个人叫培洛,他以前在IBM公司的时候,是IBM公司排名第一的推销员,曾用17天完成了全年度的销售任务。后来培洛决定自己创业,创立的公司叫做EDS,后来公司发展到有几万员工。然后,他把这个公司以30亿美元的价格,卖给了美国通用汽车公司。成交之前,美国通用汽车公司的总裁到了培洛的 EDS 总部，他看了之后觉得很满意。这位总裁对培洛说："贵公司管理得不错，我们应该有很多合作的空间和机会。"到了午餐时间，他问培洛："贵公司主席用餐的餐厅在哪里？"培洛说："我们公司没有啊！"总裁问："那贵公司有没有高级主管用餐区？"培洛说："对不起，总裁，我们公司也没有。"总裁问："那我们今天中午怎么吃饭啊？"培洛说："就排队跟员工一起吃自助餐好了。"

美国通用汽车公司总裁来到他即将收购的公司时发现，该公司连一个主管的餐厅都没有，还要排队吃自助餐。这位总裁觉得不可思议。排队取餐之后，他问培洛："我们坐在哪里？"培洛说："就跟员工一起坐呀。"于是，那位总裁一边吃一边与员工聊天。吃完之后，通用汽车公司的总裁说："培洛呀，虽然你这个公司没有什么高级主管餐厅，但你公司的菜是我吃过的自助餐里最好的。"培洛在企业里进行的就是走动式管理，天天在职工餐厅排队吃自助餐，他是在监督厨房。他每餐换一桌，跟基层的员工聊天，是为了了解公司的营业状况。培洛之所以成功，得益于他实行的走动式管理。

第二节 ■ 命令和赞扬下属的技巧

一、向下属下达命令的技巧

命令是职业经理对下属特定行动的要求或禁止。命令的目的是要让下属按照自己的意图去完成特定的工作；命令也是一种沟通，但是命令具有组织职权关系上的权威性，隐含着强制性，可能会让下属有压抑的感觉。因为直接命令减少了下属的自我支配空间，压抑了下属的积极性、主动性和创造性，同时下属也失去了参与决策的机会。命令虽然有缺点，但要确保下属能朝组织确定的方向前进与按计划执行，命令是绝对必要的，关键是要了解下达命令的技巧。

1. 正确传达命令意图

命令必须明确、具体，不要下达抽象的命令，更不要经常变更命令。

2. 态度和善，用词礼貌

作为一名职业经理，在与下属沟通的时候可能会忘记使用一些礼貌用语，这会让下属有一种被呼来唤去的感觉，感觉你缺少对他们最起码的尊重。因此，为了改善和下属的关系，使他们感觉自己更受尊重，应该多使用一些礼貌用语。正如一句名言所说的那样，要受到别人的尊敬，首先要尊重别人。

3. 授予下属足够的自主权

一旦决定让下属负责某一项具体工作，就应该授予他足够的自主权，让他可以根据工作的性质和要求，更好地发挥个人的积极性、主动性和创造性。

4. 与下属共同探讨工作中的问题，并提出对策

职业经理必须注意在工作中对下属进行帮助，尤其是当下属遇到问题和困难，希望职业经理协助解决时，应该和下属一起分析问题，并尽快提出一个解决方案。

5. 允许下属提出疑问

当下属对任务不理解，或对工作的计划或进程有什么疑问时，应该允许下属提出疑问。

二、赞扬下属的技巧

赞扬下属是对下属的行为、举止及进行的工作给予正面的评价；赞扬是发自内心的肯定与欣赏。赞扬的目的是向下属传达肯定的信息，以激励下属。下属有了激励会更有自信，想要做得更好。

赞美能使他人满足自我实现的需求。心理学家马斯洛认为，荣誉和成就感是人的高层次的需求。一个人具有某些长处或取得了某些成就，他还需要得到社会的承认。如果能以诚挚的敬意和真心实意的赞扬满足一个人自我实现的需求，那么任何一个人都可能会变得更令人愉快、更通情达理、更乐于合作。因此，作为职业经理，应该努力去发现能对下属加以赞扬的小事，寻找他们的优点，形成一种赞美的习惯。在赞美下属时，应该注意以下一些技巧。

1. 赞扬的态度要真诚，表情要自然

赞美下属必须真诚。每个人都珍视真心诚意，它是人际沟通中最重要的尺度。虚假的赞美将使下属不快，因此，在赞美下属时，必须自然。

2. 赞扬的内容要具体

赞扬要依据具体的事实，赞扬只有建立在具体事实的基础上，才能取得理想的效果。

3. 掌握好赞美的时机

赞美下属必须要掌握好恰当的时机，在下属取得成果时，应该立即给予赞美。

4. 注意赞美的场合

在众人面前赞扬下属，对被赞扬的下属而言，当然受到的鼓励是最大的，这是一个赞扬下属的好方式；但是采用这种方式时要特别慎重，因为被赞扬的人的表现若不能得到大家普遍的认同，其他下属就难免会有不满情绪。

5. 告之周围的人

在周围的人面前赞美下属，间接传到当事人的耳中也是方法之一。间接得到赞美，比直接赞美，更能激发下属的工作意愿。

第三节 ■ 批评下属及处理下属之间问题的技巧

一、批评下属的技巧

俗话说：金无足赤，人无完人。在沟通活动中，往往会发现部下的缺点和错误，此时，及时地加以指正和批评，是很有必要的。真正意义上的批评，是指职业经理在了解了下属犯错的真相后，并确认错误纯粹是由下属造成的之后，要求并协助下属改正的一种做法。有人说赞美如阳光，批评如雨露，二者缺一不可，这是很有哲理的。因此，在职业经理与下属的沟通中，既需要真诚的赞美，也需要中肯的批评。

1. 首先要查明事情的真相

当问题出现时，职业经理一般很少有亲眼看见、当场指责的机会，所以当下属出现不良行为时，职业经理不要仅依靠经验判断或臆测即予以批评纠正，最好先查明错误或事实真相，否则效果会适得其反，不仅达不到教育的目的，反而会弄巧成拙。

2. 以真诚的赞美做开头

俗话说：尺有所短，寸有所长。一个人犯了错误，并不等于他就一无是处。所以在批评下属时，如果只提他的短处而不提他的长处，他就会感到心理上的不平衡，会感到委屈。所以，在对下属进行批评时，可以先赞美其优点，然后再提出他的缺点，这样会使他更信服。

3. 批评前应该认真听取对方的申诉

职业经理在批评下属前，应该给下属申诉事实及看法的机会。为了能够客观公平地对待下属，职业经理必须具有倾听下属讲话的修养和耐心。

4. 指责时不要伤害下属的自尊与自信

不同的人由于经历、知识、性格等自身素质的不同，接受批评的能力和方式也会有很大的区别。在沟通中，应该根据不同的人采取不同的批评技巧。但是这些技巧有一个核心，就是在指责下属时，不损下属的面子，不伤下属的自尊。指责是为了让下属工作得更好，若伤害了下属的自尊与自信，下属势必难以变得更好，因此指责时要运用一些技巧。

5. 要讲究批评的技巧，最好私下纠正

如果下属不是一再当众犯错或执拗为之的话，职业经理应该忍住要发脾气的冲动，采取私下处理的方式。这样做不仅可以为下属保留面子，而且也保护了职业经理的立场和领导统御上的弹性。不要当着众人的面指责下属，指责时最好选在单独的场合，独立的办公室、安静的会议室、午餐后的休息室或者楼下的咖啡厅都是不错的选择。

6. 友好地结束批评

正面批评部下，对方或多或少会感到有一定的压力。如果一次批评弄得不欢而散，对方一定会增加精神负担，产生消极情绪，甚至对抗情绪，这会给以后的沟通带来障碍。所以，每次的批评都应尽量在友好的气氛中结束，这样才能彻底解决问题。

7. 不能对下属进行人身攻击

下属可能会有意无意地犯错，使职业经理不得不对其进行批评，但是必须注意应该就事论事，不可对下属进行人身攻击，以免伤害到下属的自尊心和信心。

8. 批评时要告之避免再犯的方法

批评下属时，应该做好记录，以确知有待改善之处及改善的期限。批评最好安排在与下属研讨工作时，有系统、有计划地加以批评，才不至于使下属认为这是上司在有意为难。

9. 多从下属的角度考虑

在批评下属时，如果能使下属相信上司这样做完全是为了他的利益着想，则下属无疑能够更好地接受批评。

二、如何处理下属的反对意见

在实际工作中，职业经理和下属经常会发生意见方面的冲突，如果领导能够正确面对下属的反对意见，从善如流，坦率地就意见与下属进行沟通，那么，不管最后的结果是谁对谁错，职业经理获得的利益无疑是最大的。

1. 调整好自己的心态

要正确地面对下属的意见，职业经理的心态调整最为重要。下属绝对不是针对你个人提出意见，他肯定是抱着对工作、企业负责的精神，尽管也许由于某种客观原因，他的意见不一定正确，但是他的勇气真的值得赞许。

2. 针对下属首先提出意见的情况

对于下属首先发表意见，而观点与职业经理不同的情况比较好处理，因为下属首先暴露了他的观点，主动权已经回到了职业经理的手里，可以选择提问的方式，选择他意见中的弱点或漏洞追问下去，也许没有多久，下属就自动放弃了自己的观点。这时，如果再提出自己的观点，下属就会非常容易接受。

3. 针对职业经理先提出意见的情况

对于职业经理首先提出自己的观点，而下属不同意的情况，职业经理就处于一种比较被动的地位了。此时千万不能引导下属围绕你的观点进行辩论，如果你思考得不严密，或者准备得不是非常充分，回答中一旦出现漏洞，你就会威信扫地，最后不得不放弃自己的观点。

4. 对于暂时反驳不了下属意见的情况

如果下属的意见十分严谨，你一时不能驳倒对方，那么就不必急于对问题做出结论，这样可以给自己留下一个回旋的余地。

5. 多从下属角度出发考虑问题

职业经理应该对下属的意见积极考虑，多从下属的角度出发考虑问题，虽然问题的最终决定权在你，但当下属意见正确时，切不可因为面子问题，缺乏认错的勇气，最终损害了企业的利益。当你的意见经过实践，被证明是错误的时候，不要害怕承认自己的错误，尤其是在下属面前，更不能指责下属没有坚持自己正确的意见。

三、如何处理下属之间的矛盾

作为一个职业经理，可能最不愿意看到的就是下属之间闹矛盾了，无论伤害了哪一个都是你所不愿意看到的。如果下属之间的矛盾处理不好、处理不公，不但会降低职业经理的威信，还会影响整个部门的工作效率，而且一旦问题被反映到高层，那么你的领导能力也会受到上司的质疑。

在处理下属之间的矛盾时，职业经理必须冷静公正，不偏不倚，一碗水端平，不能借机打击报复，而应把心态调整到一个公平的角色上。

（1）对矛盾的双方都要认真地找他们单独谈话，最好能把问题的焦点加以记录，以便求证，如果仅仅是一场误会，可以由你组织他们在一起进行沟通，把误会澄清，矛盾也就不了了之了。如果是由于工作衔接问题，或者相互配合的问题，况且本身都有各自特殊的理由，你不妨给他们双方分析一下产生矛盾的原因，如果矛盾的原因是考虑自己的因素太多，根本没有体谅对方的难处的话，你可以让他们站在对方的立场上考虑一下问题。

（2）在矛盾发生时，往往当事人双方情绪都非常激动，有可能立即找到你，希望你能够立即判断出谁对谁错，解决这个矛盾。这时你千万不要火上浇油，立即处理矛盾，因为此时双方都很激动，往往你无论怎么处理，双方都不会满意，还会误认为你偏袒对方。最好的方法是，你表示你已经受理了这个矛盾，请双方先回去，冷静一下自己的头脑，平稳一下自己的情绪，你稍后会亲自找他们谈话，了解问题的真相。

（3）如果双方由于一时冲动、不理智造成的矛盾，在经过你的降温处理以后，可以采取安抚的方法，听取他们各自的委屈，了解他们各自的苦衷，做各自的思想工作。

（4）如果在你的说服下，一方已经知道自己错了，他可以给你认错，但就是不愿意向对方认错，认为这样面子上过不去，你可以为双方制造一个私下里缓和气氛的机会。

（5）在双方均有理，很难判定谁对谁错时，职业经理就应该折中协调，息事宁人了。

第四节　沟通技巧实训

实训一：模拟演练

情景1：（结对练习）
场所：办公室。
人物：销售主管、业务员。
事件：销售主管错怪业务员，业务员委屈，为自己辩解。
注意：场合、语气、措词。
情景2：（结对练习）
场所：总经理办公室。
人物：总经理、行政秘书。
事件：总经理要出差，交代行政秘书安排行程，订机票，订酒店；同时要求部门经理每天向其电话汇报工作情况。

注意：场合、语气、措词。

情景3：（结对练习）

场所：会议室。

人物：业务员、客户。

事件：业务员初次拜访客户，客户傲慢，请营造一个良好的气氛，娴熟使用沟通技巧。

注意：场合、语气、措词。

情景4：（结对练习）

场所：办公室。

人物：总经理、行政秘书。

事件：行政秘书提出辞职，表面原因是工作太累，身体吃不消。真正的原因是总经理脾气不好，对她呼来唤去，经常无偿加班，被他当保姆使唤。总经理想挽留她。

注意：场合、语气、措词。

实训二：根据提供的剧本，每小组推荐2名同学模拟剧中人物的对话

参考剧本：

剧本一 "语气恶劣"版

同事：（坐在办公桌后埋头工作）

秘书："（走过来，趾高气扬，眼睛瞄着别处，敲敲桌子）哎，Bill，老板叫你赶快把汕头地区的市场调查报告做出来，他等着要看。"

同事："（很反感，抬起头，皱着眉头，没声好气）什么时候要？"

秘书："（刻板、公事公办的口气）星期五。"

同事："（气愤、恼火）星期五？今天都已经星期三了，有没有搞错，每次都这么急。"

秘书："（有点幸灾乐祸）这你跟我说不着，有什么问题你直接找老板好了。"

同事："（被激怒，冷嘲热讽）不要动不动拿老板来压我，我看是有人要拿着鸡毛当令箭，故意耍威风。"

秘书："（恼羞成怒）我没工夫跟你闲扯，反正我是传达到了，你爱做不做。（转身离去，边走边说，吓唬、威胁）你要真有胆量，你就别做。到时候自然有人让你好看。"

同事："（不甘示弱）我等着。"（对着秘书离去的背影，挥舞着拳头，咬牙切齿）

剧本二 "语气良好"版

同事：（坐在办公桌后埋头工作）

秘书："（走过来，轻轻敲敲桌子，礼貌、客气）Bill，不好意思，能打扰一下吗？"

同事："（抬起头，很客气）没关系，有什么事，你说吧。"

秘书："（微笑，注视同事，语调平和）是这样的，老板要你赶快把汕头地区的市场调查报告做出来交给他。"

同事："（客气）老板有没说什么时间要？"

秘书："（微笑）时间可能有点紧，星期五就要。"

同事："（惊讶）什么？星期五？今天已经星期三了。"

秘书："（略带同情、关心体谅的口气、解释）时间是有点紧，老板要的很急，是因为他下个星期一有个会议，他希望先看看你的报告准备一下。"

同事："（点头，表示理解）是这样子，那没办法，我只有加加班赶出来了。"

秘书："（客气、真诚）那就让你费心了。要是有什么问题随时给我电话。"

同事："（肯定、愉快）没问题，你就放心吧。星期五准时交给你。"

秘书："（礼貌）谢谢你。我不打扰你了，我先走了。"

同事:"(礼貌)再见。"

实训三:小组活动

任务 1:小组讨论,制作卡片,挑选 4 个以下情绪写在卡片上:

愉悦、愤怒、忧虑、同情、欣赏、紧张、痛苦、自信、自卑、厌恶、鼓励、冷漠、友善、惊讶、感兴趣、傲慢、轻蔑、兴奋等。

任务 2:请 3 位同学上台,1 人随意挑选卡片,另外两位同学,一位同学表演卡片上的情绪,另一位同学根据对方的姿态、表情判断出对方的情绪。

实训四:结对练习

情景一:同学向你展示新买的手机,你恰巧在电脑前工作。

情景二:同学周末在公车上丢了钱包,向你倾诉。

情景三:假设你是药店店员,有患者投诉药物的品质,你应该如何应对?

要求灵活运用倾听技巧。注意倾听者的面部表情、眼神、肢体语言、语言,并分析其优缺点。

回顾与总结

下属进行日常沟通的技巧 让员工对沟通行为及时做出反馈;对不同的人使用不同的语言;积极倾听员工的发言;注意恰当地使用肢体语言;注意保持理性,避免情绪化行为;减少沟通的层级;敞开办公室大门;实行走动式管理。

讨论题

你将如何把本章的内容运用在现实沟通中?

第Ⅲ模块 公共关系与礼仪

◆ 公共关系概述
◆ 公共关系实务
◆ 公关礼仪

第九章 公共关系概述

【学习目标】

学习完本章后，你应该能够：
- 理解公共关系的基本含义以及三要素
- 了解公共关系的几层含义
- 掌握公共关系活动的一般操作程序

第一节 ■ 公共关系的定义

一、公共关系的定义

"公共关系"一词源于英文的 Public Relations（PR），译成中文为"公众关系"，但在中国习惯称之为"公共关系"，简称"公关"。

所谓的公共关系，就是指社会组织自觉地运用各种传播手段，有计划、有目标、持续地开展各种活动，使社会组织与相关公众之间相互了解、相互适应、互惠互利，以便塑造良好形象的管理工作。

这一定义包含了"公共关系"概念的五个基本要点。

(1) 公共关系的行为主体是社会组织　公共关系是一种组织的关系、组织的活动、组织的职能。任何组织在其生存、发展过程中必然会与各类公众形成一定的关系。处理和协调这种关系的行为便是组织的公共关系活动；将这种活动纳入管理的轨道，有计划、有组织地去进行便构成组织的一种经营管理职能。

(2) 公共关系的沟通对象是相关的公众　公共关系指的是一个组织机构与它相关公众之间的相互关系，因此组织公共关系活动的对象便是与组织相关的公众，即影响和制约着组织的生存和发展，组织必须与之保持良好沟通的个人、群体和组织的总和。

(3) 公共关系的工作手段是传播沟通媒介　公共关系作为一种组织的经营管理方法，主要运用各种信息传播媒介去建立和维持组织与公众之间的有效沟通。广泛地应用各种形式的人际沟通媒介和大众传播媒介，去了解和影响公众的意见、态度和行为，成为公共关系活动的主要特色。

(4) 公共关系的本质是双向的信息交流　作为一种关系，公共关系有别于各种具体的政治关系、经济关系、行政关系、法律关系、家庭伦理关系等，它特指组织与相关公众之间的信息交流关系。这种关系渗透在组织的各种具体关系之中，因此任何性质的组织活动都存在公共关系的问题。但对于公共关系的理解也不能过于宽泛，它不是指某种具体关系本身，而是指在实现某种具体关系的时候相伴随的传播沟通关系。即通过双向的信息传播与沟通，去达成组织与具体关系对象之间的相互了解、理解、信任与合作，以促成具体关系的顺利发展。

(5) 公共关系的目标是为组织树立良好的公众形象　公共关系与具体的人、财、事、物的管理不同，它的经营管理内容是组织的声誉和形象，是一种形象管理艺术。形象和声誉作为一种无形资产不同于有形的产品、设备、资金和人力，不能单纯用技术的、经济的、行政的方法来管理，而必须由公共关系特有的传播方式来管理。组织的形象和声誉不是由组织自己主观认定的，而是由公众来认可和评价的，因此与公众建立和保持良好的沟通，赢得公众的了解、理解、信任和支持，既是组织塑造良好形象的前提和过程，又是组织具有良好形象的标志和结果。

二、公共关系的几层含义

1. 公共关系状态

公共关系状态是指一个组织在公众环境之中特定的情形和状况，具体包括以下两个方面。

① 社会关系状态　是指组织与其相关公众对象之间相互交往和共处的情形与状况。如"密切还是疏远"、"融洽还是紧张"、"合作还是竞争"、"友好还是敌对"等。

② 公众舆论状态　是指公众舆论对组织的反映和评价的情形与状况。比如对组织的政策、行为或产品的评价和态度"是热烈还是冷淡"、"是赞扬还是批评"、"是喜欢还是讨厌"等。

任何一个组织从产生那天起，就处于一定的社会关系状态和公众舆论状态之中，它制约着组织的生存和发展，任何组织都不能漠视它。良好的公共关系状态有助于组织的生存和发展；恶劣的公共关系状态则有害于组织的生存与发展。

2. 公共关系活动

所谓的公共关系活动，就是运用信息媒介和传播沟通艺术，协调组织的社会关系，影响组织的公众舆论，塑造组织的良好形象，优化组织的公众环境的一系列公共关系实务工作。

现代公共关系活动已经形成为一系列比较规范和专业化的管理实务，包括公关调查、公关咨询、公关策划、公关宣传、公关交际、公关服务以及各种公关特别节目等。

3. 公共关系意识

公共关系意识是一种组织团体的意识，是从组织的立场出发，为组织的生存与发展而主动同公众进行沟通、协调和改善各种关系的意识。包括形象意识、公众意识、传播意识、协调意识、互惠意识等。

4. 公共关系学

公共关系学是在公共关系实践基础上产生的一门应用性边缘学科。公共关系学是运用传播学、新闻学、管理学、社会学、社会心理学、市场学和行为科学等现代科学知识，研究公共关系理论和公共关系活动规律的应用科学。

第二节　公共关系的三要素

公共关系包括三个要素：第一，公共关系主体；第二，公共关系客体；第三，公共关系的工作手段。

1. 公共关系的主体——社会组织

公共关系的行为主体是社会组织，而非个人。主体可以很大，也可以很小，国家、家庭、学校都可以作为它的主体，它是各种政治、经济、军事、文化团体及民间组织的统称，是公共关系活动的实施者。

2. 公共关系的客体——社会公众

作为公共关系的客体，社会公众是指与社会组织具有直接或间接关系的个人、群体和组织，是与公共关系主体利益相关并相互影响和作用的个人、群体和组织的总称。社会公众构成社会组织的一种特定环境，任何社会组织的发展与成功都有赖于良好的社会公众环境，都需要得到社会公众的认可与支持。这种关系是利益关系。社会公众既是一个社会组织赖以生存和发展的"生态环境",又是该社会组织公共关系的工作对象。社会公众可以是个人,也可以是组织,这一点与社会组织不同。

3. 公共关系的工作手段——传播沟通媒介

广泛地应用各种形式的人际沟通媒介和大众传播媒介,去了解和影响社会公众的态度和行为,成为公共关系活动的主要特色。这一特色使公共关系活动与生产活动、销售活动、财务活动和行政活动等区别开来,它既不能代替这些活动,也不能为这些活动所代替。在本质上它是一种信息传播过程,是对信息的管理与经营。

公共关系工作可以利用的手段和方式有人际传播、组织传播、公众传播和大众传播;其沟通的媒介可以是印刷的、电子的,也可以是实物的。

第三节 公共关系的原则

所谓公共关系的原则,就是社会组织开展公共关系工作的行为规范,它对公共关系工作有着普遍的指导意义。只有按照公共关系的基本原则办事,才能有效地完成公共关系工作的任务。

1. 真实性原则

公共关系的真实性原则是指社会组织的公共关系工作,要以事实为基础,真实全面地传递信息,反映情况。

公共关系是沟通组织与社会之间的关系,它的职能之一是通过传播和交流来确立良好的组织形象。因此,信息的真实准确就成了公关工作获得成功的基本前提。要做到信息真实准确,就要据实、客观、公正。

据实,就是尊重事实,是好说好,是坏说坏,有一说一,有二说二,不掩饰,不夸大,也不缩小。

客观,就是在调查研究的基础上,客观地反映现实,不以主观想象代替客观事实。

公正,就是给公众和其他相关组织同等说话的机会,同时对事实采取公众可以接受的立场,不袒护和推诿。

2. 互惠互利的原则

互惠互利的原则是指公共关系应以公众利益为导向,使组织和公众的利益要求都得到满足,谋求组织与公众的共同发展。

公共关系是以一定物质利益为基础的,但公关工作并非仅考虑组织利益,而是在公众利益的基准点上,以保证公众利益的实现和需求的满足,来获得自身的盈利与发展,只有这样,才能实现组织与公众之间真正的沟通、合作,争取到社会各方的支持。所以说,没有平等互惠原则就没有公共关系。

满足公众利益和需求,关心社会问题,有时会牺牲组织的眼前利益,但是从长远看,这是对组织生存环境的维护,是一种重要的公关投资。公关人员应把维护公众利益作为自己不可推卸的责任,督促组织决策者自觉地调整组织行为、政策,纠正急功近利、鼠目寸光的思想与做法。

3. 全员公关的原则

所谓的全员公关是指组织的全体员工都参加组织的公共关系活动,组织的每一个成员都是从事公共关系工作的人员,因此,就要求组织的全体成员都要注意树立公共关系观念,都能积极、主动、自觉地参与组织的公共关系活动,并做出贡献。全员公关,主要体现在以下三个方面。

第一,最高层的决策者必须支持公共关系工作,督促、检查、指导公关工作。

第二,全员的公共关系配合。组织形象的建立,不能离开全体员工的支持。公共关系部门要经常对组织内部的全体员工有意识有目的地进行公共关系教育,促使员工自觉地支持、关心公共关系工作,争取全员配合。

第三,在组织内部形成公共关系文化。要使全体员工自觉地认识到组织形象是组织的无形资产,维护好组织形象和声誉人人有责,需要全体员工的共同努力,在内外交往中自觉地注重公共关系。

第四节 公共关系工作的一般程序

由于公关策划针对的对象、问题不同,因而没有统一的模式。但是一个完整的公关活动,通常包括从调查到策划,再到实施、评估的一系列步骤,即国外公关专家所说的"四步工作法"。公共关系工作不同于一般的事务性活动,只有经过周密的策划,才能取得良好的效果。

一、公共关系调查分析

公共关系调查,亦称公共关系调查研究,简称公关调查。它是指社会组织运用科学的调查方法,有目的、有意识、有步骤地调查、分析社会组织客观存在的公共关系状况以及影响组织公共关系现状的各种因素的一种科学的认识活动。其目的是把握社会组织公共关系及其影响因素的实际状况。公关调查是公共关系过程的首要步骤,是公共关系工作的基础工作,是公共关系活动的重要方式。

1. 公共关系调查的一般程序

所谓公共关系调查的程序,一般地讲,指的是对社会组织客观存在的公共关系现象进行科学调查的基本过程。具体地说,它是调查工作的实施阶段。公共关系调查的一般程序可以分为以下五个基本阶段。

(1) 调查准备阶段 调查准备阶段的主要工作内容是确立调查任务、开展调查设计、准备调查条件。

(2) 资料搜集阶段 资料搜集阶段也称为具体调查阶段,是整个公共关系调查过程中最为重要的阶段。

(3) 整理分析阶段 也称为研究阶段。它是运用科学的方法,对资料搜集阶段搜集得来的各种调查资料进行提炼、整理。并加以分析、研究的信息处理过程。整理分析阶段是公共关系调查从感性认识到理性认识的飞跃阶段。它不仅能为解答社会组织的公共关系问题提供理论认识和客观依据,而且能为公共关系学理论的发展作出贡献。

(4) 报告写作阶段 在公共关系调查中,当完成了调查资料的整理分析后,一般还要写调查报告。所谓调查报告是指用以反映公共关系调查所获得的主要信息成果或初步认识成果的一种书面报告。它是公共关系调查成果的集中体现,也是公共关系调查成果的重要形式。通过调查报告,调查者可以将调查过程中获得的信息成果和认识成果集中地表现出来,以方便社会组织的领导者或公共关系部门的负责人参考利用,使他们免去全面查阅所有原始信息资料之累,有利于将公共关系调查成果尽快地应用于公共关系科学运作过程中,求得公共关系科学运作的良好效果。

(5) 总结评估阶段 总结评估阶段可以说是公共关系调查过程中不可缺少的重要步骤。通过总结评估,公共关系调查至少可以取得三种新的收获:其一,可以了解到本项公共关系调查的完成情况如何;其二,可以了解到本项公共关系调查所取得的成果怎样;其三,可以了解到本项公共关系调查的经验教训何在。

2. 公共关系调查的内容范围

公共关系调查的内容一般可涉及以下几个方面。

(1) 组织的内部环境和外部环境的调查　内部环境包括组织的基本情况：组织设立的时间、历史上重大事件和主要业绩、经营目标和企业理念、职工队伍情况（如年龄结构、文化程度、家庭生活、专业特长、兴趣爱好等）、职工的心态、对组织的期望及对组织发展的意见。外部环境是指组织在社会中的地位、处境、行业竞争状态、产品销售区域、客户情况及客户的意见、动机等。

(2) 围绕产品的调查　调查组织为社会提供的产品是否具有优势，是否为顾客带来便利，是否具有价格优势，顾客使用这种产品对顾客意味着什么？如消费麦当劳是一种快节奏、高效、高质的生活意味，而每周参加健身和美容是白领生活的意味等。除此之外，产品调查还包括对产品生命周期和延伸替代品的调查。

(3) 围绕消费者（顾客、客户）的调查　调查消费者的意愿，消费者的心理价格，对产品的增值期望，对维修、售后服务的要求。对流通通路的选择，调查未来顾客和当前顾客及潜在顾客的群落。调查消费者对组织的评价，顾客对组织的期望，以及顾客的不满和抱怨等。

(4) 针对传播工具和媒介的调查　调查组织与公众之间沟通信息的渠道。调查相关媒介的特点：收视率、收听率、观众群体、覆盖范围、收费情况、排行等。

(5) 社会环境宏观调查　调查某一国家和地区的经济、文化、风俗习惯等宏观概貌，调查一个地区或国家的历史沿革和商业机会、社会发展趋势等。

3. 公共关系调查的基本方法

当调查的主题确定之后，就需要选择恰当的调查方法，以便对调查的任务展开实施。调查的方法按照公共关系调查人员是否与公众直接接触可以简单分为：直接调查法和间接调查法，也有的学者将其分为第一手资料、第二手资料收集和调查的方法。

(1) 直接调查法　直接调查法是指公共关系调查人员参与的调查，包含三种办法。

① 个人接触法　公共关系调查人员通过直接接触和体验，直接掌握信息，了解公众的需求和动机。

② 深度访问法　是指公共关系调查人员有目的、有方向、有选择地选取公众的代表进行深度访问，以便典型性地了解公众的经验、需求等。

③ 公众座谈会　组织根据突出的问题和需要解决的问题，选择有代表性的公众集合，进行座谈征询，以求集中、高效地了解公众信息。

直接调查法也就是第一手资料收集和调查的方法。

(2) 间接调查法　间接调查法即第二手资料收集和调查方法，是指公共关系人员不直接与公众接触而是通过中间环节如调查公司、问卷、案头资料、媒介信息、公用信息等办法获得数据，进而针对公众的有关信息进行提炼、推论，以完成调查之目的。

二、公共关系决策与计划

公共关系的决策与计划，可以简称为公关策划。它是指在调查分析组织形象差距的基础上，重新设计、策划组织的新形象，为改变组织形象设计出最佳的行动方案。

公关策划和设计包括许多内容，主要内容有以下几个方面：确定公关目标和目标公众，确定公关活动主题和公关项目、预算经费和时间等。

1. 确定公关目标和目标公众

(1) 确定公关目标　公关目标是指组织在一定时期内期望达到的标准或目的。组织在不同的时期，面对不同的问题，都会有相应的奋斗目标，而目标又分为几种类型。如果我们以实现目标的时间长短为标准来划分则分为长远目标、近期目标和应急目标。

① 长远目标　长远目标是从组织整体、全局出发，考虑组织未来的发展，高瞻远瞩，制订出的带有方向性、指导性、需作长期努力的理想目标。例如，有的企业提出进军世界500强等。这些目标的提出，有一定的难度和高度，需经过长期的努力和奋斗。

② 近期目标　指组织在现有能力和水平的基础上制订出的在短时间内能达到的目标。它是辅助为达到长远目标而制订的短期、具体的实施目标。例如，组织本年度工作计划、季度工作目标、年内预定的专题活动等。

③ 应急目标　指组织为应付突发事件、危机事件、紧急事件而迅速果断制订的相应目标，以及时应付、解决或平息这些事件，这些事件的发生具有偶然性、不可预知性、突发性，因此要求组织的应急目标要快速、灵活、果断、针对性强，讲究实效，立竿见影。

(2) 确定目标公众　组织在确定目标的同时，必然会涉及与实现目标相关联的公众，这些与组织实现确定的公关目标有密切的、重要的关系的公众称为目标公众。

目标公众往往是组织全部公众中的一部分。目标公众的确定是在对公众群进行调查分析的基础上，层层筛选，逐步缩小范围，最后选定的。目标公众的确定主要有三条原则：第一，与组织公关目标密切相关；第二，在组织实力能够承受的范围内；第三，以组织最急切需要为原则。

2. 确定公关活动主题与公关项目

(1) 确定公关活动主题　开展公关活动一定要有"卖点"，这个"卖点"就是中心，就是主题。突出这个"卖点"，才能达到应有的效果。公关活动主题是公关活动内容的集中体现，公关活动的内容以主题为中心，表现主题，突出主题。

公关活动的主题一般是通过各种媒体向社会公众广泛传播，是希望公众知晓，尤其是要让目标公众知晓，因此，主题的设计要求立意鲜明、语言精练、简明扼要、新颖生动，有吸引力、感召力。公关活动的主题有多种表现方式，可以是一句口号，也可以是一个表白或公关广告用语等。例如：1999年9月19日，在宜昌举办的首届湖北名酒节，主题为："友谊、发展、长久。"选择的日期与举办的名酒节巧妙地融合在主题词"久"中，构思新颖独特。

(2) 确定公关项目　公关项目多种多样，组织一般根据公关目标的要求及自身客观条件围绕公关主题来确定项目。公关项目大致有以下几种：新闻发布会、展览展销会、社会赞助活动、公众座谈会、联谊会、周年纪念会、庆典活动、参观活动、社会公益活动、消费指导活动等。

3. 预算经费和时间

预算经费主要包括：公关活动项目费用（如新闻发布会、展览会、庆典活动、社会赞助等费用）、人员工资及劳务报酬、器材费用、设备费用及公关广告宣传费用、办公费用等。经费预算要留有余地，有一定的机动性和灵活性，以应对公关活动的变动性。

为了提高效率，节省时间，对公关活动的时间安排要认真计划、精心设计。时间预算和经费预算一样，需要有一定的灵活性和伸缩性。

4. 撰写书面报告

公关设计书面报告的内容一般应包括：

① 项目名称；

② 策划人；

③ 项目现状；

④ 公关目标；
⑤ 目标公众分析；
⑥ 公关活动；
⑦ 媒体选择与策略；
⑧ 具体活动安排；
⑨ 活动组织；
⑩ 经费预算等。

三、公共关系活动实施

1. 公共关系实施的主要内容

公共关系实施应包括两大方面的具体内容。

(1) 由经理层执行的有关加强或调整组织的政策、行为的活动。这方面的内容一般是由公关调查后提交最高决策层进行决策，制订出计划和详细的措施，这些计划和措施要在公关计划中加以体现，并与传播计划一道提交各部门执行。

(2) 由公共关系部门执行的公共关系的传播活动。从公共关系部门的活动看，公共关系实施的内容主要有：统筹公关计划和具体公关方案的执行；促使组织进一步自我完善；高质量地完成各种传播沟通所需的软件材料；确保有计划地通过预定的渠道，把预期的信息传递给特定的对象公众；因势利导，依据情况的变化，灵活掌握计划的执行，及时准确地决定、处理计划中没有考虑到的问题。

2. 公关实施中的注意事项

(1) 公关实施的管理，其基本方法既要注意统筹管理，又要注意全盘协调来完成。要把公关计划的具体要求，方案中对各项目实施的详细安排都交给参与实施的工作人员，让大家都明白各自执行的具体任务、具体职责以及和整个公关活动总目标的关系。

(2) 公关实施的管理要注意组织行为和传播的配合。除了严格按照公关计划的要求，督促组织按要求采取必要的措施和行动外，还应积极主动地排除一些临时出现的，或发现的有碍公关实施的一些组织行为。如：有待改进的消费者服务；需要健全的公众接待制度、接触方式、产品或服务的品质问题；产品外观设计的形象问题等，这样才能确保公关计划的实施。

(3) 公关实施的管理上要注意对各种信息制作的质量进行控制，严格把关。如对新闻稿的写作；供各种媒介使用的广告作品的制作；大规模的公关活动的筹办；甚至小到通知书、邀请信的制作等，都要反复推敲，使之达到最佳效果。

(4) 对各种具体媒介的时间或空间的购买，要严格按照媒介战略中的要求执行。如果出现环境条件不允许，也得尽可能使新购置的"时"、"空"能满足传播的需要。

(5) 公关实施要注意照顾到不同类型的公关活动的特点。

(6) 要注意对公关策略的把握。

四、公共关系效果评估

公共关系效果评估，就其科学性而言，指的是有关专家或机构依据某种科学的标准和方法，对公共关系的整体策划、准备过程、实施过程以及实施效果进行测量、检查、评估和判断的一种活动。其目的是取得关于公共关系工作过程、工作效益和工作效率的信息，作为开展公共关系工作、改进公共关系工作和制订公共关系新计划的依据。

1. 公共关系效果评估的基本标准

公关活动效果的好坏是以是否达到公关活动目标来衡量的。由于所要完成的公共关系工作或项目的目标不同,所以,公共关系行业没有制定出适合所有公关活动、项目和事件的评估标准与评估模式。我们认为,可以从常用评估标准、定性与定量标准两方面来考虑。

(1) 定性与定量标准　通常,评估人从定量和定性两大方面来确定评估的基本标准,故有人称其为评估的定量标准和定性标准。定量标准是对评估标准给予特定的数量化。数量的表示有绝对数和相对数两种。如"要在一个月之内让 10 万人称赞我们的产品",属于绝对数标准,"在这个地区,我们的产品提高了 10%的知名度"属于相对数标准。定性标准是对评估对象进行性质描述,如"他们这个企业的整体形象很好"、"知道我们产品的人非常多"、"这次活动的影响很大"等。

(2) 常用评估标准　尽管不同的公共关系活动评估标准不同,但无论开展什么样的公共关系活动,都有一些共同的评估标准。主要是:总体效果;受众覆盖面;受众反应;信息作用效果;活动效益等。应分别从需求、过程、责任、效益等方面制定标准。

2. 公关评估的主要方法

公共关系活动实施效果如何,是公共关系人员和组织的决策部门及高层领导共同关心的问题。检测效果的方法很多,下面介绍几种常用的方法。

(1) 内部自我检测法　内部自我检测就是组织内部的公关人员和领导,对其公共关系实施的效果进行评价。这种评价可在公关活动过程中经常地、随时随地地进行,但缺点是常常受到一些主观因素的影响,需要公关人员自觉努力去克服。

(2) 外部专家检测法　聘请组织外部的公共关系公司或公共关系专业技术人员对本组织公关活动的效果进行评价,称为外部专家检测法。这种评价一般比较客观,但由于评价人员对公共关系的过程了解较少,评价结果有时欠准确。

(3) 个人访谈法　个人访谈法就是由公关人员向被访对象发放问卷,当面或通过电话访谈来检测公关实施效果的方法。这种方法能直接了解被访对象的反应,收集的资料较真实可靠。其缺点是费时较多,被访对象不好选取。

(4) 舆论调查法　检测公共关系活动的舆论调查法有两种:一种是在活动前后各进行一次调查,并将调查结果进行比较;另一种是仅在活动结束之后进行一次调查。舆论调查法是根据目标公众对组织所发生的变化去检测公共关系活动的效果。

(5) 效益检测法　根据经济效益的统计数字对公共关系活动的效果进行评价的方法称为效益检测法。这种方法主要为了检测促销的公共关系活动的效果。如果一个企业的产品质优价廉,但由于知名度不高而销路不畅,经过开展公共关系活动后,产品的销路打开了,销售额和利润均增加了,企业的知名度和美誉度提高了,这种情况下就可以用公关前后有关数据来衡量公关活动的效果。

回顾与总结

公共关系含义　是指社会组织自觉地运用各种传播手段,有计划、有目标、持续地开展各种活动,使社会组织与相关公众之间相互了解、相互适应、互惠互利,以便塑造良好形象的管理工作。

公共关系的几层含义　公共关系状态;公共关系活动;公共关系意识;公共关系学。

公共关系三要素　公共关系主体;公共关系客体;公共关系的工作手段。

练习与思考

1. 案例分析题

一、背景

1867年，亨利·内斯特莱先生在瑞士创立了雀巢公司，并以他的名字Nestle作为商品商标。1929年，雀巢收购了3家瑞士巧克力公司，致力于奶粉与巧克力的生产。20世纪50年代前，雀巢成功地开发了世界首创的即溶咖啡。二战爆发后，雀巢咖啡经由美军的饮用和推广，成为世人喜爱的饮品之一。1947年，雀巢合并了美极食品厂。1982年销售额达136亿美元，产品行销五大洲。作为一家饮誉全球的国际性公司，它的三大类产品是乳制品、速溶咖啡和多种厨房用品。

然而，饮誉国际的"雀巢"咖啡，在20世纪70年代却险些信誉扫地，"一命呜呼"。20世纪70~80年代初，世界上出现了一种舆论，说雀巢食品的竞销，导致了发展中国家母乳哺育率下降，从而导致了婴儿死亡率上升。由于当时"雀巢"决策者拒绝考虑舆论，继续我行我素，加上竞争对手的"煽风点火"，如出版一些直接针对雀巢的小册子，冠以骇人听闻的标题《杀害婴儿的杀手》等，以至到了80年代，终于形成了一场世界性的抵制雀巢奶粉、巧克力及其他食品的运动，雀巢产品几乎在欧洲市场无立足之地，雀巢公司面临着严重的危机。在严酷的事实面前，"雀巢"的决策者不得不重金礼聘请世界著名公共关系专家帕根来商量对策，要帕根帮助公司渡过这一危机。帕根接此重任后，立即开始调查研究。结果发现，形成这场抵制雀巢产品运动的根源，在于该公司以大企业、老牌子自居，拒绝听取公众的意见。同时，雀巢公司的推销行为，对公众是保密的，这使得公司与公众之间的信息传播严重受阻。

二、公共关系目标和战略

帕根根据调查所得材料，制订了周密详细的公共关系计划。他把重点放在抵制最强烈的美国，虚心听取社会各界的舆论批评，开展大规模的游说活动，组织有权威的听证委员会，审查雀巢公司的销售行为等，使舆论逐步改变态度；建议接任雀巢公司总经理之职的毛奇，开辟发展中国家市场，把它作为雀巢产品的最佳市场。在开拓市场的过程中，他吸取了以往的教训，不是把第三世界国家单纯看作雀巢的市场，而是从建立互利的伙伴关系着手。他们制订以下目标：一是与知名公共关系专家建立联系；二是确立危机处理小组在舆论制造者心中的地位；三是使雀巢公司有机会发表自己的言论；四是确保与公众不间断的信息交流。

三、公共关系活动

雀巢公司每年用60亿瑞士法郎，从发展中国家购买原料，每年拨出8000万瑞士法郎来帮这些国家提高农业产量。

此外，还聘请了1000多名专家，在第三世界国家举办各种职业培训班。

同时，雀巢公司针对雇员开展交流活动，与员工的沟通交流必须在公司内部进行，雀巢公司明确向员工解释引起危机的原因，以及公司正采取的措施和公司的前景，迅速建立信息传播网络，以使信息能传送至每一位员工。

雀巢公司这次危机是由于社会舆论引起的，他们对此更为重视，开展了一系列与公众交流沟通的活动。例如：进行了大型宣传活动，对雀巢公司的产品作进一步详细介绍，让更多的人更清楚地了解；把30多万袋资料邮寄给美国传教士；对新闻界实行"门户开放，坦诚相待"政策；成立了有医学家、传教士、市民领袖及国际政策专家等10

人组成的专门小组,对世界工业组织的规定情况进行公开监督。还进行了大规模的市场调查,收集了各方面的意见资料,从不同公众的不同反映中,制订相应的决策。这一系列活动,使雀巢公司在发展中国家树立起了良好的形象,因而销路大增。

四、结果

雀巢公司面临这次危机,很大程度上是因为它没有与有关公众进行沟通交流。缺乏应付危机的计划又使雀巢公司在面临危机时更手足无措,同时也给公司管理层在处理危机和寻求支持方面增加了额外的压力。

世界著名公共关系专家帕根的到来,使雀巢公司认识到出现危机的根源,并商量出对策,采取有效的公共关系活动,使雀巢公司最终摆脱了这场危机。

到1984年,雀巢公司的年营业额高达311亿瑞士法郎,并且收购了三花食品公司,从而一跃成为世界第一位的食品企业。而其营业额中本土瑞士的营业额还不到总额的3%,也就是说雀巢绝大部分的营业利润来自世界各地的子公司。食品是一种文化,而各国食品文化的差异,便会造成各国食品产业结构与内容的差异。而具有强烈公共关系意识的雀巢公司在经历了危机之后,却能使自己的产品——雀巢即溶咖啡再度为全世界各地民众所乐意饮用而畅销全世界。

任何企业即使雀巢这样的大型老牌企业都不能没有一个强有力的公共关系部门。如果雀巢公司一开始就重视公共关系,是不至于闹出这场大风波的。

雀巢公司的原任董事长兼最高行政主管汉穆·茂赫认为,雀巢公司的经营理念最基本的就是"人"和"产品",比"系统"与"制度"更重要,即"人本主义"和"产品第一主义"原则。他提出了四条企业经营管理经验:一是用真诚树立企业形象;二是重视与供应商的沟通;三是"外来"企业"本土化"策略;四是对于企业公共关系工作的准确认识。

问题:

(1) 通过对此案例的分析,谈谈你对公共关系的含义的理解。
(2) 结合此案例,谈谈公共关系工作在企业经营过程中的作用?

2. 思考题

(1) 公共关系的目的是什么?
(2) 公共关系与人际关系的区别与联系?

第十章 公共关系实务

【学习目标】
学习完本章后，你应该能够：
- 了解公共关系实务中的一些常见专题活动
- 了解处理危机公关的一般程序，学习处理危机公关的策略与技巧

第一节 记者招待会

记者招待会是组织与新闻界保持联系的一种重要形式。举办时邀请有关新闻记者参加，由组织负责人或公共关系人员发布有关信息，并回答记者的提问。

一、记者招待会的特点

(1) 消息发布的形式比较正规、隆重，规格高。
(2) 能加强组织与新闻记者间的了解和沟通；记者们可对自己感兴趣的问题和根据自己认为最佳的角度提问，并可以相互启发，更深入地挖掘消息。
(3) 占用新闻记者和组织者的时间较多，并且成本较高。
(4) 对发言人和主持人的要求很高。

二、举办记者招待会的注意事项

(1) 确定举办记者招待会的必要性　要对组织发布的消息是否具有广泛传播的价值，以及新闻发布的紧迫性和最佳时机，进行研究和分析。
(2) 选择恰当的地点和时间　记者招待会地点应根据会议的主题而定。可以在本单位、本地举办，也可以在省会城市或首都举办；会场应选择在交通较方便的市区中心地带。记者招待会的时间一般应避开节假日和重大社会活动的日子，以免记者不能参加，影响招待会的效果。
(3) 落实有关准备事项　记者招待会前的准备工作主要有以下四个方面。
① 确定会议程序，一般包括组织领导人或公共关系人员介绍情况、答记者问、安排参观等。
② 准备文字、图片材料，撰写、绘制和印刷各种供不同媒介选用的新闻材料。
③ 确定邀请参加招待会的媒介记者名单。
④ 制作或购置印有主办单位标志的纪念品。
(4) 抓好各项工作细节　主要方面的工作做好了，各项工作细节也不能忽视，其中包括：
① 提前1~2周发出请柬，以便被邀请的记者有所准备；
② 提前搞好会场布置，检查音响器材情况；
③ 做好接待、签到工作，安排专人散发有关材料；
④ 按时开会，各项议程要紧凑，发言要简明扼要，时间不宜拖得太长。

第二节　展　览　会

展览会是一种综合运用各种媒介的传播方式，通过现场展示和示范来传递信息，推销形象，是一种常规性的公共关系活动。

一、展览会的传播特点

(1) 运用各种媒介复合性的传播方式　展览会综合运用文字说明、图片、宣传品、模型、实物、现场讲解、幻灯、录像、电影、音响效果、环境布局、面对面咨询、模拟或操作表演、参与性的活动、小型研讨会等形式，给予观众立体性的传播效果。

(2) 生动、直观的效果　由于综合了上述多种传播媒介的优点，使得展览传播十分生动、直观；加之展览会本身一般均具有较丰富的知识性、趣味性，有利于吸引各类不同的公众，达到广泛传播的目的。

(3) 双向沟通的传播效果　展览会能够有效地利用讲解人员、咨询服务台、洽谈活动、意见簿、征询卡、有奖测验等形式，有效地了解公众的反映、意见，达到双向沟通的效果。

(4) 制造新闻热点　展览会作为一种大型公众活动，容易形成舆论热点，成为新闻媒介报道的对象；如果成为电视的专题节目题材，就更加能够吸引公众的注意和兴趣。

二、展览会的组织与实施

(1) 制订展览会的主题和计划　每次展览都应有明确的目的和主题，以此决定展览的内容、形式、对象、传播方法等，并形成详尽的计划书。

(2) 确定参展者及参展项目，决定展览类型　这是展览会组织工作的重要环节。可运用邀请函、上门洽谈、做广告、发新闻等形式组织参展者及参展项目。要编发有关展览会的资料，让参展者了解展览会的宗旨、内容、规模、时间、地点、条件、费用、参观对象、人数及展览效果的分析预测等。对于重要的展览，组织者还有必要事先审查参展项目。

(3) 明确参观者的类型　在展览会的策划阶段，就应该对参观者的性质、层次、范围、数量、需求特点进行分析预测，以决定展览的地点、规模、传播形式、接待规格、收费标准等。

(4) 选择展览地点和场地　展览地点需要交通方便，辅助服务设施完整，安全保卫系统有效，展览场地和环境特点与展览主题和内容吻合。

(5) 培训工作人员　展览会工作人员的素质和能力直接影响着展览效果。必须对展览会工作人员（讲解员、接待员、服务员等）进行与展览有关的专业知识培训，进行传播沟通能力和礼仪礼貌等方面的公关培训。

(6) 成立专门的新闻机构和接待机构　展览会要有专门机构和人员负责新闻资料的制作、发布，负责广告及一切宣传事务（如宣传海报等）；负责接待有关参展者、参观者的来访、咨询、投诉，并处理票务事宜。

(7) 准备展览会的辅助设备和相关服务项目　如饮食、医疗、安全保卫、交通、保险等。

(8) 准备各种宣传材料，如拍摄幻灯片、录像片；编制小册子、目录表、指南图、海报、宣传单张、卡片；准备横额、彩旗、气球、广告牌等。

(9) 设计制作展览徽记以及相关的纪念品、入门券、工作人员的胸卡等。

(10) 设计布展　根据展览主题构思展览整体结构，拟定展览大纲，画出展览平面图和设计要点，撰写布展脚本（包括文案、设计图、解说词），统筹美术、摄影、装修进行展厅布置，对文字图片进行制作和编辑，实物展品进场后进行必要的整修，并加强安全保卫工作。

（11）策划与组织开幕仪式　许多大型展览会需要安排专门的开幕剪彩仪式。需事先确定剪彩嘉宾，安排好开幕式的余庆活动、新闻采访等。

（12）制定展览会的经费预算　包括场地租金、设计装修费用、水电费、宣传广告费、运输费、保险费、有关设备费用、交际费、劳务费等。

（13）展览效果测定　可以运用咨询台、意见簿、小型座谈、电话访问、问卷调查、有奖测验、新闻分析等方法，了解展览效果。如果是贸易性展览，可以从贸易成交额或订货量来分析展览会的效果。

另外，展览会作为一种大型活动，涉及各有关方面的关系，如政府主管部门、公安和交通部门等，对这些关系要注意及时沟通、协调。

第三节　赞助活动

赞助是企业无偿提供资金或物质支持某一项事业，以获得一定的形象传播效益的社会活动。举办赞助活动是企业组织承担社会责任与义务，搞好社会公众关系的一种有效手段。通过赞助活动，企业不仅为社会做出贡献，从而赢得社会的好感，而且使企业与有社会意义的事业的发展同步成名，反过来促进企业的发展。

一、举办赞助活动的目的

（1）承担必要的社会责任　企业除了追求经济效益之外，还要重视社会效益，承担必要的非经济性的社会责任。通过为某项有社会意义和社会影响事业提供赞助，能有效地体现企业的社会责任感。

（2）树立良好的企业形象　通过支持社会公益事业来有效地树立企业良好的公众形象，是现代企业公共关系的一种常规性的做法。特别是有些企业其产品并不直接为消费者所需要和使用，有必要通过赞助活动来争取良好的公众形象。

（3）培养公众感情　赞助活动使公众直接受惠，能够比较有效地建立和培养企业与有关组织和公众的良好感情。

（4）配合广告宣传　企业的广告宣传若能以赞助活动加以配合，将能发挥更好地传播效果。

二、实施赞助活动的程序

1. 前期研究

企业参与赞助活动有主动和被动两种形式。前者即主动选择和争取有利于本企业发展的对象与项目进行赞助，一般都是较为热门、竞争较为激烈的项目，如重大的体育竞赛。被动式则是在接到赞助要求以后，经过研究后再作出适当的决策。作出赞助决定之前的可行性研究，是赞助管理的关键环节。

（1）研究本企业的经营目标与公关政策，是否需要通过某项赞助活动来传播形象和产品。

（2）研究赞助对象的社会背景及社会信誉。

（3）研究赞助项目内容的可行性，根据企业的现实情况提出调整建议。

（4）分析赞助成本及预测赞助的效益，包括经济效益和社会效益。

（5）了解赞助活动的条件，包括传播补偿的标准与方法。

(6) 提交可行性报告给董事会或最高管理层审议通过。

2. 制订计划

根据董事会或最高管理当局的决策意见，制订具体、详尽的赞助计划。计划书必须紧扣活动主题，明确界定企业的角色，控制实施的范围和形式，确定经费预算，制订赞助实施的具体步骤，并与接受赞助一方签订合约。

3. 具体实施

企业参与赞助活动的整个过程必须指定专人负责，从可行性研究到测定效果跟踪到底。被赞助的项目本身主要由接受赞助方来实行，提供赞助的企业只需从旁协助。但对于合约中规定的项目内容的落实、传播补偿条件的兑现、赞助资金的合理使用等，提供赞助的企业有必要严格监督。大笔的赞助款项需要分步到位，按实施效果分阶段提供，从经济上约束项目实施者，保证项目的质量。

4. 测定效果

赞助活动完成以后，应对其效果进行调查、评定。对原定目标和计划的实现状况及具体原因进行总结，对赞助活动的经济效益和社会效益进行客观的评价分析，为日后的赞助研究提供参考。

第四节　开放参观日

举办开放参观日活动是一种特殊的"组织公开展览活动"和"组织广告活动"，能够提高组织的社会透明度，增进外界对组织的了解，消除组织与社区之间的隔阂，培养公众对组织的感情，创造良好的社区气氛，树立良好的公众形象。

一、对外开放参观的接待对象

(1) 员工家属及社区居民，一般公众。
(2) 营业团体：生产协作者、原料供应者、经销商、运输公司等。
(3) 股东公众：股东、股票经纪人、金融舆论专家等。
(4) 其他专业团体：金融机构、律师协会、新闻界团体、保险公司、卫生检查团、环境保护组织等。
(5) 行政机关：各级政府部门，上级主管单位，党政要人。
(6) 舆论领袖：专家学者、各界名人、记者等。
(7) 科技教育文化单位：研究所的研究人员、高等院校的师生、各类智力团体和文化组织。
(8) 各种慈善组织和社会福利团体。
(9) 海外人士：客商、投资者、观光者等。

二、开放参观的内容

企业开放参观的项目一般包括：企业的展览室，生产设备和工艺流程，厂区环境，员工的教育、培训设施，以及企业的服务、娱乐、福利、卫生等设施。

开放参观的具体内容视参观者的需要和兴趣而定。应努力给参观者留下一个良好的印象。

三、开放参观活动的组织与安排

(1) 明确主题　举办开放参观活动最好有一个明确的主题，以便围绕该主题筹备活动的内容，邀请特定的对象，并制订宣传的基调。

(2) 安排时间　举办开放参观活动最好配合一些特殊的日子，如周年纪念日、开业庆典、社区节日等。

(3) 邀请对象　事先发出请柬，编制来宾名册，落实出席的 VIP 人士（重要宾客）。

(4) 宣传工作　应准备好配合活动使用的宣传品，如纪念册、活动日程及指南、海报和宣传单张、告示牌和标志牌、各种设施和展品的说明书、视听材料、公关礼品等。

(5) 接待工作　要有足够的训练有素的接待人员、较完备的服务设施，为来宾提供交通、饮食、休息、娱乐、医疗、咨询等方面的服务。

(6) 安排参观活动的范围与路线　避免来访者因超越限定的范围而出现事故或麻烦，注意必要的保密工作。对开放区域应进行必要的装饰。

(7) 成立专门机构　除了公共关系部之外，需会同行政、人事、销售等部门，组成筹备委员会，全面负责活动的策划、组织和实施。

第五节　公共关系危机

一、公共关系危机的含义

公共关系危机也叫危机公关，它是指由于某些突发事件及重大问题的出现，影响组织生产经营活动的正常进行，对组织的生存、发展构成威胁，从而使组织形象受到严重损害。

组织发生危机的原因是多种多样的。在公共关系危机中，突发事件是危机公关的核心。这些事件既包括人为原因造成的，如经营决策失误、产品质量问题、工伤事故、政府制裁等；也包括由于自然原因造成的各种灾害，如洪水、地震、火山爆发等。无论是何种危机，它往往会给组织带来巨大的损失。若对危机处理不当，很有可能会给组织带来灾害性后果。因此，正确认识、高度重视危机公关的妥善处理，这是组织及组织公关部门和人员的重要任务。

二、公共关系危机的类型

目前，社会组织中发生的公共关系危机主要有以下几种类型。

1. 信誉危机

信誉危机是指使组织信誉和组织形象遭到严重损害的危机。这种危机是由于组织产品、服务质量有问题，或是由于组织不能履行合同等原因，损害了消费者的权益而造成的。信誉危机是组织自身的"恶疾"，若不及时"医治"，往往会对组织造成重创甚至使组织走向毁灭。因而，一旦组织发生信誉危机，早诊断，早治疗才有可能还组织一线生计。如国内某知名保暖内衣企业，2002 年还被评为上海名牌产品，资产过亿，市场广泛，但 2003 年却因质量问题受到中国消费者协会的质疑，企业转眼之间走上了绝路，此后几乎绝迹于火爆的保暖内衣市场。

2. 市场危机

市场危机是指由于市场环境风云突变，或是消费者购买需求有变，竞争对手营销能力增强等原因导致的组织危机。如果说信誉危机是组织自身的"恶疾"，那么市场危机则是由于组织不能及时适应市场变化引起的。

3. 管理危机

管理危机是由于组织领导决策失误或是管理不当造成的组织危机。我国目前有相当一些企业存在决策不当、管理不善、人才流失、投资失误等问题。管理水平的低下导致这些企业经济效益不佳，生存和发展步履维艰。

4. 灾变危机

灾变危机是由于自然灾害和不可抗拒的社会灾乱而造成的组织危机，如受到暴雨、山洪、地震、雷击等自然灾害的侵袭；因战争、恐怖活动等因素使组织正常运营受到影响而引发的公共关系危机。如2003年SARS危机、伊拉克战争危机、2004年的禽流感危机，都使众多企业一夜之间遭受重创。

5. 媒体危机

媒体危机是由于组织因内部丑闻、重大事故、法律纠纷等被媒体曝光，或是由于媒体报道失实，使组织形象尤其是组织美誉度受到严重损害而发生的组织危机。现代社会是信息社会，媒体的影响力广泛而深远，公众对组织的印象大多是通过媒体获得的，因而，媒体危机是很难度过的。

以上是组织常见的几种公共关系危机。除此以外，组织还会发生法律、政策、信贷、外交、素质等各种危机。

三、公共关系危机的特点

1. 突发性

危机的到来往往是突然而至的。它们一般是在组织毫无防备的情况下，在很短的时间内突然爆发，这是公共关系危机最明显的特点。因而，它往往会给组织带来混乱和惊恐，给组织的公关部门和公关工作带来意想不到的困难。

2. 严重破坏性

危机事件的危害性很大。无论何种类型、何种规模的危机，都会给组织带来不同程度的破坏和损失，尤其是会破坏一个组织最宝贵的无形资产——形象和声誉。

3. 舆论关注性

如果一件事情虽然发生了，但还没有引起公众和媒体的关注，它还不是公共关系危机，仅仅是一个事件。危机事件往往会受到公众舆论的强烈关注，并成为各类媒体关注的焦点、热点。特别是近年来，媒体之间的竞争日益激烈，为吸引"眼球"，媒体记者们更是对爆炸性新闻孜孜以求，死盯不放。再加上新闻复制、传播异常迅速，互联网、新闻热线等互动方式吸引公众参与，更加大了公共关系危机的恶化和蔓延。

四、公共关系危机处理程序

当危机爆发后，公共关系人员或危机管理小组可按以下程序处理危机。

1. 调查情况，认识危机

组织一旦出现危机，公共关系人员应迅速根据具体情况做出反应，协助组织负责人调查危机发生的原因，鉴别危机的性质和严重程度。一般危机的爆发总是由于某种原因引起的，而且有一个发生和发展的过程。公共关系人员要及时、广泛地收集信息，调查清楚危机发生的原因、影响的范围和影响的公众，估计危机可能对公众和组织造成的后果等。这一阶段的工作往往是最富有挑战性的。在寻找危机发生的信息时，公共关系人员最好多听听组织中各类人的看法，并与自己的看法相互印证。

2. 制订对策，控制危机

危机爆发后，并不会自行消失，反而会迅速蔓延开来。危机从发生到产生大面积影响的时间一般不超过24小时，因此，处理危机时，反应速度是关键。速度越快，损失越小。危机管理小组一旦认清某种危机后，就必须尽快制订相应的对策，并立即投入行动。切不可优柔寡断，否则只会贻误战机，使危机更加深重。

3. 总结教训，重塑形象

突发事件处理完后，危机处理工作并不等于就结束了，危机处理阶段过后，实际就进入了形象恢复期。只有组织形象重新树立起来以后，危机事件才算是全部结束了，组织才能真正谈得上是转危为安。在这一阶段，要做好善后处理工作，尽快恢复组织信誉与形象，重新取得公众的信任。

五、公共关系危机处理的策略

1. 迅速收回问题产品

当组织发生由于产品质量问题而造成的公共关系危机时，应该千方百计、不惜代价地收回所有在市场上的问题产品，并利用大众传媒广而告之，让消费者明确退回产品的方法。在此之后，再进一步详细追查问题产生的原因，采取相应的措施。这样才能取信于民，获得谅解。

2. 勇于赔偿公众损失

在危机发生后，公众和媒体要的不是辩解，而是承担责任。如果组织因为不合格产品使消费者利益受损，或是由于组织发生重大责任事故，对相对人员造成损害时，组织一定要表现出负责任的态度，勇于承担责任。组织应该在第一时间向社会公众公开道歉并给予受害者相应的物质赔偿和精神赔偿。在危机中，组织要始终表现出对员工负责，对消费者负责，对社会负责的态度。

3. 积极沟通新闻媒体

及时、有效的沟通是危机处理的重要策略。媒体是组织与公众沟通交流的窗口，在危机事件中，媒体的配合往往起着关键性的作用。因而，危机发生后，应当指定专人积极主动地与新闻界联系，在第一时间给记者提供全面、真实、权威的信息，使其及时准确地报道，并以此去影响公众、引导舆论。在危机事件发生后，采取以纸包火的态度，对新闻媒体说"无可奉告"其实是最愚蠢的方式。以纸包火只会越烧越旺，封锁消息则会让各种对组织更加不利的小道消息、流言飞语乘虚而入，混淆是非。

4. 及时公布危机原因

在明确了怎么说、对谁说、说什么后，组织就应该把危机真相尽快告诉媒体和公众。发生公共关系危机后，无论组织犯错与否，都要有一个正确的心态，对公众和媒体作出坦诚的解释，说明造成危机的原因。如果是自己的责任，应当勇于承认；如果是由于误解或是别人的故意陷害，则应通过各种手段促使真相大白。

5. 努力塑造崭新形象

公共关系危机对于任何组织都是一场严峻考验。危机的出现，或多或少都会使组织形象受到不同程度的损害。因此，在公共关系危机得到了妥善的处理后，组织内的危机管理部门还要针对形象受损的内容和程度，重点开展弥补形象缺陷的公共关系活动。在这一过程中，沟通仍然是关键。组织要密切保持与公众的联络与交往，敞开大门，欢迎公众和媒体的参观和了解，告诉公众组织新的工作进展和经营情况，同时拿出质量过硬的产品和一流的服务公之于世。

第六节 公共关系实训

实训：撰写文书

请为"白加黑"策划一次公共关系活动，并撰写策划方案。

回顾与总结

常见的公共关系活动形式 记者招待会、展览会、赞助活动、开放参观日。

公共关系危机 也叫危机公关，它是指由于某些突发事件及重大问题的出现，影响组织生产经营活动的正常进行，对组织的生存、发展构成威胁，从而使组织形象受到严重损害。

危机处理程序：①调查情况，认识危机；②制订对策，控制危机；③总结教训，重塑形象。

公共关系危机处理的策略：①迅速收回问题产品；②勇于赔偿公众损失；③积极沟通新闻媒体；④及时公布危机原因；⑤努力塑造崭新形象。

练习与思考

1. 案例分析题

模拟公关计划

一家乡镇企业的化工厂由于废水没有经过处理而流入附近水域，致使鱼类大量死亡。以捕鱼为生的渔民于是愤怒地涌入化工厂演出了一幕幕触目惊心的社区公共关系纠纷。请问，如果你是该厂公关部经理，应当如何平息这起社区关系纠纷，并制订一个切实可行的公共关系计划。下面就是这个案例的策划书。

一、调查公众

1. 调查外部公众——渔民中"意见领袖"。
2. 调查内部公众——员工中"意见领袖"。
3. 检验水和死亡的鱼类。

二、策划

（一）确立问题

1. 领导不重视环保，无环保机构。
2. 员工环境意识淡漠，环保知识贫乏。
3. 技术设备陈旧。
4. 长期忽视厂区与社区的关系。

（二）目标

1. 在全厂普及环保法规。
2. 成立环保机构。
3. 进行环保技术培训。
4. 改造旧设备，使"三废"排放量达国家标准。
5. 建立厂区与社区环保相互监督机制。
6. 建立新型社区关系。

（三）选择传播方式

1. 人际传播：走访渔民家庭。
2. 设立渔民环保监督员。
3. 组织传播：开办环保知识系列讲座。
4. 组织渔民进厂参观。
5. 举办厂区与社区文化联谊活动。
6. 大众传播：用闭路电视进行环保教育。

7. 广播站开辟环保专题节目。
8. 厂报开辟环保专栏、专刊。

(四)选择公关模式

1. 宣传型公关模式：在厂区车间与社区路旁设立环保标语和板报。
2. 征询型公关模式：在厂区和社区设立环保意见箱。
3. 交际型公关模式：厂区与社区进行文体联谊活动。
4. 服务型公关模式：义务培训社区民办教师和科技人员，扶植社办企业。
5. 社会型公关模式：义务修理乡村干道和乡村学校，为社区孤寡老人服务。

(五)公关预算

1. 人员预算：公关经理1名，公关策划2名，新闻采编2名，环保专家2名，摄影摄像2名，美工2名，其他3名，共计14名。
2. 财务预算：三次讲座100元，一次参观50元，录像制作200元，联谊活动100元，标语板报50元，意见箱2个10元，改造设备10000元，捐助小学1000元，修路200元，其他200元。共计11910元。

(六)时间安排

4月1日至4月3日：走访渔民中"意见领袖"。
4月4日至4月7日：三次环保讲座。
4月8日至4月15日：一周闭路电视环保法教育。
4月16日至4月23日：一周广播环保专题节目。
4月24日至4月30日：制作环保标语、宣传栏和板报，并安置完毕。
5月1日至5月4日：厂区与社区文体联谊。
5月5日至5月6日：意见箱安置于厂区和社区。
5月7日至5月8日：组织渔民分批参观厂区。
5月9日至5月11日：整修乡村干道，维修校舍，义务为孤寡老人劳动。
5月12日至5月13日：举办两期渔民科普讲座。
5月14日至5月15日：评估总结。

×××化二厂公关部
一九××年三月

此计划呈报厂办、质检科、财务科。

问题：

(1) 请你分析此公关计划存在的问题。
(2) 请你模仿此策划书，写一个关于你所在单位的一次公关活动的策划书。

2. 思考题

(1) 召开记者招待会应注意哪些事宜？
(2) 如何处理公共关系危机？
(3) 怎样实施赞助活动？

第十一章 公关礼仪

【学习目标】

学习完本章后，你应该能够：
- 了解公共关系礼仪的概念、原则以及作用
- 掌握公共人员常见的一些礼仪规范

第一节 公关礼仪概述

生活在现代开放社会的每一个人都不免要与别人交往，谁都离不开社会交际与沟通，而成功的交际则要求人们遵从约定俗成的礼仪规范。良好的礼仪是人们走向成功的"钥匙"。

一、公关礼仪的含义

公关礼仪与礼仪密切相关，礼仪是公关礼仪的基础和内容，公关礼仪是礼仪在公关活动中的具体运用。要了解公关礼仪，首先要了解礼仪。

1. 礼仪的含义

礼仪是在社会交往中，人们在言谈举止、仪表、仪态、仪式等方面达成的共识，并共同遵守的规范和程序。

礼仪是礼貌、仪表、修养、品德和风度的具体表现。因此，礼仪所包含的内容广泛而丰富，从礼貌、礼节、仪表、仪式来分析，又蕴含着许多具体的清规戒律和行为准则。

礼貌——主要指在人际交往中，相互尊重和友好的行为准则。懂得尊重别人的人，往往被看作是有礼貌的表现。只有懂得尊重别人的人，才能得到别人的尊重。这也意味着，你对别人有礼貌，别人也对你有礼貌。

礼节——主要指在交际场合，迎来送往、举止言谈所约定俗成的惯用形式。如相互问候、握手、致意，相互祝愿、邀请、慰问等。

仪表——主要指人的容貌、外表、衣着服饰等。如相貌、姿态、服装、饰品、穿戴及个人卫生等。

仪式——主要指举办各种活动和程序化的行为规范或习俗模式。如结婚仪式，东西方各不相同。还有祝寿仪式、颁奖仪式、剪彩仪式等。

2. 公关礼仪的含义

公关礼仪是指在公关交往中，被社会公认的或约定俗成的礼貌礼节、行为规范及仪式程序等。

公关礼仪除了告诉我们个人应怎样与外界交往外，还告诉我们个人所在组织应怎样与外界交往，应注重哪些行为规范和仪式程序。礼仪如果说更侧重于树立良好的个人形象的话，那么公关礼仪则更侧重于组织的整体形象。公关礼仪中的个人形象是作为组织整体形象的一个组成部分而存在的。一个组织其组织风貌的好坏、员工精神状态的优劣、公关人员素质水平的高低与组织对公关礼仪的关注度呈正相关关系。

二、公关礼仪的基本原则

1. 尊重公众的原则

尊重公众包含着尊重公众所应当具有的各种公民权利，如信仰、习俗、隐私等权利。不该问的问题不问，不该知晓的内容不强求，不干涉别人的私生活。在社交活动中，对男士一般不问财产、收入、履历、身高；对女士一般不问年龄、婚否、衣服价格等。

2. 公平对等的原则

在公关工作中平等地对待一切公众，是搞好公关工作的基本前提。平等原则涉及的内容非常多，包括政治平等、经济平等、人身平等诸多方面的内容，公关礼仪主要考虑的是双方对等的原则。

3. 身份差异的原则

平等对待一切公众是公关礼仪的大原则，但在实际应用的过程中，我们还应当考虑一些"权变"，即在公关活动中的差异性原则。

首先是外事礼宾差异，在从事涉外公关活动中，必须注意礼宾顺序的原则，这几乎要渗透到一切外事活动中，稍有差错就会被视为对一个国家的不尊敬，造成极坏的影响。其次是地位的差异，人与人的平等是指公民在政治、经济、法律面前的身份平等，但由于公众所从事的职业不同，具有的职务不同，掌握的社会关系不同，因此对组织的实际影响力也是不同的。最后是性别的差异。与男士相比，妇女一般处于弱势地位，所以国际上的各种礼仪都提倡"女士优先"原则。

第二节　仪态礼仪

仪态，是指一个人举止的姿态与风度。姿态是指一个人身体显现出来的样子，如：站立、行走、弓身、就座、眼神、手势、面部表情等。而风度则是一个人内在气质的外在表现。

一、站姿

站姿是公关人员工作和生活中第一引人注视的姿势。挺拔、典雅的站姿是一种静态美，它是发展不同质感动态美的起点和基础。良好的站姿展示出饱满的精神状态。

站姿的要求：站要有站相，良好站姿应给人一种挺、直、高的感觉。其具体要求可用"正"、"直"、"挺"、"垂"四个字概括。

"正"——头要正，下颌微收，双目平视，双肩舒展，保持水平并稍微下沉。

"直"——身躯直立，身体重心在两脚之间，双腿挺立，两膝并拢，双脚可调整成"V"字形，女士还可呈"丁"字形。

"挺"——挺胸、提颈、收腹、立腰，臀部肌肉收紧，重心有向上升的感觉。

"垂"——双臂在体侧自然下垂，五指并拢，自然弯曲，中指压裤缝。女士双手也可在体前相握，右手放在左手上，贴在腹部。在非正式场合，男士可把双手放在背后，紧贴臀部。

公关人员站立时应注意的一些事项：站立时，切忌东倒西歪，面无表情，无精打采，懒散地倚在墙上、桌子上；不要低头歪脖，含胸驼背；不要下意识做小动作，如腿不由自主地抖动，用手摆弄手中物品等；在正式场合，不要将手插在裤袋里面，不要双手交叉抱在胸前，或是双手叉腰；男士双脚左右开立时，注意双脚之间的距离不能超过肩宽。

二、坐姿

坐姿是仪态的重要内容，社交人员无论伏案工作、参加会议、洽谈业务、娱乐休闲都离不开座。坐姿作为一种举止，同样有美与不美、优雅与粗俗之分。良好的坐姿不仅传递着自信练达、友好诚挚、积极热情的信息，同时也展示着高雅庄重、尊敬他人的良好风范。

坐姿的要求：社交人员坐姿的基本要求是端庄、大方、自然、舒适。其入座与离座的具体要求有所不同。

入座：入座时宜轻、宜稳，不可猛起猛坐使椅子发出声响。女士入座时，动作尤其要轻缓。若着裙装，应用手将裙子稍向前拢一下，不可坐下后再整理。

坐时：坐定后，身体重心垂直向下，腰部挺起，身体保持正直，两眼平视，目光柔和。男士可双手掌心向下，自然地放在膝上，两膝距离以一拳左右为宜。女士可将右手搭在左手上，轻放在腿面上。女士双腿的摆放姿势有双腿垂直式、双腿斜放式和双腿叠放式。

离座：离座时右脚宜向右稍撤半步，随即站起，动作要轻。

公关人员坐立时应注意的一些事项：不要弯腰曲背，不要全身放松，懒散地瘫坐、歪坐、侧坐在椅子上；不能把腿架在椅子、沙发或茶几上；坐时不要将双手夹在双腿之间或放在臀下，不要将双臂绕在胸前或抱在脑后，也不要将脚伸得过远以及不停地抖动；女士双腿不应分开，男士双腿不可分开过大，脚不要敲打地面；坐于桌前应将手放在桌上，或十指交叉后以双肘支在桌面，不能双手托腮或趴伏在桌面上；站起时，不要哈着腰，低着头；不要弄得桌椅乱响，更不要带翻桌子、茶具。

三、走姿

走姿是人行走的姿势、体态，它是站姿的延续动作，是在站姿的基础上展示人的动态美的极好手段。无论是在日常生活中，还是在社交场合，走路往往是最引人注目的体态语言，最能表现一个人的风度和活力。走姿优美，可增添人的魅力，故有人常把正确而富有魅力的走姿视为一首动人的抒情诗。

走姿的要求：良好的走姿应该是自如、轻盈、平稳、直线。具体有以下要求：行走时，头要正，微扬头，目光平视前方。双臂自然下垂，手掌心向内。双臂前后自然摆动，肩部、肘部、手腕相互协调，以身为轴前后摆动幅度在30°~35°。上身挺拔，腿部伸直，腰部放松，脚幅适度，男士步幅以一脚半距离为宜，女士步幅以一脚距离为宜。脚步宜轻且富有弹性和节奏感。

男士应抬头挺胸，收腹直腰，上体平稳，双肩平齐，目光平视前方，步履稳健大方，示男性刚强雄健的阳刚之美。

女士应头部端正，目光柔和，平视前方，上体自然挺直，收腹挺腰，两腿靠拢而行，步履匀称自如，端庄文雅，含蓄恬静，显示女性庄重文雅的温柔之美。

公关人员行走时应力戒下列现象：行走带响、狂奔猛跑、连蹦带跳、背手而行、左顾右盼、摇头晃脑、摆胯扭腰、弯腰躬背、步履不稳、横冲直撞等，多人一起行走时，横排并走、勾肩搭背、边走边说也属不良的表现。

四、手势

手势，是人际沟通时不可缺少的体态语。手势除了在人际沟通时能辅助语言，表达一定的思想内容外，还能表现出言谈者的高雅气质与风度。手势美是一种动态美，在工作或人际交往中，适当地运用手势来辅助语言传情达意，有时会产生意想不到的效果，为人的交际形象增辉。

手势的具体要求如下。

用手势介绍某人或指示方向时,应当掌心向上,四指并拢,大拇指张开,以肘关节为轴,前臂自然上抬伸直。指示方向时上体稍向前倾,面带微笑,视线始终随手指的方向移动,并兼顾对方是否意会到目标。

用手势与人打招呼、致意、欢呼、告别,要注意将手尽量伸开,要根据场景,控制手势力度的大小、速度的快慢及时间的长短。

不规范手势及手势忌讳如下。

(1) 与人交流,手势不要太多,动作不要太大。

(2) 不可用拇指指自己的鼻尖,或用手指指点他人,用手指指人含有教训别人的意思,是极不礼貌的行为。

(3) 借助手势谈到自己时,应用手掌轻按自己的左胸,这样显得端庄、大方、可信。

(4) 运用手势时,一定要考虑地域差别,同一种手势在不同国家、不同地区有不同的含义,切忌乱用,以防造成不良后果。

(5) 在单位工作或参加社交活动时,应尽量避免与手势有关的不雅习惯,如:掏鼻孔、剔牙、摆弄随身携带的小物件、摸头、搔痒等。

五、眼神

用人的身体部位传达个人信息的方式很多,但真正的传神之处,还是人们的眼睛。人们习惯将眼睛比喻为"心灵的窗口",从一个人的目光中,可以窥视到他的整个内心世界。

眼神交流的具体要求如下。

首先,眼神在与不同对象的对视中,能够传达出不同的信息。人在焦急时,可用眼神示意;心怀感激时,可用眼神表达;提醒对方时,可用眼神暗示;表示不满时,可用眼神制止;发泄怨恨时,可用眼神示威。作为主人招待客人,眼神应热情而友好,以表示欢迎;在长辈或上级面前,应略微向下,以表示尊敬和谦恭;在晚辈或下级面前,应为关怀的眼神,体现出宽厚与慈爱;而朋友之间友好、善意的眼神,则应表现出热情与坦荡。

其次,目光应始终保持坦然、和善。一个良好的交际形象,既不回避正常的目光交流,也不盯视别人,以免造成对方的不适与难堪。

再次,与宾客交流时忌用冷漠、狡黠、傲慢、轻视的眼神。不得左顾右盼、挤眉弄眼;不可白眼或斜眼看人;不可长时间盯着对方,尤其对异性,会造成不必要的误解与麻烦;不可上下打量别人,含有轻视的意思;不可怀有敌意的、带有挑衅性的盯视。

第三节 仪表礼仪

仪表是指人的衣着服饰。俗话说:"人靠衣装,马靠鞍。"虽然人们都认为不能以衣貌取人,但在现实中,衣着服饰往往成为评判一个人的重要因素。

服饰是一种文化,而穿着则是一门艺术,得体的服饰与装饰可以画龙点睛、烘云托月,将人体的曲线美、协调美、韵律美衬托得更加光彩照人,将女性的天生丽质与男士的英俊潇洒展示得更加淋漓尽致。本节将着重介绍衣服和饰品这两方面的礼仪规范。

一、服饰穿着的基本原则

服饰是一种美的符号,但是不能说任何服装穿在任何人的身上都一定能产生美感。事实证明,服装只有与穿着者个性、年龄、身份、肤色以及穿着的时间、地点、场合等因素协调一致时,才能达到美的境界。因此,虽然"穿衣戴帽,各有所好",但必须遵循一定的原则。

1. 着装的 TPO 原则

TPO 是英语词汇 Time、Place、Objective 三个单词的英文缩写。这个原则的基本含义是：人们在服装穿着、饰品佩戴和配件使用等方面，都必须符合具体的时间、地点和目的的要求，而不能自以为是。

2. 穿着的色彩搭配原则

在现实生活中，服饰的色彩大多不是单一的，而色彩间的和谐搭配对穿着就显得尤为重要。没有不美的色彩，只有不美的搭配，那么怎样搭配才能体现色彩的和谐之美呢？一般来说，服装色彩的搭配主要有以下四种方法。

（1）统一法　即配色时尽量采用同一色系之中各种亮度不同的色彩，按照深浅不同的程度进行搭配，以便创造出和谐的美感。如深烟色的裤子与银灰色的上衣相配，容易给人以端庄、稳重、高格调的感觉。

（2）对比法　即在配色时运用冷色、深色、明暗两种特性相反的色彩进行组合的方法。它可以使着装在色彩上反差强烈，相映生辉，静中求动，突出个性，给人以鲜明、醒目的印象。最常用的是黄、红、蓝三色对比搭配，可以突出其中一种，而在色调上做一些变化。

（3）相似法　把暖色中的红、橙、黄以及冷色中的绿、天蓝、蓝、蓝紫这些在色环上大约 90°以内的邻近色称之为相似色。相似色搭配难度较大，不仅要注意色与色之间的明度差异，还需同时掌握色的纯度和色相的变化。如蓝和绿、橙和黄搭配时，两个色的明度、纯度必须错开，用深一点的蓝和浅一点的绿搭配在一起，就很协调、美观。

（4）呼应法　即在配色时，在某些相关部位刻意采用同一色彩，以便使其遥相呼应，产生美感。如在社交场合穿西服的男士讲究"三一律"。就是男士在正式场合时应使公文包、腰带、皮鞋的色彩相同，即为此法的运用。

上述四种方法只是服饰色彩搭配的基本方法，在服装制作和选择中可以根据需要和可能，由此派生出许多其他搭配方法。男士服装不宜有过多的颜色变化，以不超过三色为好。女士服饰也不应色彩过多，以免浮艳俗气，失去了美的价值。在各种颜色中，黑、白、灰为"安全"色，比较容易与其他各种色彩搭配，而且效果也比较好。

3. 着装与人体协调原则

培根曾说："美不在部分而在整体。"不同的人穿同一件服装可能会有不同的效果，这就是说，穿服装也要因人制宜，与体形、肤色等相协调。

（1）服装与体形的协调　服装穿着要符合自己的体形特点。服装的美是以人体的美为基础的。服装的款式结构，必须要符合由骨骼和肌肉组成的人体自然生理结构，根据自己的体形挑选合适的服装。

（2）着装与肤色的协调　每个人的肤色不同，或白净、或红润、或黄褐、或黝黑。服装色彩的选择要与肤色相协调，这样既能体现和谐之美，又能掩饰人体的某些缺陷。

4. 着装与身份适应原则

不同职业、不同阶层的人，服饰的穿着是有区别的。比如工人、农民、军人、演员、干部、知识分子等，由于他们特定的身份，形成了某种服饰特点和特定形象。人们习惯认为西装革履的人身份更高些，而衣衫不整者地位就应该低一些，我国不少宾馆甚至有"认衣不认人"的怪现象。

二、正式场合着装的基本要求

1. 男士的着装

（1）男士着装的基本要求　男士着装应遵循整洁的原则。无论在什么场合，着什么服装，一定要注意服装的干净整洁、熨烫平整、扣子齐全、拉链完好。不应有菜汁、油渍和其他污迹；不可有漏缝、破边。皱皱巴巴、歪歪扭扭只会给人留下邋遢和不严谨的印象。

男士着装还要坚持和谐、雅致、合适的原则。在服装式样和色彩搭配上切忌杂乱；职业装忌过于鲜艳；服装质地忌粗糙。

(2) 西服着装的要求　西装作为一种国际性服装，是男士较为普遍选用于社交场合的服装之一。那么，穿西装应注意哪些问题呢？

① 西装穿着一定要合体　一套西装，无论其品牌名气有多大，只要它的尺寸不适合自己，就不应选择，太大或太小不仅不能显示人体流畅的线条美，而且看上去极不协调。

② 着西装应特别注意衬衣的搭配　衬衣颜色的深浅，应与西装的颜色成对比，不宜选择同类色，否则搭配后缺乏层次感。

③ 正式的社交场合，穿西装均应系领带或打领结　领带的长度以到皮带扣处为宜，领带夹应夹在衬衣第三四个纽扣之间。

④ 西装必须要和皮鞋配套穿。

⑤ 西装的衣袋与裤袋里最好不要放东西，更不能将手随意插在衣袋和裤袋中，因为这样有失风度。

2. 女士的着装

(1) 女士着装的基本要求　作为职业女性，最基本的着装要求是干净、整洁、熨烫平整。服装式样不能太怪异、太暴露，工作装色彩不宜太过鲜艳、醒目，更不能满身珠光宝气。用于点缀的饰物不宜过多，式样应尽量考虑职业需要，而颜色选择则应充分考虑是否与肤色相协调。

(2) 套裙着装要求　与男士西服略有不同的是，西服套裙色彩的选择范围较广，对面料质地也没有太多的限制。这就使其在色调、款式上复杂多样，从而呈现出五彩缤纷、令人眼花缭乱的面貌，四季都有可供选择的不同规格、不同档次的多种系列西服套裙。那么，穿着西服套裙应注意哪些问题呢？

① 一定要成套着装，并配上与之相协调的衬衣、高领羊绒衫或有领T恤衫。与衬衣搭配时，领口应系上领结、领花或丝巾、领带。与西服上装配套，多以一步裙为宜，如此搭配，使人显得精神焕发，而大摆裙与西服上装搭配就显得不太协调。

② 穿套裙一定要配以连裤袜或长筒丝袜，而不是在紧身裤外穿套裙，这是不合乎规范的。

③ 鞋的颜色，则有许多特殊的要求。与套裙相配套的皮鞋，中跟或高跟均可，以黑色最为正统。此外，与套裙颜色一致的皮鞋亦可选择。但是最好不要选择鲜红、明黄、艳绿、浅紫的鞋子。

三、首饰佩戴的基本要求

饰品指项链、戒指、耳环、手链、胸针等饰物，它们与服装一起组成了服饰这一概念。它是服饰美的一种延伸，在服饰中起到辅助、烘托、陪衬、美化的作用。虽然公共关系人员在工作岗位上允许佩戴的首饰较少，但在各种聚会、交友活动中，佩戴一些首饰可为形象增色。因此，了解不同场合、不同条件下如何选戴首饰很有必要。

在上班时佩戴首饰，还需自觉遵守以下几条约定俗成的常规。

(1) 以少为佳　在上班时即便可以佩戴首饰，但还是要限制数量，以少为佳。一般而言，佩戴首饰时，总量上不宜多于三种，每种则不宜超过两件。

(2) 同质同色　同时佩戴多件首饰时，应尽量选择质地、色彩上都基本相同的首饰。至少，也要使其色彩相似。否则搞得五花八门、异彩纷呈，会令人感到佩戴者粗俗不堪。

(3) 风格统一　这是指同时佩戴的多件首饰应当统一风格，同时，所佩戴的首饰也应当与自己的其他衣饰在风格上协调一致。

第四节　会面的礼仪

一、介绍的礼仪

社交活动中难免要结识新朋友。第一次与新的客户、新的朋友见面时，总要相互介绍。既要介绍自己，也要介绍别人。那么，见面时的相互介绍要注意哪些礼仪呢？

1. 自我介绍的礼仪

自我介绍时，可以直接用自己的姓名、身份、单位的介绍词开头。如"您好！我是××，××咨询公司的公关部经理，很高兴认识您。"

自我介绍时应注意的礼仪如下。

① 要注意相互关系　自我介绍前，先要大概了解被介绍的对象，即来人的基本情况。

② 要谦虚和蔼　要善于以眼神、微笑和自然亲切的面部表情来表达友谊情感。

③ 要自信、实在　做自我介绍的时候，将右手放在自己的左胸上，不要慌慌张张，不要手足无措。

④ 手势动作应该文雅　无论介绍的是哪一方，都应该手心朝上，手背朝下，五指自然并拢，指向被介绍的一方，眼神要随手势看向被介绍的对象。

2. 介绍别人的礼仪

介绍别人的时候，最好用这种介绍词开头"请让我介绍一下……"或者"××先生，可以介绍××给你认识吗？"介绍别人时要注意两点。

(1) 要注意介绍的先后顺序　国际上一般按惯例把男性介绍给女性；把年轻者介绍给年长者；把职位低的介绍给职位高的；把客人介绍给主人；把晚到者介绍给早到者。总原则是把别人介绍给你所尊敬的人。

(2) 要注意照顾大多数的礼仪原则　例如，当把一个人介绍给很多人的时候，应该首先向大家介绍这个人，然后再把众人逐个介绍给这个人。众人的数量不多，且职务相差较大，或比较明显时，可按职务次序介绍，但如果人数较多，或者不便、不需要按职务介绍时，最好还是按座位，或站着的方位顺序逐一介绍。无论介绍到哪一位时，被介绍的人都应很有礼貌地点头示意或挥手示意。

二、握手的礼仪

握手礼是人们见面时最常用、适用范围最广的见面致意礼节，也是世界各国基本通用的社交礼节。

1. 伸手的先后顺序

一般而言，男女之间，女方应向男方先伸手；宾主之间，主人应向客人先伸手；长幼之间，年幼的应向年长的先伸手；上下级之间，下级要等上级先伸手；但如果下级是年长者，或是女士，也可遵循长者优先和女士优先的原则，主动向上级伸手。

2. 握手的方法

标准的握手方法是：双方要站立，两人相距一步，上身稍向前倾，伸出右手，四指并齐，拇指张开，两人手掌相握，双方手掌均呈垂直状态，意为地位平等。如果掌心一方向下，一方向上，则向上者表示顺从，向下者表示控制。握手时，眼睛要注视对方，面带微笑。双方的两手可上下抖动，但不能动作太大，更不能左右晃动。

3. 握手的力度和时间

握手时用力要适度，轻度用力稍稍握紧，表示热情；但用力太大，则有强力控制之嫌。如果把对方手握得生疼，则是粗鲁无礼之举。但也不可握得太轻，有人为维护自尊，握手时只用指尖与对方接触，或是干脆在他人握住自己的手时一动不动，不做任何的反应，这种做法显得妄自尊大或让对方怀疑你在敷衍了事。

握手的时间一般应视握手双方的亲密程度灵活掌握。双方初次见面时，握手的时间不宜过长，以3秒钟左右为宜；切忌握住对方的手不放，海阔天空地神聊，更不能握住异性的手长时间不松开。当然，碰到老同学或敬仰已久的客人，为表示特别亲切，握手时间可适当长些。

4. 握手时的礼仪规范

① 握手时应伸右手，切不可伸左手。

② 握手时应脱掉手套，即使你的手套十分洁净也不行。手脏时应主动亮出手掌向对方表示手脏，或擦手再握。

③ 握手时不能没有反应，毫无气力，也不能过分用力。

④ 在多人同时握手时，不要交叉握手。当自己伸手时发现别人已伸手，应主动收回，并说声"对不起"，待别人握完手后再伸手相握。

⑤ 任何情况下都不能拒绝他人的握手。在社交场合如果有人本不该先伸手，但他却乱了先后顺序已向你伸出了手，都应看作是友好、问候的表示，应马上伸手相握。

⑥ 不能在跨门槛或隔着门槛时握手，也不能连蹦带跳地握手，或边握手边拍肩、拍背等。

第五节　宴请礼仪

宴请是一种常见的社交活动，即以精美的饮食来表达对客人的尊敬。经过几千年的发展，中国饮食文化特别发达，在当代公关活动中也成为一种非常重要的活动方式。随着社会经济的发展和人民生活水平的提高，宴请越来越脱离了其"填肚子"等原有的意义，而成为人们联络感情、交流信息、协调关系的一种手段，所以宴请礼仪的重要性超过了食品的重要性。

一、宴请的种类

宴请大体上可分为宴会、招待会和工作进餐。其中宴会最正规，重视礼仪程序，气氛隆重热烈；招待会则属于交谊性质，气氛比较随和；工作进餐则是为工作方便而设立，经济实惠，简单快捷。

1. 宴会

宴会又可分为几类，一般形式较正规，主要在正餐时间，宾主坐下进餐，由服务员顺序上菜。具体形式如下。

(1) 国宴　是最高级别的宴会，是在国家重要庆典或外国元首来访时举行的宴会。一般有国家首脑或政府高官出席，席间要悬挂国旗，奏国歌，程序非常严谨。

(2) 正式宴会　是为了组织某些重要活动而进行的宴会，规格要低于国宴，不挂国旗，不奏国歌，但需要事前发送请柬，按来宾身份安排座位，按规定上菜、祝酒。

(3) 便宴　即非正式宴会，比较随意、亲切，可用于日常的友好交往，如接风、送行等。没有严格的座次等，一切都相对简单。

2. 招待会

招待会主要用于一些规模较大的非正规场合，一般不设席面，常采用自助的方式。按照准备食物的种类，招待会可分为：自助餐、酒会及茶会等。

3. 工作餐

工作餐一般在工作期间进行，多在早上和中午。其可以是自助式的，也可以由服务员提供，一般不上酒水，不邀请其他人员，不设席位，可边谈工作边进餐，提高办事效率。

二、宴请的礼仪知识

1. 就座和离席

应等长者坐定后，方可入座。席上如有女士，应等女士坐定后，方可入座。如女士座位在隔邻，应招呼女士。用餐后，需等男、女主人离席后，其他宾客方可离席。坐姿要端正，胸部与餐桌保持适中的距离得宜。在饭店用餐，应由服务生领台入座。离席时，应帮助隔座长者或女士拖拉座椅。

2. 座位的礼仪

一般的宴会，除自助餐、茶会及酒会外，主人必须安排客人的座次，不能采取随便坐的方式，这会引起主客及其他客人的不满。尤其有外交使团的场合，大使及代表之间，前后有序，绝不相让。

（1）桌次的顺序　一般家庭的宴会，饭厅置圆桌一台，自无桌次顺序的区分，但如果宴会设在饭店或礼堂，圆桌两桌或两桌以上时，则必须定其大小。其定位的原则，以背对饭厅或礼堂为正位，以右旁为大，左旁为小，如场地排有三桌，以中间为大，右旁次之，左旁为小。

（2）席次的安排　宾客邀妥后，必须安排客人的席次，目前我国以中餐圆桌款宴，有中式及西式两种席次的安排。两种方式不一，但基本原则相同。一般而言，必须注意下列原则：

① 以右为尊。前述桌席的安排，已述及尊右的原则，席次的安排亦以右为尊，左为卑。故如男女主人并座，则男左女右，以右为大。如席设两桌，男女主人分开主持，则以右桌为大。宾客席次的安排亦然，即以男女主人右侧为大，左侧为小。

② 职位或地位高者为尊，高者坐上席，依职位高低，即官阶高低定位，不能逾越。

③ 职位或地位相同，则必须依官职传统习惯定位。

④ 遵守外交惯例，依各国的惯例，当一国政府的首长，如总统或总理款宴外宾时，则外交部长的排名在其他各部部长之前。

⑤ 女士以夫为贵，其排名的秩序，与其丈夫相同，即在众多宾客中，男主宾排第一位，其夫人排第二位。但如邀请对象是女宾，因她是某部长，而她的先生官位不显，譬如是某大公司的董事长，则必须排在所有部长之后，夫不见得与妻同贵。

⑥ 与宴宾客有政府官员、社会团体领袖及社会贤达参加的场合，则依政府官员、社会团体领袖、社会贤达为序。

⑦ 欧美人士视宴会为社交最佳场合，故席位采用分座之原则，即男女分座，排位时男女互为间隔。夫妇、父女、母子、兄妹等必须分开。如有外宾在座，则华人与外宾杂坐。

⑧ 遵守社会伦理，长幼有序，师生有别，在非正式的宴会场合，尤应恪守。如某君已为部长，而某教授为其恩师，在非正式场合，不能将某教授排在该部长之下。

⑨ 如男女主人的宴会，邀请了他的顶头上司，经理邀请了其董事长，则男女主人必须谦让其应坐的尊位，改座次位。以上是席次安排的原则。由于席次安排尊卑，宾客一旦上桌坐定，看看左右或前后宾客，尊卑井然。

第六节　会务礼仪

为了交流信息、集思广益，组织经常会召开会议，除了内部性的会务活动外，还有大量的外部性会务活动。为了提高会务质量，公共关系人员应该高度重视会务礼仪。具体而言，主要是要注意以下事项。

一、会议组织者的礼仪

（1）目的明确　会议的组织者对会议要达到什么样的目的要清楚明白，这是精简、高效地开好会议的关键。在向工作人员安排工作任务和向参加会议的代表发出通知时，都应当讲清楚会议目的，使大家心里有数，有备而来，这样才能保证会议的基本质量。

（2）日程清楚　会议什么时间开，什么时间结束，每天的安排等要让大家知道，使大家有所准备。

（3）地点具体　会议的场地应当明确具体地通知到与会人，会场门口应有明显标志。必要时可事先引发或张贴会场位置示意图。

（4）人员到位　主持人、工作人员、服务人员分工明确，提前到位，应把场地事先布置妥当，迎接代表到来。

（5）注意迎送　对代表和嘉宾要认真组织迎送，注意规格和形式。在会议进行中，对代表进出会场也应安排迎送。开小型会议，主持人要亲自迎送。

二、主持人的礼仪

主持人是会议的组织者、领导者。主持会议先要对内容、程序、时间和人员安排做到心中有数。主持要严谨、认真。根据不同性质和内容的会议，采取不同的主持风格，有的庄重严肃，有的轻松活泼；有的庄严肃穆，有的欢快喜庆；有的隆重，有的简朴。主持人应当把握会议气氛和进行节奏。

主持人要处处尊重观众，尊重发言人，防止语言、表情作出不礼貌的表现。

三、发言人的礼仪

发言人是会场的中心人物，对会议的质量有着首要的作用。发言人的发言要言之有理、言之有物。使听众能了解主旨，有所收获。发言人要尊重听众，尊重主持人，遵守会议纪律。

发言人要注重仪表和举止姿态，要衣着整洁、举止庄重、表情自然、精神焕发。发言时，要环顾会场，向听众致意，如有掌声，亦应鼓掌还礼。发言时，要讲究语速，不快不慢；讲究音量，不高不低；讲究节奏、语气、声调；始终要保持感情充沛；重要的地方要加重语气，提高音调，形成高潮。如果会场出现松弛，听众精神涣散时，应考虑调整语气、稳定情绪，必要时应调整内容、压缩时间。

发言结束，要向听众和主持人致谢。

四、会议代表的礼仪

参加会议应懂得并遵守必要的礼仪。会议本身也包含了一定的礼仪内容，带有一定的礼仪色彩，提出一定的礼仪要求。不同类型的会议，礼仪要求也不同。一般而言，参加会议应遵守以下礼仪要求。

（1）准时到会，不迟到，不早退；遵守会议各项准则和要求，尽力参与，把会议开得圆满、成功。

(2) 服饰得体，注意仪表、仪容、仪态，举止大方自然，待人彬彬有礼。

(3) 虚心听取别人发言，不随便打断别人的谈话，万不得已要插话，应使用礼貌用语。

(4) 发言人开始和结束发言时，要鼓掌致意，注意认真倾听，必要时要做记录。不要交头接耳，左顾右盼。一般不应离席，确实必须离开时，应当向有关人讲明原因，离席时要弯腰、侧身，尽量少影响他人，并表示歉意。

(5) 营造民主、自由、平等的会风，以协调、讨论、沟通为要旨。切忌死气沉沉，以势压人和争吵斗殴；切忌三五成群，搞小动作或拉山头、搞帮派；切忌离开会议主题从事其他私人性的事情。

第七节　馈赠礼仪

馈赠是表示友善和亲情的最典型的形式之一。礼品的情感价值大于礼品的物质价值。馈赠是友好的表示，礼品是友好的象征。作为象征物，其意义并不在于礼品本身，而在于通过礼品所传递的友好情谊，这是馈赠礼仪的一个基本思想，正所谓"千里送鹅毛，礼轻情谊重"。礼不在贵重，而贵在适时、适宜，贵在真诚。公关活动中的馈赠，更是以其象征性来传达组织的情谊，即使是一枚小小的贺卡、一束盛开的鲜花、一份简洁的电报，只要是在受礼者喜庆的时候表达了一份祝福，就会给对方留下深深的印象和感动。

当然不能对送礼一概地否定和反对，这就要注意区别送礼与行贿的差别。依据礼品的性质可以把礼品分成四类，即：人情礼品；报酬礼品；公关礼品；贿赂礼品。除贿赂礼品外，其余三类礼品均可以在人际交往中传播美好的情怀。

一、赠送礼品的原则和禁忌

礼品是以物的形式凝聚着送礼人友情的，因此在运用礼品时，要考虑到馈赠礼品的目的与礼品特点相统一。以下原则供参考遵循。

(1) 礼品寓意　礼品特定的意义，内在的；也可以是馈赠时赋予的。

(2) 新颖别致　使人感兴趣的礼品才会传情达意。

(3) 礼轻情谊（意）重。

(4) 礼品要适用、适时和适量。

同时，送礼也不能违反一些禁忌。

(1) 选择的礼物，你自己要喜欢，你自己都不喜欢，别人怎么会喜欢呢？

(2) 为避免几年选同样的礼物送给同一个人的尴尬情况发生，最好每年送礼时做一下记录。

(3) 千万不要把以前接收的礼物转送出去，或丢掉它，不要以为人家不知道，送礼物给你的人会留意这一切。

(4) 切勿直接去问对方喜欢什么礼物，一方面可能他的要求会导致你超出预算，另一方面你即使照着他的意思去买，可能会出现这样的情况，就是："呀，我曾经见过更大一点的，大一点不是更好吗？"

(5) 切忌送一些将会刺激别人感受的东西。

(6) 不要打算以你的礼物来改变别人的品位和习惯。

(7) 必须考虑接受礼物人的职位、年龄、性别等。

二、馈赠鲜花

在礼品里，鲜花是最为常见和适宜的。但要考虑所送的不同的人，不同的季节及各种花的寓意，掌握这些技巧和方式在日常交往中不至于闹出笑话来。下面就各种花的寓意及适用条件稍加解释。

1. 花篮

它由色彩鲜艳的花朵组成，适用于庆祝开业、开幕、演出成功以及寿辰。

2. 花束

可选择寓意不同的花组合而成，外加包装纸和丝带。花束一般用于探访亲友，祝贺新婚或看望病人。

3. 襟花

它通常是男子送给女友的小礼物。在某些庆典场合，男子也可以在上衣的左胸之前别一朵鲜花。襟花以与所穿衣服色泽协调最佳。

4. 盆花

品种名贵的盆枝花卉是人人喜爱的礼物，可以祝贺朋友迁居或送给长辈。

当然，不同品种的花在各国也有不同的含义，如国外喜欢用特定品种的鲜花来传递人的情感。人们认为春天的兰花高洁，夏天的荷花自重，秋天的菊花坚贞，冬天的梅花无私，而花王牡丹则是富贵之花。在欧洲，人们对花语尤其认真，不是任何鲜花都可以拿来送人的。

最后，还要注意到在一些国家和地区，不同的鲜花也存在着忌讳和讲究。如日本人认为荷花是不吉祥之物；德国人把郁金香看作没有感情的花；意大利人认为菊花是妖花，只可用于墓地；而法国人认为黄色的花是不忠诚的表现等。所以，送花给不同国家和地区的人时，一定要注意这些讲究。

第八节　商务通讯礼仪

一、电话礼仪

电话是现代社会不可或缺的通信工具，也是办公室工作人员处理日常事务、联系业务、咨询答疑、交往约会、汇报反映的最常用的办公设备。接入拨出电话是办公室工作人员最普遍的日常工作。

办公室工作人员必须学会使用电话的礼仪。

1. 拨打电话的礼仪

(1) 时间适宜

① 选择好拨打电话的时间

a. 事先约好的时间。

b. 对方便利的时间。

c. 受话人上班10分钟以后或下班10分钟以前。

d. 避开休息时间。

e. 避开下班后的私人时间，尤其是节假日时间。

f. 避开用餐时间。

g. 注意时差问题。

② 把握好通话时间的长短　三分钟原则：在打电话时，发话人应当自觉地、有意识地将每次通话的长度限定在3分钟之内，尽量不要超过这一限定。

③ 体谅对方的感觉

a. 通话之前问对方现在通话是否方便。

b. 通话时间较长，应征求对方意见，并在结束时表示歉意。

c. 在对方节假日、用餐时、睡觉时不得已打电话，要讲明原因，并说对不起。

d. 在他人上班期间，原则上不为私事而通话。

(2) 内容合理

① 事先准备好提纲　通话前，准备好通话人姓名、电话号码、谈话要点等。

② 简明扼要　通话时，时间、地点、人名、人数、事情、原因、结果、要求等交代清楚。语言要简练，条理清晰，如果有几件事情需要交代，每件之前都说"第几"，之后又强调"刚才是第一，现在我说第二"。

(3) 语言文明

① 问候　礼貌地问候对方，诸如"您好"等。

② 自报家门

- 您好，我是×××，劳驾请让×××接电话好吗？
- 您好，我是×××，请问×××在吗？
- 您好，我是××公司的×××，请问×××在吗？

③ 结束语：

- 再见！
- 谢谢！

(4) 态度文明

① 不要厉声呵斥，粗暴无理。

② 谢谢、请、麻烦、劳驾。

③ 通话突然中断，应由发话人立即重拨，并说明原因。

(5) 举止文明

① 最好亲自拨电话。

② 拨号时不要以笔代手。

③ 不要边说边吃。

④ 声音适中，话筒与口部之间的距离为3厘米。

⑤ 通话结束后轻轻放下话筒。

2. 接听电话的礼仪

(1) 接听及时

① 电话铃一旦响起，应停止自己所做之事，尽快予以接听。

② 一般应亲自接听。

(2) 程序规范

① 自报家门。

- "喂，你好，这里是……"

② 聚精会神地接听电话。

③ 结束语。

- "再见"

(3) 认真倾听　接听电话时，不要与人交谈（边谈话边接听电话），不要看文件、看电视、听广播、吃东西等。

(4) 语调平和　说话应清晰，注意措辞。语调要平稳安详，不可时而柔声细语，时而高亢激昂，更不能时而悲泣难抑，时而狂笑不已，这都是一个人不懂得自控的表现。

二、电子邮件礼仪

电子邮件，亦可称为电子函件或电子信函。它有如下的使用规范。

1. 应认真撰写

向他人发送的电子邮件，一定要精心构思，认真撰写。在撰写电子邮件时，有三点注意事项：其一，主题要明确；其二，语言要通畅；其三，内容要简洁。

2. 应当避免滥用

在信息社会中，任何人的时间都是无比珍贵的。若无必要，轻易不要向他人乱发电子信件，尤其是不要与他人谈天说地，或是只为了检验一下自己的电子邮件能否成功地发出，更不宜随意以这种方式在网上"征友"。一般而言，收到他人的重要电子邮件后，即刻回复对方一下，往往还是必不可少的。

3. 应当注意编码

编码的问题，是每一位电子邮件的使用者必须注意的。商界人士在使用中文向除了中国内地之外的其他国家和地区的华人发出电子邮件时，必须同时用英文注明自己所使用的中文编码系统，以保证对方可以收到自己的电子邮件。

4. 应当慎选功能

现在市场上所提供的先进的电子邮件软件，可有多种字体备用，甚至还有各种信纸可供使用者选择，这固然可以强化电子邮件的个人特色，但是此类功能商界人士是必须慎用的，因为对电子邮件修饰过多，难免会使其容量增大，收发时间增长，既浪费时间又浪费金钱，而且往往会给人以华而不实之感。还有，电子邮件的收件人所拥有的软件不一定能够支持上述功能，因此慎选功能是必要的。

第九节　商务谈判礼仪

谈判人员的礼仪贯穿于谈判的全过程。从见面之后的介绍、寒暄，到会谈开始、磋商，直到终局，都有赖于谈判者运用恰当得体的礼仪。谈判技巧从某种意义上来说也是一种语言礼仪，因此礼仪对于谈判人员来说就显得尤为重要。在参加谈判、洽谈时，除了遵守一般的礼仪规则外，商务人员还需要注意以下几点。

1. 安排合适的地点

（1）避免产生干扰　在进行谈判时，双方都需要集中精力。如果谈判安排在大家都熟知的办公室或者会议室，难免碰上意外事件的打扰，所以谈判的地点宜选在比较僻静、不受外界干扰的地方。

（2）避免产生心理上的压力　在己方所在地进行谈判，自然会增加一些心理上的优势。因此，不少谈判者喜欢在自己的工作地点或办公室进行谈判。但是，如果双方都这样要求，那么最后选一个中立地点或中间地带进行谈判。有时候，谈判者也会愿意到对方的工作地点或办公室进行谈判，这是考虑到对方可能会因为在自己家里而减少防范和更加合作，或者是为了表达己方的良好愿望。但如果会导致对己方严重不利时，就不应当这样安排。

（3）保证设施、设备的齐全　因为谈判经常需要复印资料、进行速记等，所以有时为了满足谈判所需要的人员服务、设备、材料等，也会选择在一方（或轮流在双方）的办公室进行谈判。

（4）环境优雅大方　作为谈判一方安排谈判地点是要考虑环境是否合适。选择环境优雅的谈判地方是对对方的尊重，同时也表示自己对谈判的重视。如果选择在场地狭小、光线暗淡的地方是对对方的一种不礼貌。

2. 制订谈判的主题

(1) 谈判主题　谈判主题是双方参加谈判的基本目的，整个谈判活动都要围绕着一个主题进行。谈判主题必须简单明了，最好能用一句话具体表达。例如"力争以最经济有效的方式达成××公司的××项目的技术合作"。当然，这一谈判主题的确定是建立在项目的可行性研究的基础上的。

(2) 谈判要点　谈判要点主要包括谈判目标、谈判议程、谈判进度安排以及谈判人员的确定等。谈判要点是谈判计划的中心环节。

3. 布置谈判会场

任何一方进行谈判，场地都要遵照商务礼仪的要求。在举行双边谈判时，应是用长桌或椭圆形桌子，宾主应分坐于桌子两侧。若谈判桌横放，则面对正门一方为上，应属于客方；背对正门的一方为下，应属于主方。若谈判桌竖放，则应以进门的方向为准，右侧为上，属于客方；左侧为下，属于主方。在进行谈判中，各方的主谈人员应在自己一方居中而坐。其余人员则应遵循右高左低的原则，依照职位的高低分别在主谈人员的两侧就座。假如需要译员，则应安排就座于仅次主谈人员，即主谈人员之右。举行多边谈判时，为了避免失礼，按照国际惯例，一般均以圆桌为谈判桌来举行"圆桌会议"。这样一来，尊卑的界限就被淡化了。在谈判前应当特别重视礼仪性很强的座次问题。在进行正式谈判时，对座次必须予以重视，因为它是谈判者对规范的尊重，也是谈判者给予对手的礼遇。只有在某些小规模谈判或预备性谈判中，座次问题才可以不必拘泥。

4. 商务人员谈判礼仪

(1) 守时守约　这是谈判中的基本礼节。参加谈判的人员要按约定时间准时到达，不能迟到，也不能过早到达，免得主办方未准备完毕而出现手忙脚乱的难堪。不能如期赴约要事先打招呼，因故迟到要主动致歉。

(2) 注意仪表　作为一项正式的商务活动，谈判在仪表上对参加人员有严格的要求：男士应当理发、剃须，不准蓬头垢面；女士应选择端庄、素雅的发型，并且化淡妆，但是不宜留过于摩登或超前的发型，不宜染彩色头发，不宜化艳装或使用香气过于浓烈的化妆品。商界人士在谈判时应穿着传统、高雅、规范的正式礼仪服装。可能的话，男士应穿深色三件套西装和白衬衫，打素色或条纹式领带，配深色袜子和黑色系带皮鞋。女士则需穿深色西装套裙和白衬衫，配肉色长筒丝袜和黑色高跟或半高跟皮鞋。

(3) 谈吐得体　谈判要善于辞令，措词准确、掌握分寸，语气声态切合现场气氛。说话不能过于唐突、咄咄逼人；要娓娓道来，不能傲慢无理；辩论时要心平气和，以理服人；交谈中不要涉及对方隐私、禁忌及敏感的话题，更不能拿对方的生理、穿戴、习惯等作为话题。

(4) 举止文雅　在谈判桌上，谈判者的举手投足、一颦一笑都要符合商务活动的规范，要注意与对方保持一定的距离，不能过于亲近或疏远。在谈判交往中，适当给对方赠送礼物可以增进双方的感情，但要恰当，不能过于贵重，以免令人怀疑是贿赂。

掌握谈判的各种礼仪后，在谈判中，应力求做到以下几点。阐述自己的观点时，态度要谦虚平和。对方陈述时，要认真、耐心听讲。向对方提问时，语气要委婉，不要生硬。请示对方帮助时，态度要诚恳。劝服对方时，宜用协商、征询的口吻，不要有命令式口吻。遇到需要双方商讨解决的问题：应彼此坦诚交换意见，以礼相待，尤其要避免冲突。对于达成的协议，要遵守诺言。即使谈判破裂，也要礼貌相送，以给公众留下良好的印象。

第十节　商务礼仪实训

实训一：根据要求模拟演练

情境一：初次拜访

背景：宝辉医药公司的医药代表王先生拜访时代医药公司的销售主管张先生。他通过电话预约获得拜访机会。准备推介本公司的新产品。

要求：以小组为单位，设计情景。

人物：时代公司前台小姐，王先生，张先生。

地点：时代公司会议室。

情境二：第二次拜访（签约）

背景：宝辉医药公司的医药代表王先生第二次拜访时代医药公司的销售主管张先生。他电话预约张先生进行合同的磋商，并准备好了合同，当天张先生收下合同，等总经理出差回来后盖章，签名。双方会面很愉快。

要求：以小组为单位，设计情景。

人物：时代公司前台小姐，王先生，张先生。

地点：时代公司会议室。

实训二

1. 两人对立，行握手礼。注意姿态、表情和眼神。
2. 社交场合，做自我介绍。注意姿态、手势和语言。
3. 社交场合，介绍他人。注意姿态、手势和语言。
4. 三人在座，一人先行离开，另两人向其辞别。

实训三

1. 根据自己的特点，试着为自己设计一个良好的形象（包括发型、着装）。
2. 男生练习系领带、女生练习系丝巾。

实训四

角色扮演。分组练习并按以下表进行评价。

评价项目	评价内容		分值	自评分	小组评分	实得分
中餐礼仪	席次安排					
	自助餐的礼仪					
西餐礼仪	餐具的摆放	用餐前				
		中途休息				
		用餐完毕				
	餐具的使用顺序					

回顾与总结

公关礼仪 是指在公关交往中，被社会公认的或约定俗成的礼貌礼节、行为规范及仪式程序等。

一些常见的公关礼仪规范： 仪态礼仪、仪表礼仪、会面的礼仪、宴请礼仪、会务礼仪、馈赠礼仪、商务通讯礼仪、商务谈判礼仪等。

练习与思考

1. 案例分析题

"脏裤"弄脏"可口可乐"

一位明星因在与可口可乐签约广告的仪式上误穿了一条用英文写满脏话的裤子，而引起媒体的指责。这事儿使此形象代言人的形象遭受损失就不用说了，花大钱请这位明星做广告代言人的可口可乐公司也跟着"沾光"，使"可口可乐"品牌形象也受到负面影响。

"可口可乐"作为拥有100多年历史的国际强势品牌，一向重视自身的形象。在中国市场上，"可口可乐"一直致力于让消费者从可口可乐产品中产生快乐、冒险、朝气等良好的品牌联想。在记者云集的新闻发布会上，这位明星冷不丁穿出条密密麻麻写着脏话的"脏裤"，让人大跌眼镜。这种在香港被称作"粗话裤"的"脏裤"在野外的舞会上可见，亦可见那些"愤情"式的摇滚乐队成员穿出，与"可口可乐"希望传递的"快乐、冒险、朝气"等正面、健康的信息根本不搭界。"可口可乐"花钱本来是要宣传自己的良好品牌形象，一不留神却被"脏裤"抢了"戏"。可口可乐（中国）公司一位负责宣传的人士无奈地说："我们真的没想到，因为疏忽，这次活动的宣传焦点被转移了。"另外"脏裤"事件暴露出可口可乐（中国）公司在品牌管理上的欠缺，在一定程度上对品牌形象造成了负面影响。可口可乐作为一种饮料没什么难以模仿的高新技术，它之所以能在长期市场竞争中与其他产品形成差异并对消费者产生独特吸引力，靠的并不是品味、外观或价格等产品有形因素，而主要靠独特的包装、适宜的出现场合和适合消费者心理期望的品牌形象，并在中国市场已经与快乐、冒险、朝气等健康、积极的思维联想紧密地联系在一起。从品牌管理的角度说，可口可乐（中国）公司事前应该周密考虑，配合品牌形象，以专业的眼光为这位明星准备一切。但这次签约仪式上，他们却让这位明星以可口可乐广告代言人的身份，下身穿着一条"脏裤"去面对公众，这种矛盾的结合必然会引起消费者对"可口可乐"品牌形象的混乱联想，使"可口可乐"的市场经营受到不必要的影响。

当然，"可口可乐"已在国际市场屹立百年，大风大浪经得多了，一条"脏裤子"伤不着它的筋骨，但"脏裤"事件反映出的品牌管理不细致、不谨慎、不专业，对品牌以及企业市场经营产生的深远影响却很值得我们思索。

问题：

（1）请分析服饰在公共关系活动中的重要作用。

（2）试举一到两个例子来说明公关礼仪的重要性。

2. 思考题

（1）拨打电话时，应注意哪些礼仪？

（2）在商务谈判时，应注意哪些礼仪？

（3）在赠送他人礼物时，应注意哪些事宜？

第Ⅳ模块　商务谈判

◆ 商务谈判概述
◆ 谈判前的准备
◆ 谈判的开局与摸底
◆ 谈判磋商
◆ 结束谈判

第十二章 商务谈判概述

【学习目标】

学习完本章后，你应该能够：
- 明确谈判和商务谈判的概念、特征和作用
- 熟悉商务谈判的基本要素
- 初步了解商务谈判的基本内容和类型

在现代商务活动中，人们需要相互交往，改善彼此关系，磋商业务问题，进行谈判，达成协议。商务谈判是现代商务活动的一个极其重要的环节。

第一节 商务谈判的概念、特征与要素

一、商务谈判的概念

什么是谈判（Negotiation）？谈判就是人们为了满足各自的一定需求，在一定的时空条件下，采取协调行为，争取达到意见一致的过程。

人们为什么要谈判呢？从本质上说，谈判的主要目的是通过交换观点进行磋商，共同寻找使双方都能接受的方案。在日常生活中，很多方面都需要谈判，例如学生时代，成绩不好时想想回家怎样向家长交代；工作后，考虑如何从领导那儿得到更重要的任务，如何使自己的薪酬待遇有更大的提高，如何与客户及竞争对手进行沟通；甚至谈恋爱也是一个谈判的过程。

商务谈判（Business Negotiation）是谈判的一种。概括地说，商务谈判是指在经济贸易中，买卖双方为了满足各自的一定需求，彼此进行信息交流、阐述意愿、磋商协议、协调关系、争取达到意见一致从而赢得或维护经济利益的行为与过程。

二、商务谈判的特征

1. 交易对象的广泛性和不确定性

任何商品流通客观上都是没有地区和国家界限的，只要是商品，从理论上讲，可以出售给任何一个人。作为卖方，其商品销售范围具有广泛性。同理，作为买方，其所购商品的选择范围也十分广泛。因此，无论是买还是卖，其谈判交易的对手遍及全国乃至全世界。此外，为了使交易更为有利，也需要广泛接触交易对象。但是，交易者总是同具体的交易对象谈判成交，而具体的交易对象在各种竞争存在的情况下是不确定的。这不仅是交易对象方面的要求和变化，而且也是由自身方面的要求和变化所决定的。

2. 商务谈判是以获取经济利益为目的

不同的谈判其目的是不同的，外交谈判涉及的是国家利益；政治谈判关心的是政党、团体的根本利益；军事谈判则主要是敌对双方的安全利益。虽然在这些谈判中都不可避免的涉及经济利益，但是围绕着某一种基本利益进行的，其重点不是经济利益。商务谈判则十分明确，谈判者以获取经济利益为基本目的，在满足经济利益的前提下才涉及其他非经济利益。虽然，在商务谈判过程中，谈判者可以调动和运用各种因素，而各种非经济利益的因素也会

影响谈判的结果，但最终目的仍是经济利益。所以，人们通常以获取经济利益的多少来评判一项商务谈判的成功与否。不讲求经济利益的商务谈判就失去了价值和意义。

3. 商务谈判是以价值谈判为核心的

商务谈判涉及的因素很多，谈判者的需求和利益表现在许多方面，但价值几乎是所有商务谈判的核心内容。这是因为在商务谈判中价值的表现形式——价格最直接的反映了谈判双方的利益。谈判双方在其他利益上的得与失，在很多情况下或多或少都可以折算为一定的价格，并通过价格升降而得到体现，需要指出的是，在商务谈判中，我们一方面以价格为中心，坚持自己的利益，另一方面，又不能仅仅局限于价格，应该拓宽思路，设法从其他利益因素上争取应得的利益。有时，与其在价格上与对手争执不休，还不如让对方在其他方面不知不觉地让步。这是从事商务谈判的人需要注意的。

4. 商务谈判注重合同条款的严密性与准确性

商务谈判的结果是由双方达成的协议或合同来体现的。合同条款实质上反映了各方的权利和义务，其严密性与准确性是保障谈判获得各种利益的重要前提。有些谈判者在商务谈判中花了很大气力，好不容易为自己获得了较有利的结果，对方为了得到合同，也迫不得已做了许多让步，但如果在拟订合同条款时，掉以轻心，不注意合同条款的完整、严密、准确、合理、合法，其结果往往会掉入谈判对手在条款措词或表述技巧上设置的陷阱中，从而把到手的利益丢掉，甚至有时还要为此付出惨重的代价。这种例子在商务谈判中屡见不鲜。因此，在商务谈判中，谈判者不仅要重视口头上的承诺，更要重视合同条款的准确性和严密性。

5. 商务谈判具有"临界点"

商务谈判中有一个临界点，即谈判双方达成协议的最低要求，如果最低要求不能被满足，谈判目标也就不能实现。比如，保本就是价格条款的临界点。低于这个临界点，谈判就难以进行。从谈判双方的目标期望中，我们可以断定，双方的目标之间是有相当的距离的，要不然，双方就不会走到一起来谈。实现己方的目标的途径就是让对方做出妥协。但如果有一方在价格或其他方面寸步不让，或欲将对方置于死地，将会导致谈判的破裂，结果双方都将一无所获。了解了商务谈判的这一特征，谈判人员在进行谈判时就应注意，为了实现己方的目标，就应该在对方的立场上，重视对方的利益得失，考虑己方所提出的利益要求是否能够被对方所接受，即己方的条件是否在对方的承受范围内。如果谈判人员能够把握好谈判的临界点，谈判成功的概率将会大大提高。

三、商务谈判的要素

商务谈判的要素是指构成商务谈判活动的必要因素，是谈判得以存在的基础，通常包括以下要素。

1. 谈判当事人

谈判离不开人的参与，且至少有甲、乙双方。谈判当事人是指参与谈判的、代表各自利益的各方人员。一方当事人可以是一个人，也可以是由若干人组成的谈判团体。谈判中能否占主动地位，能否取得成效，在很大程度上取决于谈判当事人的主观能动性和创造性，因此，各方均应认真挑选和组织谈判人员。

2. 谈判议题

谈判议题是指谈判要商议的具体问题，包括谈判的起因、内容与目的。谈判议题决定当事各方参与谈判的人员组成及其策略。谈判议题不是凭空拟定或单方面的意愿，而是与各方利益需求相关、为各方所共同关心，从而成为谈判内容的提案。谈判议题的最大特点在于当事人各方认识的一致性。如果没有这种一致性，就不可能成为谈判议题，谈判也就无从谈起。

谈判议题按其涉及的内容分，有货物买卖、技术贸易、劳务、工程承包等；按其重要程度分，有重大议题、一般议题；按其纵向和横向结构分，有主要议题及其下的子议题、以主要议题为中心的多项并列议题、互相包容或互相影响的复合议题等。由于谈判议题的多样性，其谈判的复杂程度也就不同。

3. 谈判目的

商务谈判的谈判目的是指参与谈判的各方都需通过与对方正式洽谈，并促使对方采取某种行动或做出某种承诺来达到成交的目的。一般来说，成交的标志是商务合同的签订。应当指出，一个由两人或多人参加的会谈，若没有谈判目的，只有谈判的主体和客体，那么这个谈判是不完整的，可以叫做双方有所接触，或叫做无目的的闲谈。因为这种闲谈不涉及各方的利害冲突，不会导致双方的竞争或尖锐的对立。同时，闲谈一般是在轻松愉快的气氛中进行的，双方不一定去斗智斗法。正式谈判则不同，表面也许会轻松愉快，但背后隐藏着激烈的竞争和利害冲突。

第二节　商务谈判的作用

1. 商务谈判有利于促进商品经济的发展

商务谈判并不是今天才出现的事物。它从古至今一直是人们生活的组成部分。但是，只有在商品经济发展到一定阶段时，商务谈判才在社会生活中发挥了巨大的作用。这是由于商品经济的内涵是等价交换，它排斥一切政治权力的干预，只有通过买卖双方的平等协商谈判，才能在互利的基础上实现彼此的联系，从而进一步促进商品经济的发展。可以说，商品经济的发展，使商务谈判扮演了社会经济生活中的重要角色；商务谈判手段的广泛而有效的运用，又极大地促进了商品经济的繁荣与兴旺。

2. 商务谈判有利于加强企业之间的经济联系

商务谈判大多是在企业与企业之间、企业与其他部门之间进行的。每个企业都要与其他部门或单位进行沟通与联系，才能完成生产经营活动。事实上，经济越发展，分工越细，专业化程度越高，企业间的联系与合作越紧密，越是需要各种有效的沟通手段。但是，在市场经济条件下，企业是社会的经济细胞，是独立的商品生产者，具有独立的法人资格。企业之间的交往与联系，必须遵从市场经济的客观规律，在自愿互利的基础上实行等价交换、公平交易。因此，商务谈判理所当然地成为各种经济现象之间联系的媒介，成为企业之间经济联系的桥梁和纽带。

3. 商务谈判有利于企业获得市场信息

市场信息是反映市场发展、变化的消息、情报、资料等。随着我国市场经济的发展，市场日益扩大，买方市场逐步形成，各种竞争愈加激烈，企业离开市场信息就无法生存、发展。及时而准确的市场信息有利于企业生产或销售对路的产品，设计正确的市场销售因素组合，作出有效的经营决策。购销人员、谈判者的报告是信息的重要收集方式之一。及时、准确的谈判报告具有针对性，对于解决企业面临的问题有很大的效用。

4. 商务谈判有利于促进我国对外贸易的发展

当今的经济活动是在国际之间拓展的。世界是开放的世界，贸易是世界的贸易。扩大对外贸易，可以更多地吸引外资，引进国外先进技术、设备，提高生产力，发展我国的市场经济；还可以提高我国的进出口能力，换取外汇，积聚资金，增强我国的经济实力，有利于促进我国对外贸易的发展。

第三节 商务谈判的基本原则

商务谈判的基本原则,是指商务谈判中各方应当遵循的指导思想和基本准则。它反映了市场运动的基本规律,具有普遍的适用性,掌握这些基本原则可以使商务谈判的成功率大大提高。

1. 平等原则

平等原则,要求谈判双方坚持在地位平等、自愿合作的条件下建立谈判关系,并通过平等协商、公平交易来实现双方权利和义务的对等。

在现代市场经济条件下,作为贸易双方的经济实体,都是具有独立法人资格的商品生产者和经营者。因此,谈判双方的法律地位完全平等,不论国家大小、经济实体实力强弱,都要平等相待。同时,商品交换客观上要求自愿交易,不存在谁支配谁的问题,是否成交或怎样成交都要通过双方充分协商。不自愿,双方就洽谈不起来。在谈判中,以势压人,以大欺小,以强凌弱,把自己的意志强加于对方,这是不允许的。

2. 互利原则

互利原则,要求谈判双方在适应对方需要的情况下,互通有无,使双方都能得利。也就是说,在考虑己方利益的同时,要照顾双方利益,使交易谈判结果实现等价交换、互利互惠。

一项商务谈判的结果有 4 种可能,即我赢你输、你赢我输、你输我输、你赢我赢。前两种结果,实际上是一方侵占了另一方的利益,即使在特定情况下出现,也往往是"一锤子买卖";第三种结果是双方都不愿意看到的,因而应尽力避免;第四种结果达到了互利互惠,这是双方通力合作的成果。

3. 合法原则

合法原则,要求谈判的内容及其所签订的契约必须符合国际法则及尊重对方国家的有关法规。

根据国际法则和国际商业惯例,凡是违反社会公共利益的协议,或是通过命令、欺诈、胁迫等手段所签订的合同和代理人超越代理权限签订的合同,都是无效合同。无效合同从订立时起,不仅得不到法律的承认和保护,而且还要承担由此引起的法律责任。因此,商务谈判的内容及其最终签订的协议只有遵循合法原则,才具有法律效力。为此,要求商务谈判当事人的发言和双方签订的书面文字一定要法律化,即具有双方一致承认的明确的合法内涵,必要时还应对用语的法定含义作出具体、明确的解释,写入协议中。

4. 信用原则

信用原则,要求谈判双方都要讲信用,重信誉,遵守和履行诺言或协议。

信用是诚信无欺的职业道德,也是谈判双方交往的感情基础。讲求信用,表里如一,能给人以安全感,使人愿意同你洽谈生意,还有利于消除疑虑,促进成交,进而建立较长期的商务关系。如果谈判人员不讲信用,出尔反尔,言而无信,那么要取得对方的合作是不可能的。为此,商务谈判人员及其经济实体要坚持信用原则,以信誉为本,实事求是,言行一致,取信于人。同时,在谈判中也要注意不轻易许诺,一旦承诺或达成协议就必须严格履行。

5. 协商原则

协商原则,要求谈判人员在谈判中对人谦让、豁达、宽容,原则性和灵活性有机结合,以便更好地达到谈判目的。

商务谈判过程是一个调整双方利益,以求得妥协的过程,每个谈判者所做的一切都是为了维护己方的利益。双方利益的不同，必然会引起这样或那样的分歧与冲突，这就要求双方都应以友好协商的原则解决问题，以求达成一个明智、友好的协议。

6. 事人有别原则

事人有别原则，要求谈判双方在谈判中把人和事分开，把对谈判对手的态度和对所讨论问题的态度区分开来，对事不对人。

谈判双方的利益是客观的，但谈判双方的情感、要求、价值观、性格、意志等方面总是在无意识地影响和干扰着双方共同利益的实现。因此，在谈判桌上，双方应坚持事人有别原则，对问题分析是一回事，对人的态度是另一回事，纠正彼此不妥的看法，平息激烈的情绪，就事论事，按质论价，按数付钱。不能因人论事、因人作价或因关系付钱。

第四节　商务谈判的基本内容和类型

一、商务谈判的基本内容

商务谈判是有关商业事务的谈判，它包括商品买卖、劳务买卖、工程承包、咨询服务、中介服务、技术转让和合资合作等方面的谈判。但无论是哪一方面的商务谈判，一般都包括下述基本内容。

1. 合同之外的商务谈判

合同之外的商务谈判，是指合同内容以外事项的谈判，它是谈判的一个组成部分，为谈判直接创造条件，影响着合同本身的谈判效果，因此要加以重视。合同之外的商务谈判主要包括以下几个部分。

(1) 谈判时间的谈判　是指关于谈判举行时间的谈判。谈判时间可能是一方决定的结果，也可能是双方协商的结果。谈判时间不同，对双方的影响是不同的，这是因为时间不同，双方的准备程度会不同，需求程度也会因外部环境的变化不同而不同，进而谈判实力也不同。因此，谈判者要尽量争取于己方有利的时间。

(2) 谈判地点的谈判　是指关于谈判举行地点的谈判。一般来说，主场谈判比客场谈判更有利。谈判到底在哪一方举行，往往由谈判实力强的一方决定，但实力弱的一方也可以通过采取一定的谈判策略争取。

(3) 谈判议程的谈判　是指关于谈判议题安排的谈判，先谈什么、后谈什么，该谈什么、不该谈什么，主要谈什么、次要谈什么等，对谈判结果的影响是显而易见的。谈判议程是谈判策略的重要组成部分，其确定往往是双方协商的结果。

(4) 其他事宜的谈判　包括谈判参加人员的确定、谈判活动的相关规定、谈判场所的布置等的谈判，往往可以通过协商去争取于己方更加有利的条件。

2. 合同之内的商务谈判

(1) 价格（金额）的谈判　商务谈判中的价格是指谈判双方让渡的金额，而不仅指商品价格。价格是商务谈判的核心，价格谈判也是商务谈判中最敏感、最艰难的部分，是商务谈判策略与技巧的集中体现。商务谈判的失败往往是价格谈判的失败导致的。价格谈判内容包括价格术语、价格计量、单价与总价、相关费用等。

(2) 交易条件的谈判　是指对以价格为中心的相关构成条件的谈判，它们与价格相辅相成、相互影响，并可以通过价格体现出它们的状况，是谈判者利益的重要组成部分。这些交易条件主要包括标的、数量与质量、付款方式、服务内容、交货方式和保险等。

(3) 合同条款的谈判　合同条款是构成一份完整、有效的合同所必不可少的部分，是价格和交易条件的补充与完善。是履行合同的保证。主要包括双方的权责约定、违约责任、纠纷处理、合同期限、补充条件和合同附件等。

二、商务谈判的基本类型

按照不同的标准，商务谈判可分为以下类型。

1. 按谈判人数分类

按参加谈判的人员来划分的谈判类型，有一人谈判和小组谈判。

（1）一人谈判 一人谈判是指谈判双方各由一位代表出面谈判的类型。它有多种形式，包括采购员与推销员的谈判、推销员与顾客的谈判、采购员与客户的谈判等。

采用这种谈判类型大多是基于以下原因。

① 供需双方有着长期的合作关系，谈判双方都比较熟悉，对交易的条款、内容也都比较明确。

② 推销员或采购员拜访客户（顾客）。双方各自有权决定在什么条件下出售或购买商品。

③ 续签合同的谈判。由于具体内容及条款在以往的谈判中都已明确，只需在个别地方进行调整与修改，谈判内容简单、明确。

④ 在许多重要的、大型谈判过程中，对于某些具体细节的讨论，不需要所有人都参加谈判，或者是从更好地解决问题的角度出发，双方主要代表单独接触比较好，也会采取一人谈判的类型。

从某种角度来看，一人谈判的类型有着其他谈判类型无可比拟的优点。

① 谈判规模小（当然这并不等于说谈判内容不重要），因此在谈判工作的准备和地点、时间安排上都可以灵活、变通。

② 由于谈判双方人员都是自己所属公司或企业的全权代表，有权处理谈判中的一切问题，从而避免了令出多头、无法决策的不利局面。

③ 谈判的方式可以灵活选择，气氛也比较和谐随便。特别是当双方谈判代表较熟悉、了解时，谈判就更为融洽。这就可以消除小组谈判中正式、紧张的会谈气氛和拘泥、呆板、谨慎的言行，有利于双方代表的沟通与合作。

④ 一人谈判克服了小组谈判中人员之间相互配合不利的状况。谈判一方人员的相互配合与信任是战胜对手、争取谈判主动的主要条件。但是，如果互相间不能很好配合，反而会暴露己方的弱点，给对方以可乘之机。许多重要的谈判采取小组谈判与一人谈判交叉进行，正是基于这一原因。

⑤ 一人谈判既有利于双方沟通信息，也有利于双方封锁消息。当某些谈判内容高度保密，或由于时机不成熟而不宜外界了解时，那么一人谈判是最好的谈判类型。

许多谈判专家认为，一人谈判是最简单，也是最困难的谈判，因为谈判人员在谈判中没有别的依靠，只能靠个人的智慧和技能。当然，谈判前的充分准备以及企业的强大后盾也是取得谈判成功的保证。

（2）小组谈判 小组谈判是指每一方都是由两个以上的人员参加协商的谈判类型。小组谈判可用于大多数正式谈判。特别是内容重要、复杂的谈判，非小组谈判不行。这是由小组谈判的特点决定的。

① 每个人由于经验、能力、精力多种客观条件的限制，不可能具备谈判中所需要的一切知识与技能，因此需要小组其他成员的补充与配合。

② 集体的智慧与力量是取得谈判成功的保证。这在谈判双方人员对等的情况下表现得可能不太明显，但如果双方人数有差别，人多的一方就很可能在气势上占了上风，人少的一方可能寡不敌众，甚至丧失自信心，败下阵来。

③ 采用小组谈判，可以更好地运用谈判谋略和技巧，更好地发挥谈判人员的创造性、灵活性。

④ 小组谈判有利于谈判人员采用灵活的形式消除谈判的僵局或障碍。譬如：小组某一成员可以担当谈判中间人或调节人的角色，提出一些建议，缓和谈判气氛，也可以采用小组人员相互磋商的办法，寻找其他的解决途径，避免一对一的谈判中要么"不"、要么"是"的尴尬局面。

⑤ 经小组谈判达成的协议或合同具有更高的履约率，因为双方认为这是集体协商的结果，而不是某个人的产物。集体的决定对其成员有更大的约束力，经由集体讨论产生的协议具有极大的合理性，没有理由不执行。

由此可见，小组谈判最大的优点是发挥了集体的智慧。所以，正确选配谈判小组成员是十分重要的，如小组领导人的选配、主要成员与专业人员的选配等。

2. 按谈判方向分类

按谈判方向不同而划分的谈判类型，有纵向谈判与横向谈判。

(1) 纵向谈判　纵向谈判是指在确定谈判的主要问题后，对问题和条款逐一讨论和解决，一直到谈判结束。例如：在一项产品交易谈判中，双方确定出价格、质量、运输、保险、索赔等几项主要内容后，开始就价格进行磋商。如果价格确定不下来，就不谈其他条款。只有价格谈妥之后，才依次讨论其他问题。

这种谈判方式具有下列优点。

① 程序明确，把复杂问题简单化。
② 每次只谈一个问题，讨论详尽，解决彻底。
③ 避免多头牵制、议而不决的弊病。
④ 适用于原则性谈判。

这种谈判方式也存在着下列不足。

① 议程确定过于死板，不利于双方沟通和交流。
② 讨论问题时不能相互通融，当某一问题陷入僵局后，不利于其他问题的解决。
③ 不能充分发挥谈判人员的想象力、创造力，不能灵活地、变通地处理谈判中的问题。

(2) 横向谈判　横向谈判是指在确定谈判所涉及的主要问题后，开始逐个讨论预先确定的问题，在某一问题上出现矛盾或分歧时，就把这一问题放在后面，讨论其他问题，如此周而复始地讨论下去，直到所有内容都谈妥为止。例如：在资金借贷谈判中，谈判内容要涉及货币、金额、利息率、贷款期限、担保、还款以及宽限期等问题，如果双方在贷款期限上不能达成一致意见，就可以把这一问题放在后面，继续讨论担保、还款等问题。当其他问题解决之后，再回过头来讨论这个问题。

横向谈判具有下列优点。

① 议程灵活，方法多样。不过分拘泥于议程所确定的谈判内容，只要有利于双方的沟通与交流，可以采取任何形式。
② 多项议题同时讨论，有利于寻找变通的解决办法。
③ 有利于更好地发挥谈判人员的创造力、想象力，更好地运用谈判策略和谈判技巧。

横向谈判的不足之处在于。

① 加剧双方的讨价还价，容易促使谈判双方作对等让步。
② 容易使谈判人员纠缠在枝节问题上，而忽略了主要问题。

总之，在商务谈判中，不是横向谈判，就是纵向谈判。至于采用哪一种类型，主要是根据谈判的内容、复杂程度以及谈判的规模来确定。一般讲来，大型谈判、涉及两方以上人员参加的谈判大都采用横向谈判；规模较小、业务简单、特别是双方已有过合作历史的谈判，则可采用纵向谈判。

另外，采取哪种谈判类型并不是绝对不变的，当双方发现原有的谈判类型不能使双方有效地解决和处理谈判中的问题与分歧时，也可以改变谈判类型，采取双方认可的类型。

3. 按谈判内容分类

商务谈判所包括的内容是广泛的。因此按谈判内容划分的谈判类型有多种。谈判的内容不同，所涉及的问题以及合同的条款也都不同，因而谈判的重点与策略也要做相应的调整。这里主要介绍几种有代表性的谈判类型。

(1) 工程项目谈判　工程项目谈判与产品交易谈判有很大的区别。如果用买方和卖方的观点来看，买方是工程的使用单位，卖方是工程的承建单位。

工程项目谈判是最复杂的谈判之一。这不仅仅是由于谈判的内容涉及广泛，还由于谈判常常是两方以上的人员参加，包括使用一方、设计一方、承包一方。承包一方又可能有分包商、施工单位，而使用方还可能有投资、管理等方面。

在工程项目谈判中，卖方即承包方是通过对其人工成本、分包商成本、所购入原材料和安装设备成本的计算，提高标价来获取利润的。因此，标价越高，获利越大。但是，买方在多数情况下是通过招标的方式来选择自己的谈判对手。这样，在谈判开始之前，双方对标价就有一个大概的估价，在谈判中着重讨论的是工程预算的各项成本费用、工程的质量标准、工期、保险等。同时，承包商的信誉、能力以及技术人员的经验都是影响谈判双方的重要因素。

需要特别强调的是：在施工过程中，买方可能常常会对设计进行一些调整，以提高建筑水平或改变项目的范围。如不能规定明确的计算费用标准，很可能被承包商钻空子。许多承包商都是靠设计变更以获得"额外收入"来补偿最初投标的低利或无利。

(2) 技术贸易谈判　技术贸易是指有偿的技术转让，即通过买卖方式，把某种技术从卖方转给买方的行为。

技术贸易与商品贸易有一定的区别。这是由于技术是一种特殊产品，它不像一般商品那样具有可见的形状，可以计量、检验质量。技术不是物，而是以知识的形态存在着，如一项发明创造、一种新的制造工艺与技术资料等。技术必须"凝结"在劳动力和生产资料中才能变为物质力量，才能充分体现其使用价值。在技术贸易中，当一方转让某项技术时，通常是介绍使用该项技术可以实现何种新的工艺、生产出什么新产品，或者达到何种改进生产状况预期目标。这种预期目标是否能够达到，对技术引进方来说，只能在签订技术转让协议、经过使用该项技术后，才能体验、评估出来。

商品交换的过程是相对短暂的，一笔交易完成后，双方的买卖关系就告终止。技术交易则是一个很复杂的过程，从谈判签约转让技术到投产受益，往往要延续较长的一段时间。因此，在技术贸易中，每笔交易都要签订合同，对技术转让过程中可能出现的争议都要明确规定。

技术保密是技术交易中的另一个特点。商品在成交前是不保密的，甚至可以先试用。但是，在技术市场上，潜在的供方为了保护自身的利益，对技术是保密的。在技术交易签约前，供方对受方是保密的，或者不愿透露技术的关键细节。这在某种程度上也影响技术交易谈判的进行。

(3) 机器设备谈判　进行机器设备谈判，必须明确设备的分类，并据此确定谈判的要点。设备可分为以下3大类。

① 标准设备　卖方向每一顾客提供同样的机器设备。一般无须提供配件或附属设备，如打字机、计算机以及一部分生产设备。

② 特制设备　卖方特制某一型号的设备以适应顾客的特定需要。特制设备一般包括配

件及附属设备。配件是为了保证机器运转而选用的，如发动机和传动系统。附属设备是为了提高设备的功能，如空调器、收音机等。

③ 定制设备　卖方专门制造机器以满足某一方的特定需要。这种机器可能是由如发动机或电气控制装置等标准部件组成，但机器的整体设计和结构是特制的。

一般说来，标准设备选择卖方比较容易，价格也相对便宜；特制设备要选择专门的卖方，价格高昂，但从需要来讲，价格是第二位的；定制设备是标准设备与特制设备的混合，伸缩变动的余地较大，由于其费用昂贵而且卖方较多，买方要认真考虑筛选，可拟出几个其他替代方案，以保证决策最优。

(4) 产品交易谈判　产品交易谈判在商务谈判中占很大的比例。由于产品种类繁多、用途广泛、性能各异，因此谈判内容也有一定的差别。但是，不论什么样的产品交易谈判，都包括某些最基本的议题，可归纳为以下几项。

① 价格。
② 质量。
③ 规格、型号。
④ 预付款和最终付款。
⑤ 原材料、生产工艺。
⑥ 包装、运输方式。
⑦ 保险。
⑧ 关税和许可证。
⑨ 交货日期。

4. 按谈判地点分类

按谈判地点划分的谈判类型，有主座谈判与客座谈判。

(1) 主座谈判是指在自己所在地组织的谈判，也包括在自己所居住的国家、城市或办公所在地组织的谈判。总之，主座谈判是在自己做主人的情况下组织的谈判。

这类谈判的特点如下。

① 谈判底气足　由于是在自己企业的所在地谈判，谈判的时间表、各种资料的准备、新问题的请示等都比较方便，从而给谈判人壮了胆，谈起来底气足。

② 以礼压客　东道主一般总是以"礼节"来表现自己，礼貌的程度会使对方感到是否受到重视与尊重，这是主座谈判者手中一张有利的牌。

③ 内外线谈判　谈判场所在自己家门口，一方面有利于客座谈判人多了解自己的一些情况，如参观现场，成为对方支持自己谈判的辅助行动；另一方面可能出现被客座主谈人告状的情况。这就要求主座谈判人要兼顾内外的反应，有效发挥主座谈判的优势。

(2) 客座谈判是指在谈判对手所在地组织的谈判。"客座"在某种意义上讲可以是在海外或国外。当然，从广义上讲，在同一个国家的不同城市，在同一城市的不同办公地点，只要不是在自己企业所在地或办公楼内谈判，都可以看作是"客座"。作为商务谈判，海外或国外的客座谈判更具有代表性。

这类谈判的特点如下。

① 语言过关　在海外谈判首先是语言问题，双方应达成一个统一的工作语言，谈判人员要能说会写，否则谈判就要遇到麻烦，甚至无法进行。

② 客随主便　身处异国会有拘束感，许多陌生的东西可能造成阻碍，所以刚开始谈判时，往往是"客随主便"，在谈判上显得较"被动"一些，应随时、随机变"被动"为"主动"，争取"主应客求"的谈判局面。

③ 易坐冷板凳　客居他乡的谈判人，会受到各种限制与束缚，如时间限制、上级授权

的限制等,可施展的谈判手段有限,往往会落进主座谈判手的"圈套"里。这就要求客座谈判人员要在矛盾的处境中审时度势,灵活调整谈判策略。

回顾与总结

　　谈判的定义　是人们为了满足各自的一定需求,在一定的时空条件下,采取协调行为,争取达到意见一致的过程。

　　商务谈判的定义　指在经济贸易中,买卖双方为了满足各自的一定需求,彼此进行信息交流、阐述意愿、磋商协议、协调关系、争取达到意见一致从而赢得或维护经济利益的行为与过程。

　　商务谈判的特征
　　(1) 交易对象的广泛性和不确定性。
　　(2) 商务谈判是以获取经济利益为目的。
　　(3) 商务谈判是以价值谈判为核心的。
　　(4) 商务谈判注重合同条款的严密性与准确性。
　　(5) 商务谈判具有"临界点"。

　　商务谈判的要素　①谈判当事人;②谈判议题;③谈判目的。

　　商务谈判的基本内容
　　(1) 合同之外的商务谈判　包括谈判时间、地点、议程及其他事宜的谈判。
　　(2) 合同之内的商务谈判　包括价格(金额)的谈判、交易条件的谈判和合同条款的谈判。

　　商务谈判的基本类型
　　(1) 按谈判人数分类可分为一人谈判和小组谈判。
　　(2) 按谈判方向分类可分为纵向谈判和横向谈判。
　　(3) 按谈判内容分类可分为工程项目谈判、技术贸易谈判、机器设备谈判和产品交易谈判等。
　　(4) 按谈判地点分类可分为主座谈判和客座谈判。

练习与思考

　　1. 案例分析题

　　某一家工业企业最近采用电子数据处理系统。原来与顾客的所有业务往来都是用电话或传真的方式来处理的。采用电子数据处理系统之后,这些业务往来活动都改用新技术来处理了。开始时一般职工还觉得新技术很复杂、很难掌握。一段时间之后,职工们逐渐学会了新技术,使用起来觉得它不仅不复杂,还比电话、传真机等方便得多,行政管理方面的工作量也随之有了明显减少。这个部门的负责人想把通过采用电子数据处理系统而节省下来的人力用来改善服务状况。从而使客户对企业和本部门的满意程度提高一步。与此同时,他还考虑到要防止可能出现的危机——就业岗位的问题。

　　然而在职工方面,面对新的技术装备,职工产生了抵触情绪,而且这种情绪还在不断发展,变得越来越强烈。职工对自己所在部门负责人的这种合乎逻辑的、着眼于未来的理由和设想抱有怀疑的态度。因为他们担心这些变化会给他们带来极为严重的后果。他们感到自己的利益受到了威胁,所以他们强调眼下的问题,不愿把眼光投向未来。

于是，电子数据处理系统的提供方、企业的管理层及职工代表三方进行了谈判。谈判进行得很困难，谈判过程越来越多地受到谈判者们情绪的影响，带有浓厚的感情色彩。直到最后几轮谈判时，谈判各方才找到了他们能够共同认可的基础。他们开始认识到，绝大多数职工不仅不会失去工作，而且将会有档次更高、要求更高或更有干头的工作。这就是说，他们通过谈判共同认识到，通过改变现有的劳动组织结构，会使工作变得更有趣味、更有节奏，使原本紧张的工作得到合理的调节。与顾客、用户之间的接触和交往原本是日常工作，采用电子数据处理技术和相应地改革劳动组织结构之后，则变成了为帮助客户解决所遇到的各种问题而同他们交往的活动。这样一来，有关各方对采用先进技术，改善职工劳动条件，改进整个工作的做法就会真正满意了。

问题：

此次谈判得以成功的原因是什么？

2. 复习思考题

（1）什么是谈判？什么是商务谈判？两者关系如何？

（2）商务谈判有哪些特征？包含哪些内容？

（3）商务谈判可划分为哪几种类型？

第十三章 谈判前的准备

【学习目标】

学习完本章后，你应该能够：
- 了解谈判班子的人员构成
- 了解谈判信息资料在谈判中的作用，初步掌握如何去收集谈判的相关资料
- 掌握如何确定谈判目标，学习拟定谈判议程
- 掌握组织、安排谈判前的各项准备工作的能力

常言道："凡事预则立，不预则废。"预，就是在某一行为实施之前的策划和准备。商务谈判是一种复杂的综合性的活动，其准备工作也是内容庞杂、范围广泛。谈判前的准备工作做得如何，在很大程度上决定着谈判能否顺利进行以及能否达成有利于己方的协议。任何一个优秀的谈判者都不会放过谈判准备阶段的每一项细微的工作，而谈判的整体方案也是在准备阶段就开始运筹了。

第一节 谈判班子的组织

商务谈判内容复杂，涉及面广，往往不是一个人即可承担和胜任的，需要集体谈判即谈判小组。所以，谈判的准备工作首先是要根据谈判的性质、对象、内容、目标等组织一个谈判班子。

一、谈判班子的组成

1. 主谈人员

主谈人员是指谈判小组的领导人或首席代表。在谈判中，主谈人员起着或协调沟通或决定的作用，有效地调动小组成员的积极性、创造性，发挥每个成员的能力与智慧。

谈判班子的主谈人应具有符合谈判这种高度竞智活动的特点及规律的能力和素养。他应当精通商务或国际市场营销实务，富有谈判经验，具有娴熟的策略技能；知识广博，思维敏捷，表达能力强；善于随机应变，处事果断，能应付变幻莫测的环境，在极大的压力下仍能作出正确的决定；兼备领导才能，能使谈判小组成为一个团结一心的坚强集体。

谈判班子的主谈人应逐个向其他成员交代个人的任务和所扮的角色。班子的成员必须服从主谈人的指挥。

2. 专业人员

谈判班子应根据谈判的需要配备有关专家，选择既专业对口又有实践经验和谈判本领的人。视谈判的内容，专业人员大致可分为4个方面。

(1) 商务方面，如确定价格、敲定交货的时间与方式、明确风险的分担等事宜。
(2) 技术方面，如评价商品的质量、价格、包装和工艺等事项。
(3) 法律方面，如起草合同文件、对合同中各条款的法律解释等。
(4) 金融方面，如决定支付方式、信用保证、证券与资金担保等事项。

参加谈判的人员一般由这4个方面的专业人员组成。但是，如果是国际商务谈判，活动

较为复杂，在谈判中会遇到一些特殊问题，还需要请有关专家参加。对于一些规模小、影响不大的谈判，参加谈判的专业人员也可身兼两职或数职。

3. 财务人员

商务谈判中所涉及的财务问题相当复杂，应由熟悉财务成本、支付方式及金融知识，具有较强的财务核算能力的财务会计人员参加，协助主谈人员制订好有关财务条款。

4. 翻译人员

在国际商务谈判中，翻译人员是谈判中实际的核心人员。一个好的翻译，能洞察对方的心理和发言的实质，既能改变谈判气氛，又能挽救谈判失误，在国际商务谈判中起着重要作用。

翻译人员的中文、外文均要过硬，还要熟悉本次谈判业务和技术术语。翻译应自始至终参加谈判的全过程，一般不宜中途换人，以防工作脱节。

5. 其他人员

其他人员是指谈判必需的工作人员，如记录人员或打字员，具体职责是准确、完整、及时地记录谈判内容，一般由上述各类人员中的某人兼任，也可委派专人担任。虽然不作为谈判的正式代表，却是谈判组织的工作人员。谈判班子的组成人数并无一定限制，在力求精干的原则下，可根据谈判项目的大小、工作的难易程度等情况来确定班子的规模。少的一人身兼数职，多的达十几人至几十人。可分成小组，如商务小组、技术小组、法律小组等，他们各自负责自己专业领域的谈判。

二、谈判人员的分工与配合

当挑选出合适的人员组成谈判班子以后，就必须在成员之间作出适当的分工，也就是根据谈判内容和各人专长作适当的分工，明确各自的职责。

1. 谈判人员的基本分工与职责

谈判人员在分工上包括3个层次。

（1）第一层次的人员　第一层次的人员是谈判小组的领导人或首席代表，即主谈人。根据谈判的内容不同，谈判队伍中的主谈人也不同：购买产品原材料的谈判，可由原料采购员、厂长或生产助理担任；购买工厂设备的重要零部件，可由采购部经理、总工程师、有关部门经理担任；重要销售合同的谈判，可由销售部经理，或资历较深的业务总管，或指定担任此合同谈判的项目经理担任；对合同的争议，则由项目经理或销售部经理、合同执行经理或其他曾参加过谈判的有关部门经理担任。

主谈人的主要任务是领导谈判班子的工作。其具体职责如下。

① 监督谈判程序。

② 掌握谈判进程。

③ 听取专业人员的说明、建议。

④ 协调谈判班子的意见。

⑤ 决定谈判过程的重要事项。

⑥ 代表单位签约。

⑦ 汇报谈判工作。

（2）第二层次的人员　第二层次的人员是懂行的专家和专业人员。他们凭自己的专长负责某一方面的专门工作，是谈判队伍中的主力军。各专业人员要能适应谈判工作的需要，有利于谈判的顺利进行。既要有熟悉全部生产过程的设计、技术人员，也应有基层生产或管理人员，更要有了解市场信息、善于经营的销售和经管人员。其具体职责如下。

① 阐明己方参加谈判的意愿、条件。

② 弄清对方的意图、条件。

③ 找出双方的分歧或差距。
④ 同对方进行专业细节方面的磋商。
⑤ 修改、草拟谈判文书的有关条款。
⑥ 向主谈人提出解决专业问题的建议。
⑦ 为最后决策提供专业方面的论证。

在第二层次的人员中，翻译扮演着特殊的角色。通过翻译可以了解和把握对方的心理和发言的实质，既能改变谈判气氛，又能挽救谈判失误，在增进双方了解、合作和友谊方面可起相当大的作用。翻译的具体职责如下。

① 在谈判过程中要全神贯注，工作热情，态度诚恳，翻译内容准确、忠实。
② 对主谈人的意见或谈话内容如觉不妥，可提请考虑，但必须以主谈人的意见为最后意见，不能向外商表达个人的意见。
③ 外商如有不正确的言论，应据实全部译告主谈人考虑。如外商单独向翻译提出，判明其无恶意，可做一些解释；属恶意，应表明自己的态度。

（3）第三层次的人员　第三层次的人员是谈判工作所必需的工作人员，如速记员或打字员，虽然不是谈判的正式代表，但作为谈判组织的工作人员，具体职责是准确、完整、及时地记录谈判内容，具体如下。

① 双方讨论过程中的问题。
② 提出的条件。
③ 达成的协议。
④ 谈判人员的表情、用语、习惯等。

2. 谈判人员的配合

谈判成员在明确自己的职责、进入自己的角色的同时，还必须按照谈判的目标和具体的方案与他人彼此呼应，相互协调和配合，真正演好谈判这一台集体的戏。所谓配合，就是指谈判中成员之间的语言及动作的互相协调、互相呼应。分工与配合是一个事物的两个方面：没有分工就没有良好的配合；没有有机的配合，分工也就失去了其目的性和存在的基础。

谈判小组内部成员之间的配合，不是一朝一夕能够协调起来的，而是需要长期的磨合。

第二节　谈判资料和信息的搜集

商务谈判是人们运用资料和信息获取所需利益的一种活动。谁掌握了资料和信息，谁就掌握了谈判的主动权，拥有了谈判成功的基本保证。所以，了解信息、掌握情报、积累资料是谈判准备工作的重要内容。

一、谈判资料和信息的作用

不同的谈判资料和信息对谈判活动的影响作用是不同的，有的起着直接作用，有的起着间接作用。谈判资料和信息在商务谈判中的作用主要表现在以下几个方面。

第一，谈判资料和信息是制订谈判战略的依据。谈判战略是为了实现谈判的战略目标而预先制订的一套纲领性的总体设想。谈判战略正确与否，在很大程度上决定着谈判的得失成败。一个好的谈判战略方案应当是战略目标正确可行、适应性强、灵敏度高。这就必须有可靠的大量的资料和信息作为依据。知己知彼，百战不殆。在商务谈判中，谁在谈判资料和信息上拥有优势，掌握对方的真正需要和他们的谈判利益界限，谁就有可能制订正确的谈判战略，在谈判中掌握谈判的主动权。

第二，谈判资料和信息是控制谈判过程的手段。要对谈判过程做到有效控制，必须先掌握"谈判的最终结果是什么"这一谈判信息，依据谈判战略和谈判目标的要求确定谈判的正确策略。为了使谈判过程始终指向谈判目标，使谈判能够正常进行，必须有谈判资料和信息作为保证。

第三，谈判资料和信息是谈判双方相互沟通的中介。在商务谈判活动中，尽管各种谈判的内容和方式各不相同，但有一点是共同的，即都是一个相互沟通和磋商的过程。沟通就是通过交流有关谈判资料和信息以确立双方共同的经济利益和相互关系。没有谈判资料作为沟通中介，谈判就无法排除许多不确定的因素，就无法进一步磋商，也就无法调整和平衡双方的利益。因此，掌握一定的谈判资料和信息，就能够从中发现机会与风险，捕捉达成协议的共振点，使谈判活动从无序到有序，消除不利于双方的因素，促使双方达成协议。

二、谈判资料和信息的内容

谈判资料和信息涉及的内容很多，难以具体列举，一般应包括以下内容。

(1) 市场信息，包括国内外市场的分布、市场需求情况、产品销售情况、产品竞争信息。

(2) 科技信息，包括与谈判产品性能、品质、标准、规格有关的技术资料。

(3) 政策法规，包括有关国家或地区的财政金融政策、经济机制；有关谈判内容的法律法规、关税政策和进出口政策等；商业习惯因素。

(4) 谈判对手的资料，包括对方公司的发展史、注册资本、公司业绩、财务报告、资金状况、借贷状况、纳税金额、企业内部报表、产品质量报告、管理状况、商业信誉、发货收货记录、企业内部刊物、广告宣传以及员工住址和电话等。

(5) 谈判成员的资料，包括家庭状况、社会地位；性格、嗜好、专长；文化程度、专业程度；工作习惯、权限范围；经历以及处理问题的风格、方式等；目前与未来的利害关系，即利益追求。

(6) 政治因素，包括有关国家或地区的政治状况、双方政府之间的政治关系、对方政局的稳定性等。

(7) 社会文化，包括文化教育、生活习惯、社会风俗、宗教信仰、风土人情、礼仪规范等因素。

(8) 气候状况，包括气温高低、降雨量大小、雨季长短、空气湿度、自然灾情等因素。

(9) 谈判对手的个人资料也相当重要，特别是在一对一的谈判中，掌握对手的兴趣、爱好，投其所好，会取得意想不到的成功。

三、谈判资料和信息的搜集途径

一般来说，收集谈判信息有以下几个途径。

(1) 从国内有关单位或部门搜集资料和信息。可能提供这方面资料和信息的单位有：对外经济贸易合作部、中国对外经济贸易促进会及其他各地分支机构、中国银行的分支机构及有关其他咨询公司、与该谈判对手有过业务往来的国内企业和单位，还有国内有关的报纸、杂志、广播、电视等。

(2) 从国内在国外的机构及与本单位有联系的当地单位收集资料和信息。可能提供资料和信息的单位有：我国驻当地的使馆、领事馆、商务代办处；中国银行及国内其他金融机构在当地的分支机构；本行业集团或本企业在当地开设的营业分支机构；当地的报纸、杂志；本公司或单位在当地的代理人；当地的商会组织等。

(3) 从公共机构提供的已出版和未出版的资料中获取信息。这些公共机构可能是官方的，也可能是私营的。它们提供资料的目的，有的是作为政府的一项工作，有的则是为了盈利，也有的是为了自身的长远利益需要。因此，我们应该熟悉这些公共机构，甚至要熟悉在这些机构里的工作人员，同时还要熟悉其提供资料的种类及发行途径。

（4）本企业或单位直接派人员到对方国家或地区进行考察，收集资料。如果派人员出国进行考察，在出国之前应尽量地收集对方的有关资料，在已有的资料中分析出真实、不真实、可能还有新增内容、尚需进一步考察等几个部分，以便带着明确的目的和问题去考察。在日程安排上，应多留些时间供自己支配，切不可让对方牵着鼻子走，并且要善于捕捉和利用各种机会，扩大调查的深度和广度，以便更多地获取第一手资料和信息。

四、谈判资料和信息的保密

对谈判所涉及的内容、文件及双方各自有关重要观点等资料和信息应做好保密工作。如果不严格保密，将造成不应有的损失。例如：在重要的商务谈判中，有的谈判方不惜花费重金聘请"商业间谍"摸清对方的底牌。因此，应加强谈判资料和信息的保密工作。

第三节　谈判目标的制订与谈判议程的拟定

谈判前应当做的最重要的事就是确定谈判目标和拟定谈判议程。目标是谈判的前提，只有在明确、具体、可行的目标指引下，谈判才可能处于主动地位。目标制订得正确与否以及能否达到目标，意味着谈判活动的成败与效率的高低。因此，正确地制订谈判目标、拟定谈判议程，对于整个谈判具有决定性的意义。

一、谈判目标的制订

通常来讲，谈判目标可分为三个层次：最优期望目标、可接受目标和最低限度目标。

1. 最优期望目标

最优期望目标是指谈判者希望通过谈判达成的上限目标，即己方想要获得的最高利益。谋取理想目标之外的利益，这种目标实现的可能性很小，应视为非理性行为。谈判实质上是一种互惠互利的行为，谈判对方也不会轻易放弃他的立场，过分地苛求对方，不仅容易导致谈判破裂，而且会影响自己的声誉。理想目标往往只是谈判初始阶段的一种策略手段。

2. 最低限度目标

最低限度目标是指谈判者期待通过谈判所要达成的下限目标，是制订目标一方所要撤退的最后防线。当对方提出的条件低于这个目标时，就不能再让步了，即这种目标已毫无讨价还价的余地。

3. 可接受目标

可接受目标（立意目标）是介于最优期望目标和最低限度目标之间的目标。最优期望目标在很大程度上是处于策略考虑提出的，一般并不奢望实现。当最优期望目标不能实现时，就要以可接受目标作为第二个追求的目标，这是谈判方基本利益的实现目标，是要坚守的主要防线。谈判桌上，双方所要争取的目标就是可接受目标，一般是利用最优期望目标作掩护，千方百计地实现它。只有在万不得已时，才考虑放弃它。

在制订谈判目标时，既要准备出现最好的情况，也要做好最坏的打算。不论是友好合作的洽商，还是紧张激烈的讨价还价，双方都涉及利益分配问题。对于某一方来讲，在洽商中既有可能实现较为理想的谈判目标，也有可能是在最低限度目标内达成协议。这样最优期望目标、可接受目标和最低限度目标的制订就使谈判目标具有较大的伸缩性，避免了由于僵化、死板导致谈判破裂，既可保证自己最基本利益，又可在此基础上争取更好的利益。

二、谈判议程的拟定

1. 谈判议程的编制

谈判议程是指有关谈判事项的程序安排，可由谈判一方编制，也可由双方编制。

典型的谈判议程包括"5W"，即：When，谈判何时进行、为期多长；Where，谈判在何处举行；Who，谈判对手是谁；What，谈判涉及的内容有哪些；Write，谈判记录、协议起草。可概括为两个方面的内容：一是谈判主题，即双方谈判的中心议题、解决中心议题的原则、围绕中心议题的细节要求等、即将对哪些问题展开讨论；二是谈判日程，即议题的先后顺序、系列谈判各个轮次的划分、各方谈判人员在每轮次中的大致分工、讨论的时间等。

2. 己方拟定谈判议程时应注意的事项

（1）谈判的议程安排要依据己方的具体情况，在程序安排上能扬长避短。就是在谈判的程序安排上，保证己方的优势能得到充分的发挥。

（2）议程的安排和布局要为自己出其不意地运用谈判策略埋下契机。对一个谈判老手来说，是决不会放过利用拟定谈判议程的机会来运筹谋略的。

（3）谈判议程内容要能够体现己方谈判的总体方案，统筹兼顾，引导或控制谈判的速度以及己方让步的限度和步骤等。

（4）在议程的安排上，不要过分伤害对方的自尊和利益，以免导致谈判的过早破裂。

（5）不要将己方的谈判目标、特别是最终谈判目标通过议程和盘托出，使己方处于不利地位。

当然，议程由自己安排也有短处。己方准备的议程往往透露了自己的某些意图，对方可分析猜出，在谈判前拟定对策，使己方处于不利地位。同时，对方如果不在谈判前对议程提出异议而掩盖其真实意图，或者在谈判中提出修改某些议程，容易导致己方被动甚至谈判破裂。

3. 对方拟定谈判议程时己方应注意的事项

（1）未经详细考虑后果之前，不要轻易接受对方提出的议程。

（2）在安排问题之前，要给自己充分的思考时间。

（3）详细研究对方所提出的议程，以便发现是否有什么问题被对方故意摒弃在议程之外，或者作为用来拟定对策的参考。

（4）千万不要显出你的要求是可以妥协的，应尽早表示你的决定。

（5）对议程不满意，要有勇气去修改，决不要被对方编排的议程束缚住手脚。

（6）要注意利用对方议程中可能暴露的对方谈判意图，后发制人。

当然，议程只是一个事前计划，并不代表一个合同。如果任何一方在谈判开始之后对它的形式不满意，那么就必须有勇气去修改，否则双方都负担不起因为忽视议程而导致的损失。

第四节　物质条件的准备

物质条件的准备工作主要包括2个方面：谈判场所的选择和食宿安排。

一、谈判场所的选择

可供选择的谈判场所有3种类型：买方住地、卖方住地和中间地点。

对谈判人员来说，选择不同的场所会产生不同的影响。谈判专家认为，谈判地点不论设在哪一方都各有利弊。

如果谈判地点设在己方办公室、会议室，其优点是：

(1) 避免由于环境生疏带来的心理上的障碍，而这些障碍很可能会影响谈判的结果；

(2) 获得额外的收获，己方可借"天时、地利、人和"的有利条件，向对方展开攻势，以求对方让步；

(3) 可以处理谈判以外的其他事情；

(4) 便于谈判人员请示、汇报、沟通联系；

(5) 节省旅途的时间和费用。

如果谈判地点设在对方，也有其优越性：

(1) 可以排除多种干扰，专心致志地进行谈判；

(2) 在某些情况下，可以借口资料不在身边，拒绝提供不便泄露的情报；

(3) 可以越级与对方的上级洽谈，获得意外收获；

(4) 对方需要负担起准备场所和其他事务的责任。

有时，中间地点也是谈判的合适地点。如果预料到谈判会紧张、激烈，分歧较大，或外界干扰太大，选择中间地点就是上策。

总之，不同谈判场所具有不同的利弊得失。在选择谈判地点时，通常要考虑谈判双方的力量对比、可选择地点的多少和特色、双方的关系因素等。

二、食宿安排

谈判是一种艰苦复杂、耗费体力、精力的交际活动，因此用膳、住宿安排也是会谈的内容。东道国一方对来访人员的食宿安排应周到细致、方便舒适，但不一定要豪华、阔气，按照国内或当地的标准条件招待即可。许多外国商人，特别是发达国家的客商十分讲究时间、效率，反倒不喜欢烦琐冗长的招待仪式。但是，适当组织客人参观游览、参加文体娱乐活动也是十分有益的。它不仅可以调节客人的旅行生活，也是增进双方私下接触、融洽双方关系的有利形式，有助于谈判的进行。

回顾与总结

谈判班子的组成　主要由主谈人员、专业人员、财务人员、翻译人员等组成。

谈判人员的分工与配合　谈判成员在分工上基本包括三个层次，要注意成员之间的分工合作，互相配合。

谈判资料和信息的内容　主要包括市场方面的信息、科技方面的信息、政策法规、谈判对手的资料、谈判成员的资料、政治因素、社会文化、气候状况以及谈判对手的个人资料等。

谈判资料和信息的搜集途径

一般来说，收集谈判信息有以下几个途径。

① 从国内有关单位或部门搜集资料和信息。

② 从国内在国外的机构及与本单位有联系的当地单位收集资料和信息。

③ 从公共机构提供的已出版和未出版的资料中获取信息。

④ 本企业或单位直接派人员到对方国家或地区进行考察，收集资料。

对谈判所涉及的内容、文件及双方各自有关重要观点等资料和信息应做好保密工作。

谈判目标的确定　通常来讲，谈判目标可分为三个层次：最优期望目标、可接受目标和最低限度目标。

谈判议程的拟定　谈判议程是指有关谈判事项的程序安排，可由谈判一方编制，也可由双方编制。可概括为两个方面的内容：一是谈判主题；二是谈判日程。

谈判场所的选择　可供选择的谈判场所有3种类型：买方住地、卖方住地和中间地点。

第十三章　谈判前的准备

练习与思考

1. 案例分析题

委托加工方为美国 A 公司，加工方为唐山 B 工厂，加工品系 A 公司正在研发的一种抗癌药的中间体。由于生产该中间体的原料在中国北方极为丰富，A 公司选择了唐山 B 工厂作为其加工厂。其要求是：从收购原料起，加工、化验、包装、发运均由 B 工厂负责。原料由 A 公司提要求，B 工厂负责采购并承担费用；加工工艺按 A 公司提供美国食品医药协会的要求及其制作要求执行；化验方法及标准均由 A 公司提供；包装要求按 A 公司标准办。B 厂为精细化工产品生产厂，设备及人员齐备且具备一定工艺水平，适合 A 公司产品加工的需要，对于开发新的产品亦有浓厚兴趣。初次谈判一拍即合，由于双方的需要，第一个加工合同条件谈得比较顺利。按上述要求，B 工厂每加工出一千克中间体，A 公司支付 320 美元，但 B 工厂加工出的所有中间体只能卖给 A 公司。

双方按此条件进行了多批加工，A 公司订单也逐渐加大，B 工厂虽说利益不大，但在熟能生巧的情况下，也能保持不亏。过了一年，B 工厂想去美国看看 A 公司的情况，于是双方协商后，B 工厂派了两个技术专家去 A 公司访问。通过实地访问，B 工厂专家发现了两个问题：一是 A 公司的成品加工车间很小，工艺流程短，即加工成本远比中间体低；二是其成品也是供成药制造厂用的更进一步的中间体，但其价格在 2000 美元/千克。两次加工的价值悬殊巨大，B 工厂人员心里极不平衡。

B 厂经理听了出国人员的汇报后，召开会议讨论对策。会上意见纷杂：一派主战，要求提价，或分利，或要开发生产销售产品的权利；一派主和，认为首先保住订单，不亏就行。人家有能耐，钱归人家挣。意见难以统一，唯一达成共识的是，先把问题提出来，看对方反应再说。

问题：

为了在新一轮的谈判中，取得双赢的结果：

(1) 还应设置什么样的谈判目标？
(2) 还应选择什么样的谈判策略？
(3) 为防范谈判风险，应如何做好谈判前的各种准备？

2. 复习思考题

(1) 谈判班子由哪些人员组成？
(2) 可以从哪些途径收集谈判信息？
(3) 谈判议程的拟定包括哪些内容？
(4) 谈判目标包括哪几个层次？

第十四章 谈判的开局与摸底

【学习目标】
学习完本章后,你应该能够:
- 了解影响开局气氛的各种因素
- 掌握影响开局气氛的一般方法
- 理解谈判摸底的含义和内容,掌握摸底的方法和策略

第一节 开局气氛的营造

谈判的开局阶段是指在谈判准备阶段之后,双方进入面对面谈判的开始阶段。由于在此阶段中,谈判双方对谈判尚无实质性认识,各项工作千头万绪,无论准备工作做得如何充分,都免不了遇到新情况、碰到新问题,因此谈判各方的心里都会比较紧张,态度也会比较谨慎,都试图探测对方的虚实及心理。所以,谈判的惯例是,双方在开局阶段一般不进行实质性谈判,只是见面、介绍、寒暄,以及浅谈一些不太关键的问题。在此过程中,双方的行为客观地营造了谈判的开局气氛。

开局气氛是指双方在谈判开始阶段通过初步接触形成的彼此间的相互态度。它由参与谈判的所有人员的情绪、态度与行为共同创造,任何谈判个体的情绪、态度或行为,如目光、动作、姿态、表情、谈话的语调等都可以影响或改变谈判开局气氛。与此同时,谈判开局气氛也会影响每个谈判个体的情绪、思维,使他们呈现不同的状态。因此,谈判开局气氛将对整个谈判进程产生重要的影响,其发展变化也将直接影响整个谈判的结果。

一、开局气氛的作用

1. 确定谈判基调

每一次谈判都有其独特的气氛,不同的气氛对谈判有不同的影响。在谈判过程中,谈判的开局气氛能为整个谈判定下一个基调,并在不知不觉中,把谈判向某种方向推进。例如,冷淡、对立、紧张的开局气氛,会不自觉地将后面的谈判推向更为严峻的境地;而热烈、积极、合作的开局气氛则会促进谈判人员达成一致的协议。

谈判人员在开局阶段通过努力营造的良好氛围能为整个谈判确定积极的基调,对双方在谈判中达到双赢的理想结果意义重大。

2. 建立良好谈判关系

由于商务谈判一般都是以互利互惠为最佳结果的谈判,因此在商务谈判中,谈判人员要做的第一件事,就是获得对方的好感,在彼此之间建立一种互相尊重和信赖的关系。

二、合理运用影响开局气氛的各种因素

在商务谈判开始之时,小到谈判人员的表情、动作、服饰、个人风度、谈判进入正式话题之前的交流话题以及座位的安排等微观因素,大到双方组织间的关系、双方谈判人员间的关系和双方谈判实力等宏观因素,都会对开局气氛的营造产生不同程度的影响。谈判人员应当尽可能合理地运用这些影响开局气氛的因素,并通过技巧把一些消极因素转化为积极因

素，使谈判气氛向友好、和谐的方向发展。

1. 微观因素

（1）表情　表情可以清晰地表明谈判人员的状态。在谈判气氛的营造阶段，谈判人员应积极主动地与对方进行情绪、思想上的沟通。例如，当对方还板着脸时，己方应该率先露出微笑。

（2）动作　影响开局气氛的因素还包括手势等动作。谈判者需注意，对同样的动作不同谈判对象的理解是不同的。例如，在初次见面寒暄时，握手用力些，有些人会认为这是相见恨晚的表现，心中油然而生亲切的感觉；而有些人则会认为这是对方在炫耀实力，或是有意谄媚，从而产生厌恶之感。可见，谈判者必须要了解谈判对手的背景和性格特点，区别不同情况，采取不同做法。

（3）服饰　谈判人员的服装是决定其形象、体现其精神状况的又一标志。服装的色调与清洁状况，反映着谈判人员的心理特征，也影响着开局气氛。通常，谈判人员的装束要美观、大方、整洁，以突出对对方的尊重，同时又不要穿着过于亮色的服装，以免造成压倒对方的气势。另外，谈判人员的着装还要根据对方的文化背景和审美观来确定，以免在第一次见面时就引起不快。

（4）心理　无论双方在谈判之前是否有成见，以及身份、地位、观点、要求有何不同，一旦坐到谈判桌前，就意味着共同选择了磋商与合作。因此，谈判之初应心平气和，坦诚相见，这才能使谈判在良好的气氛中开场。

（5）中性话题　谈判刚开始，良好的气氛尚未形成之时，最好先谈一些友好的或中性的话题。如询问对方的身体状况以示关心，回顾双方的交往历史以密切关系，谈谈共同感兴趣的新闻，幽默而得体地开开玩笑等。这些都有助于缓解谈判开始时的紧张气氛，达到联络感情的目的。

（6）座位安排　要营造良好的开局气氛，座位的安排也是很有学问的。面对窗户和阳光会令谈判者产生一定的心理压力，所以要尽量避免这样的座位安排。同时，椅子的大小也会影响双方的心理，造成主动与被动的心理倾向。因此，应当将谈判场地的椅子规格安排一致，以创造平等良好的开局气氛。

2. 宏观因素

（1）谈判双方企业之间的关系　谈判以双赢为目的，但在具体实施时，需要根据谈判双方企业之间关系来决定建立怎样的开局气氛，采用怎样的语言进行交谈，以及采取何种谈判姿态。具体来说有以下四种情况。

① 双方过去有过业务往来，且关系很好　在这种情况下，友好关系可以作为双方谈判的基础。开局阶段的气氛应该是热烈、友好、真诚和轻松愉快的。开局时，己方谈判人员在语言上应该热情洋溢；内容上可以畅谈双方过去的友好合作关系，或两企业之间的人员交往，亦可适当地称赞对方企业的进步与发展；在姿态上应该是比较自由、放松、亲切的。同时，可以较快地将话题引入实质性谈判。

② 双方过去有过业务往来，但关系一般　开局的目标仍然是要争取创造一个比较友好、和谐的气氛，但是，己方在语言的热情程度上应该有所控制。在内容上，可以简单地聊一聊双方过去的业务往来及人员交往，亦可说一说双方人员在日常生活中的兴趣和爱好；在姿态上，可以随和自然。在适当的时候，自然地将话题引入实质性谈判。

③ 双方过去有过业务往来，但本企业对对方企业的印象不佳　开局阶段的气氛应该是严肃、凝重的。语言上，在注意礼貌的同时，应该比较严谨，甚至可以带一点冷峻；内容上，可以对过去双方业务关系表示出不满意、遗憾，以及希望通过本次交易磋商能够改变这种状况，也可谈论一下途中见闻、体育比赛等中性的话题。在适当的时候，可以慎重地将话题引入实质性谈判。

④ 双方在过去没有进行任何业务往来，本次为第一次业务接触　在开局阶段，应力争创造一个友好、真诚的气氛，以淡化和消除双方的陌生感，以及由此带来的防备甚至略含敌对的心理，为实质性谈判奠定良好的基础。因此，在语言上，应该表现得礼貌友好，但又不失身份；在内容上，多以途中见闻、近期体育消息、天气状况、业余爱好等比较轻松的话题为主，也可以就个人在公司的任职情况、负责的范围、专业经历等进行一般性的询问和交谈；在姿态上，应该是不卑不亢，沉稳中不失热情，自信但不骄傲。在适当的时候，可以巧妙地将话题引入实质性谈判。

（2）双方谈判人员个人之间的关系　谈判是人们交流思想的一种行为，谈判人员之间的个人感情会对交流的过程和效果产生很大的影响。如果双方谈判人员过去有过交往接触，并且还结下了一定的友谊，那么，在开局阶段即可叙旧。实践证明，一旦双方谈判人员之间发展了良好的私人感情，那么，提出要求、做出让步、达成协议就不是困难的事，通常还可以降低成本，提高谈判效率。

（3）双方的谈判实力

① 双方谈判实力相当　为了防止一开始就强化对方的戒备心理和激起对方的敌对情绪，以致使这种气氛延伸到实质性谈判阶段，在开局阶段，要力求创造一个友好、轻松、和谐的气氛。己方谈判人员在语言和姿态上要做到轻松而不失严谨，礼貌而不失自信，热情而不失沉稳。

② 己方谈判实力明显强于对方　开局阶段，在语言和姿态上，既要表现得礼貌友好，又要充分显示出己方的自信和气势。这样能在营造良好气氛的同时，使对方清醒地意识到与己方实力的差距，使其在谈判中不抱过高的期望。

③ 己方谈判实力弱于对方　为了不使对方在气势上占上风，开局阶段，在语言和姿态上，己方一方面要表示出友好，积极合作；另一方面也要充满自信，举止沉稳、谈吐大方，不致使对方轻视。

三、营造开局气氛的一般方法

谈判开局气氛对整个谈判过程产生相当重要的影响并起着制约作用。可以说，哪一方控制了谈判开局气氛，就掌握了谈判的主动权。根据不同的基调，可以把商务谈判的开局气氛分为高调气氛、低调气氛和自然气氛，谈判人员可以采取不同的方法来营造己方所需的开局气氛。

1. 营造高调气氛的方法

谈判的高调气氛是指预期谈判气氛比较热烈，谈判双方情绪积极、态度主动，愉快因素成为谈判情势主导因素的开局气氛。通常在下述情况下，谈判一方应当努力营造高调的谈判开局气氛：己方占有较大优势；价格等主要条款对己方极为有利；己方希望尽早达成协议。在高调开局气氛中，谈判对手往往会放松警惕，只注意到对他们有利的方面，而且对谈判前景也趋于乐观。因此，高调的开局气氛可以有效促进协议的达成。营造高调开局气氛通常有下述几种方法。

（1）感情攻击法　感情攻击法是指通过某一特殊事件来引发普遍存在于人们心中的情感因素，从而达到营造气氛的目的。

（2）称赞法　称赞法是指通过称赞对方来削弱其心理防线，使对方焕发谈判热情，从而营造高调开局气氛的方法。

在运用称赞法时，首先要选准称赞目标，投其所好，即选择对方最引以自豪的并希望己方关注的目标。其次，要注意选择恰当的称赞时机和称赞方式。称赞时机不恰当往往令称赞法适得其反；称赞方式不得体，就会变成刻意奉承，引起对方反感。

(3) 幽默法　幽默法是指用幽默的方式来消除谈判对手的戒备心理，使其积极地参与到谈判中来，从而共同创造出高调谈判开局气氛的方法。采用幽默法同样要注意选择恰当的时机和适当的方式，另外还要做到收发有度。

2. 营造低调气氛

低调气氛是指预期谈判气氛十分严肃、低沉，谈判的一方情绪消极、态度冷淡，或一方过于张狂，不快因素构成谈判情势主导因素的开局气氛。通常在下列情况下，谈判人员应当努力营造低调开局气氛：己方在预期讨价还价中不占绝对优势；合同中某些条款并未达到己方要求；对方开场气势汹汹，刻意压倒己方。为了改变对己方不利的开局气氛，控制局面，谈判人员可以用以下的方法营造低调开局气氛。

(1) 感情攻击法　这里的感情攻击法与营造高调开局气氛中的方法性质相同，即两者都是以情感诱发作为营造和控制开局气氛的手段，但是，两者的作用相反，在营造高调气氛时，感情攻击是激起对方积极的情感，使得谈判开局气氛热烈；而在营造低调气氛时，是要诱使对方产生消极情感，致使一种低沉、严肃的气氛笼罩在谈判的开局阶段。

(2) 沉默法　沉默法是以沉默的方式来使谈判气氛降温，从而达到向对方施加心理压力的目的的一种开局方法。

采用沉默法营造低调开局气氛并不是要谈判人员一言不发地"沉默"，而是要在恰当的时候以恰当的理由选择沉默。通常，采用的沉默理由有：假装对某项技术问题不理解；假装不理解对方对某个问题的陈述；假装对对方的某些话语漠不关心。但在运用此方法时要注意，应沉默有度，因为沉默背后的最终目的是要实施反击，迫使对方让步。

(3) 疲劳战术　疲劳战术是指利用主动的提问使对方对某一个问题或几个问题进行反复陈述，从心理和生理上使对手疲劳，降低对手的热情，从而达到控制对手并迫使其让步的一种营造低调开局气氛的方法。

一般来说，人在疲劳状态下思维的敏捷程度会下降很多，容易出现错误，工作情绪不高，并且比较容易屈从于别人的看法。因此，在采用疲劳战术营造低调开局气氛时，谈判人员应当多准备一些问题，而且问题设置要合理，使每个问题都能够起到疲劳对手的作用。同时，己方还要认真倾听对手的回答，以抓住对手回答中的漏洞，作为后面的谈判中迫使其让步的砝码。

(4) 指责法　指责法是指对对手的某项小疏漏或礼仪失误运用各种手段不断强调，使其感到内疚，从而营造低调开局气氛，迫使对方让步的方法。

3. 自然气氛

自然气氛是指谈判双方情绪平稳，既不热烈也不消沉的谈判开局气氛。自然气氛十分有利于对对手进行摸底，因为谈判双方在自然气氛中传达的信息往往要比在高调气氛和低调气氛中传达的信息真实、准确。当己方对谈判对手的情况了解甚少，对手的谈判态度不很明朗时，在平缓的气氛中开始对话是比较有利的。

在开局阶段营造自然气氛，谈判人员要注意自己的行为、礼仪，避免一些唐突的举动；在与对方初步交流时要多听、多记，而避免与其就某一问题过早发生争执。同时，要准备几个问题自然地向对方提问，并且对对方的提问尽量多做正面回答，不能回答的要用委婉的方式回避。

四、控制开局气氛的策略

不同内容和类型的谈判，需要有不同的开局策略与技巧。通常，在营造开局气氛时，可以结合不同的谈判项目，分别采用以下四种策略。

1. 保留式开局策略

保留式开局策略是指在谈判开局时，对谈判对手提出的关键性问题不做深入、确切的回答，从而给对手造成神秘感，以吸引对手步入谈判的策略。

2. 一致式开局策略

所谓一致式开局策略，是指在谈判开始时，为使对方对己方产生好感，以协商、肯定的方式，创造"一致"的谈判气氛，从而使双方在愉快友好的氛围中不断将谈判引入深处的开局策略。

运用一致式开局策略的具体方式很多，可以在谈判开始时以一种协商的口吻来征求谈判对手的意见，然后对其意见表示认可并按照其意见进行工作。运用这种方式应当注意的是，用来征求对手意见的问题应是无关紧要的问题，即对手对该问题的意见不会影响到己方的具体利益。另外，在赞成对方意见时不要过度迎合，避免奉承之嫌。

3. 进攻式开局策略

进攻式开局策略是指通过语言或行为来表达己方强硬的姿态，从而赢得对手必要的尊重并借以制造心理优势，使得谈判顺利进行下去的开局策略。进攻式开局策略的运用要谨慎，通常多在对手刻意制造低调气氛时运用，用以扭转对己方不利的局势，保护己方切实利益。

4. 坦诚式开局策略

坦诚式开局策略是指以开诚布公的方式向谈判对手陈述自己的观点或想法，从而尽快打开谈判局面的开局策略。

坦诚式开局策略比较适合具有长期业务合作关系的双方，双方相互比较了解，减少了很多外交辞令，直接坦率地提出己方的观点、要求，无疑可以节省时间，提高效率，并能够使对方对己方产生信任感。另外，坦诚式开局也策略可以供谈判实力弱的一方使用。

第二节　谈判摸底

双方在做好了各种准备工作之后，面对面的实质性谈判工作就要正式进行了。实质性的谈判可能是多轮次的，还可能要经过多次的反复。在这个过程中双方的接触摸底是必不可少的。接触摸底阶段所进行的一切活动，一方面要为双方建立良好的关系创造条件，这通常是通过营造良好的开局气氛实现的；另一方面，双方又要积极了解谈判对方的特点、意图和态度。通过掌握并分析对方的信息来修正自身的谈判方案，争取取得谈判场上的主动。

一、摸底的含义

在谈判的接触阶段，谈判双方较多地把注意力放在彼此的了解上。双方都想搞清对方的情况。首先，考察对方是否诚实、正直，是否值得信赖，能否遵守诺言；其次，了解对方对这笔交易到底有多大的诚意，这笔交易中对方的真实需要到底是什么；再次，要努力了解对方的谈判经验、作风、对方的优势、劣势，了解对方每位成员的态度、作风和对此次谈判的期望，甚至要知道对方认为有把握的和所担心的事是什么，是否可以加以利用等；最后，设法探求对方在此次谈判中所必须坚持的原则，以及在哪些问题上可以做出让步。这种在谈判的接触阶段，试图运用各种手段和信息来源摸清对方底牌的做法，叫做谈判摸底。

二、摸底的内容

1. 对手的基本情况

在摸底阶段，通过简单的交流，谈判人员应当对对手的基本情况有一个比较详细的了解。这些内容通常包括对方公司的历史、社会影响、资产与投资状况、技术水平、产品的品种、质量、数量以及生命周期等。

2. 对手的需求与诚意

对手的需求也就是对手在谈判中重点关注的内容。如果能探明对手的潜在需求，己方就能够将大部分精力放在这些重点内容上面，从而达到事半功倍的效果。了解对手真正的需求，就应当了解对方同己方合作的真正意图、合作的真诚度以及对实现这种合作的迫切程度。

3. 对方谈判人员的状况

通常在商务谈判中需要了解对方谈判人员的组成以及各成员的身份、地位、性格、爱好及谈判经验，首席代表或最高决策者的能力、权限、以往成败的经历、其在谈判中的特长和弱点以及对谈判的态度倾向等。根据不同的谈判性质和要求，有时还要收集一些更为深入、针对性较强的信息，如对方谈判人员各自的想法和打算是什么？相互之间关系如何？是否存在矛盾？谁可能是主要对手？谁可能是争取对象？有没有幕后操纵者？谈判代表与幕后操纵者之间存在怎样的关系？等。有时甚至还必须考察对方以往不成功的谈判实例，以便从中了解对方的思维习惯、行动方式、心理倾向和自身需求。所有这些都会为我们了解对手提供线索。

4. 对手在谈判中所必须坚持的原则

在摸底阶段，己方应设法探求对方在此次谈判中所必须坚持的原则，这些原则主要包括对方在哪些问题上可以做出让步，在哪些问题上是被动的，其谈判的时间底线和价格底线如何。了解到这些，可以使己方在实质磋商阶段避重就轻，为己方争取到最大利益。

这种摸底，双方都会以十分巧妙的方式进行，在转入实质性谈判之前，应当充分利用此阶段和对方接触，获得对方信息。在摸底阶段，我们不仅要在初步的接触中发现对方团队中具有合作倾向的人，更要注意听话听音，运用技巧了解潜在信息。

三、摸底的方法

在商务谈判中，通常可以采用以下几种方式探测有关谈判对手的情报。

1. 接近探测

在谈判的摸底阶段，为了引起对方的注意和兴趣，了解对方的需要从而确定其意图和动机，首先要在行动上和心理上接近对方，即通过接近了解对方谈判的底线、进度、期限和最终利益等。在谈判中常常采用赞美接近法和震惊接近法。

（1）赞美接近法　　赞美接近法是指谈判人员利用夸奖、恭维的话语来满足对方的求荣心理，以引起对方的注意和兴趣，进而在逐步展开的谈话中探测其谈判意图的方法。通常，赞美对方的话题有：对方的个人因素，如仪表仪态、服饰、举止谈吐、才华成就等；对方的团体因素，如团队的生产规模、产品质量、经营业绩、社会声誉等；对方的环境因素，如城市景观、企业面貌、谈判场地、接待水准等。

在采用赞美接近法时，要注意以对方熟悉的事物为话题真诚赞美对方，同时要考虑对方的自我意识，重视被赞美者的言行、情绪及心理反应，以真正达到通过赞美接近对手，探测到有用信息的目的。

（2）震惊接近法　　震惊接近法是指谈判人员利用某种令人吃惊或震撼人心的事物来引起对方的注意和兴趣，进而探测对方意图的方法。震动和惊奇是引起对方注意和兴趣的最有效手段之一。商务谈判中，在某些特定的条件下，谈判的一方可以采用戏剧性的手法，如突然揭示某一鲜为人知的事实，或突然改变谈判的惯用方法，或提出对方意料之外的观点及提议，使对方为之惊奇和震动，引起对方较大的注意与兴趣，并自然而然地做出反应，或折服以至附和，或意外以至混乱，从而推动谈判双方的接近，为己方探测对方的谈判意图提供可乘之机。

运用震惊接近法时，震惊的内容应当与谈判的内容相关，震惊的手段应当科学并尊重客观事实，同时震惊的程度应适可而止。在震惊的过程中，谈判人员还要相应地调整说话的分量，尽可能冲破对方的心理防线，接近其人，探测其底。

2. 观察探测

谈判活动通常具有两面性，即一方面难以捉摸，另一方面又可以察知。观察是察知的必要手段，在商务谈判中是一种基本的了解、探测方法。谈判人员应当通过观察，从露中推知藏，从有形中测知无形，从而掌握对方的交易意图。在商务谈判中，通常采用行为观察法和心理观察法。

（1）行为观察法　行为观察法是指对谈判对手的各种体态、行为进行观察和判断，从而发现在语言、文字中难以发现的种种信息，探测对方意图的方法。运用行为观察法时，主要应当关注对方的体态语言，如握手、落座、表情、手势等，通过观察要细心体会出对方所给予的各种暗示信息，适时地做出判断，明了对手的性格、态度、风格及经验，探明谈判对手的实力、意向、策略和手法，以实现摸底探测的目的。

（2）心理观察法　心理观察法是指对谈判对手外在表现进行体会和分析，从中察觉到对方的内心活动，探测其谈判意图的方法。由于心理观察是透过现象挖掘本质的过程，所以，此种方法要在自然条件下进行，避免被对手察觉。而且心理观察要认真细致，不要忽略细微变化。同时心理观察要重点了解对方的内心活动，以补充表象观察的不足。

3. 倾听探测

在谈判摸底中，倾听对方的谈话并对对方的话题内容，以及说话的姿态、表情、语气表现出浓厚的兴趣，是缩小双方心理距离，了解、分析、洞察谈判对手的重要方法。通过倾听对方吐露的话题，体会对方使用的措辞、选择的表达方式、运用的语气和语调，可以在摸底阶段探测对方的态度、意图和将要提出的条件。谈判者可针对这些情况推敲并恰当地提出己方的方案。在商务谈判摸底阶段，常用的倾听探测法主要有引导式倾听法和接纳式倾听法。

（1）引导式倾听法　引导式倾听法是指在谈判摸底中，潜心地听取对方的发言，适时地按照己方的思路向对方提出一些问题，诱使对方说出更多想法，从而探测其谈判意图的方法。引导式倾听不同于一般的倾听，它具有明确的目的性，因此，在认真倾听的同时，谈判者要排除无关刺激的干扰，适时地按己方的目的向对方提出一些简短的问题，以诱导对方多说，从而达到摸底的预期目标。

运用引导式倾听法时，不仅要专心致志地听，更要利用适当追问以协助和诱导对方深入地表达，同时将对方的意思进行整理，抓住要点，体察对方未能溢于言表的内心想法。

（2）接纳式倾听法　接纳式倾听法是指在谈判摸底中专注地听取对方谈话的同时，适当地迎合其谈话兴致，适时地表示理解，以使其消除戒备心理，更多地表露意见，进而从中探测其意图的方法。

在运用接纳式倾听法的时候，谈判人员要专注并且尽量保持沉默，即使是熟知的内容，也不可充耳不闻，因为这既是在洞察对方的谈判意图，也是在建立接纳式倾听的感情基础。同时，要使接纳式倾听获得良好的效果，不仅要专注倾听，还应做出反馈性的表示。比如在倾听对方谈话时，眼睛要注视对方，并辅之以适当地点头、应诺、微笑等，合适的时候还应做一些简要记录，以表示对对方意见的理解和赞许。通常，对方会因为谈判者的接纳而愿意更多、更深刻地表达自己的观点。另外，在倾听过程中一般不表示不同意见，而是要把注意力始终集中在鼓励对方多讲话的意图上。最后，还要注意接纳要适度，以免因为过度迎合使对方感觉其中有诈，不敢透露信息。

4. 发问探测

发问是商务谈判人员向对方提出问题，要求回答，以获得信息的一种语言沟通形式。运用发问的形式进行摸底阶段的探测，可以引起对方注意，鼓励对方积极参与。在这一过程中为对方的思考和回答规定方向，从而探寻对方的信息、动机和意向。在实际的商务谈判过程中，常用的发问探测方法主要有诱导发问和佯攻发问。

(1) 诱导发问　诱导发问是指在商务谈判中，谈判人员运用诱发引导的方法，向对方提出问题，以启发对方按照己方的思路回答问题，从而摸清对方谈判意图的方法。诱导发问常有以下几种形式。

① 引导性发问　这是对答案具有一定暗示性的问句。例如："违约是要受到惩罚的，您说是不是?"这种问句通常引导对方按照己方的意图给予肯定回答。

② 探寻式发问　这是针对对方的答复，要求引申或举例说明的问句。例如："您认为价格合理，那么它的构成是怎样的?"

③ 间接性发问　这是借第三者的意见而提出的问句。例如："听说铁路部门认为近期运输没有问题，那交货时间能否提前呢?"

(2) 佯攻发问　佯攻发问是指在商务谈判中谈判人员运用声东击西、指南打北的手法，言辞激烈地向对方提出问题，使对方感觉迷惑、措手不及甚至愤怒，匆忙应答，从而己方从中摸清对方谈判意图的方法。在摸底阶段，发问探测的目的是探寻对方信息，如果对方对一般性发问不予重视，无动于衷，可以考虑运用佯攻发问法。佯攻发问主要有以下几种发问方式。

① 试探性发问　这是一种给出假设条件，让对方直接回答，借以了解对方虚实的问句。例如："如果我们进行现款交易，贵方将给予什么样的优惠呢?""看来我方支付有困难，如果我方退货，您认为如何?"

② 反诘性发问　这是在对方讲话思路不清晰，表达不明确或含而不露时，给对方以提示及反驳的问句。

③ 刺激性发问　这是运用一褒一贬、一喜一怒的手法激发对方的情绪，以暴露其本意的问句。

回顾与总结

影响开局气氛的因素　主要包括两方面。①微观因素：主要指表情、动作、服饰、心理、中性话题、座位安排等因素。②宏观因素：主要指谈判双方企业之间的关系、双方谈判人员个人之间的关系以及双方的谈判实力等方面的因素。

营造开局气氛的一般方法
(1) 营造高调气氛的方法　主要有：感情攻击法、称赞法、幽默法。
(2) 营造低调气氛的方法　主要有：感情攻击法、沉默法、疲劳战术、指责法。
(3) 自然气氛的营造。

摸底的内容　主要包括：对手的基本情况、对手的需求与诚意、对方谈判人员的状况、对手在谈判中所必须坚持的原则。

摸底的方法　主要有：接近探测、观察探测、倾听探测和发问探测。

练习与思考

1. 案例分析题

美国一家面包公司生产的面包质量好，价格也适中，吸引了很多顾客。但奇怪的是，一家大饭店始终不肯订购该公司的面包。面包公司的老板杰克为了将产品打入这家饭店，费尽了心思和饭店经理联络却收效甚微。于是杰克决定另辟蹊径，在下一次见面会谈之前好好研究一下对方的情况。他通过多方打探收集该饭店经理的个人爱好，了解到该经理是美国某一饭店协会的会员并热衷协会活动，还被选为该协会会长。于是，在下一次会谈中，杰克开局阶段绝口不提面包的事，而是以饭店协会为话题和经理展开谈论。这果然引发了经理的极大兴趣，双方的心理距离一下子拉近了不少。在一种友好的气氛中，杰克自然而然地将生意作为话题的一部分引出，效果十分理想。

问题：

杰克是如何打开谈判局面的？又是怎样营造开局气氛的？面对这样的情形，有什么更好的建议？

2. 思考题

(1) 如何营造良好的开局气氛？

(2) 怎样有效进行谈判摸底获得有用信息？

第十五章 谈判磋商

【学习目标】
学习完本章后，你应该能够：
- 了解报价的基础与原则，理解先报价与后报价各自的利与弊
- 掌握报价的基本方法与策略
- 了解让步的基本内容和方式，理解让步、妥协在谈判过程中的意义
- 把握让步的原则，学习在谈判当中把握让步、妥协的基本方法、技巧的能力
- 了解僵局形成的各种原因，学习灵活处理僵局的能力

谈判磋商阶段，是指谈判开局以后到谈判终局之前，谈判双方就实质性事项进行磋商的全过程，是谈判的中心环节。

商务谈判磋商阶段在程序上包括报价、讨价与还价、让步与妥协以及僵局的处理等几个方面。

第一节 报 价

报价是谈判的重要环节，简单地讲它是指谈判参与各方交易条件地抛出。在商务谈判中的"报价"，不仅是指产品在价格方面的要价，而且也泛指谈判一方向对方提出的所有要求，包括商品的质量、数量、包装、装运、支付、保险、商检、索赔、仲裁等交易条件，其中价格条件具有重要的地位。一般来说，谈判都是围绕着价格进行的。

一、报价的形式

1. 书面报价

书面报价，通常是谈判一方事先提供了较详尽的文字材料、数据和图表等，将本企业愿意承担的义务，以书面形式表达清楚，使对方有时间针对报价做充分的准备，使谈判进程更为紧凑。但书面报价的白纸黑字，客观上成为该企业承担责任的记录，限制了企业在谈判后期的让步和变化。因此，对实力强大的谈判者而言，书面报价是有利的；谈判双方实力相当时，也可使用书面报价；谈判实力较弱者就不宜采用书面报价法，而应尽量安排一些非正规的谈判。

2. 口头报价

口头报价具有很大的灵活性，谈判者可根据谈判的进程来调整、变更自己的谈判战术，先磋商，后承担义务，没有义务约束感。口头报价，可充分利用个人沟通技巧，利用情感因素促成交易达成。察言观色，见机行事，建立某种个人关系，来寻求谈判气氛，是这种方式的最大长处。当然，如果谈判人没有娴熟的沟通技巧和经验，会很容易失去议题的头绪，而转向枝节问题；容易因没有完全地理解而产生误会；也容易使对方进行反击。一些复杂的要求，如统计数字、计划图表等，难以用口头阐述清楚。此外，由于对方事先对情况一无所知，他就有可能一开始很有礼貌地聆听企业的交易条件，然后就退出谈判，直到他准备好了如何回答才回来谈判，因而影响了谈判进度。为了克服口头报价的不足，在谈判前可以准备一份印有本企业交易重点、某些特殊需求、各种具体数字的简明表等，以供临时取用。

二、报价应遵循的一般原则

由于报价的高低对整个谈判进程将产生实质性影响,而且任何对手都会对你的报价进行砍价,对此你应有充分的心理准备,因此,要成功地进行报价,谈判人员必须遵守一定的原则。

1. 设立"最低可接纳水准"

报价之前为自己设定一个"最低可接纳水准",这是报价的首要原则。

所谓最低可接纳水准,是指最差的但却可以勉强接纳的谈判终极结果(即最低利益目标)。例如卖方可将他即将出售的某种商品的最低可接纳水准定为××元。这就是说,假如售价等于或高于××元,他将愿意成交。

2. 报价要"凶"

即卖方的报价必须是最高的,买方的报价应该是最低的。这里的"凶"是指在有理由证明的情况下,只要你找到理由加以论证,你就该报出"最凶"的价格。

下列是报价要"凶"的理由。

(1) 报价是为最终结果设定了一个无法逾越的上限。一般来说,不能提出更高的要价了,除非你有非常强烈的理由,报价之后,再次反向调整报价极易招致对方的不信任。

(2) 报价高低会影响对手对我方潜力的评价。

(3) 一般而言报价高能使对方提高对我方潜力的评价。反之,则会增加对手还价的积极性。

(4) 报价越高为自己所预留的余地就越多。

(5) 期望水平越高,成就水平也随之越高,即你的报价高低与你最后谈判结果有相关性。

当然,从理论上说,报价的高低,没有绝对的界限,它只是一个相对数。在商务谈判实务中,它取决于特定的项目、特定的合作背景、合作意愿和谈判氛围,它虽然可以由专业人员依据一定的原则与假设进行精确测算,但是隐含于价格中的不确定因素仍然很多。因此,报价的正确决策,不仅要依赖于谈判前的充分准备,而且还依赖于富有经验的谈判人员的准确判断。

三、报价方式

报价时应掌握好报价的表达方式。

(1) 报价态度要严肃、坚决而果断,不能有任何动摇的表示。欲言又止、吞吞吐吐必然会导致对方的不信任。即使对方虚称已从其他地区得到低于己方的报盘,己方也应毫不含糊地坚持已开出的价格。

(2) 报价表达要清楚、明确。含糊不清易使对方产生误解。

(3) 对所报的价格尽可能地坚持不解释、不评论。有时过多地说明和辩解,会使对方觉察到己方所关注或心有顾忌之处,从中找出破绽或突破口。

四、报价策略

1. 报价时机策略

在价格谈判中,报价时机是一个策略性很强的问题。有时,卖方的报价比较合理,但却并没有使买方产生交易的欲望,原因往往是买主首先关心的是此商品能否给他带来价值,带来多大的价值,其次才是带来的价值与价格的比较。所以,价格谈判中,应当首先让对方充分了解商品的使用价值和能为对方带来多少收益,待对方对此发生兴趣后再谈价格问题。

有时，在谈判开始的时候对方就询问价格，这时最好的策略应当是听而不闻。因为此时对方对商品或项目尚缺乏真正的兴趣，过早报价会增加谈判的阻力。这时应当首先谈该商品或项目的功能、作用，能为交易者带来什么样的好处和利益，待对方对此商品或项目产生兴趣，交易欲望已被调动起来时再报价比较合适。当然，对方坚持即时报价，也不能故意拖延，否则，就会使对方感到不尊重甚至反感，此时应善于采取建设性的态度，把价格同对方可获得的好处和利益联系起来，一起介绍效果较好。

2. 报价起点策略

价格谈判的报价起点策略，通常是：卖方报价起点要高，即"开最高的价"；买方报价起点要低，即"出最低的价"。这种做法已成为商务谈判中的惯例。同时，从心理学的角度看，谈判者都有一种要求得到比他们预期得到更多的心理倾向。实践证明，若卖方开价较高，则双方往往能在较高的价位成交；若买方出价较低，则双方可能在较低的价位成交。

3. 报价表达策略

报价无论采取口头或书面方式，表达都必须十分肯定、干脆。似乎不能再做任何变动和没有任何可以商量的余地。而"大概"、"大约"、"估计"一类含糊的词语都不适宜在报价时使用，因为这会使对方感到报价不实。另外，如果买方以第三方的出价低为由胁迫时，你应明确地告诉他"一分钱，一分货"，并对第三方的低价毫不介意。只有在对方表现出真实的交易意图，为表明至诚相待，才可以在价格上开始让步。

4. 报价差别策略

由于购买数量、付款方式、交货期限、交货地点、客户性质等方面的不同，同一商品的购销价格会有所不同。这种价格差别，体现了商品交易中的市场需求导向，在报价策略中应重视运用。例如，对老客户或大批量购买的客户，为巩固良好的客户关系或建立起稳定的交易联系，可适当实行价格折扣；对新客户，有时为开拓新市场，也可适当给予折让；对某些需求弹性较小的商品，可适当实行高价策略等。

5. 价格解释策略

在谈判一方（通常是卖方）报价后，另一方（通常是买方）可要求其作价格解释。所谓价格解释，就是对报价的内容构成、价格的取数基础、价格的计算方式所作的介绍或解释。

报价方在进行报价解释时，也应该注意遵守言简意赅的原则，即：不问不答，有问必答，答其所问，简短明确。

① 不问不答是指对对方不主动提及的问题不主动回答，不能因怕对方不理解而做过多的解释和说明，以致言多有失。

② 有问必答是指对对方提出的所有问题都要一一回答，并且要迅速、流畅。如果吞吞吐吐、欲言又止，就容易引起对方的疑虑，因而提高了警惕，穷追不舍。

③ 答其所问是指仅就对方所提问题作出解释说明，不做画蛇添足式的多余答复。实践证明，在一方报盘之后，另一方一般要求报盘方对其价格构成、报价根据、计算方式等问题作出详细解释。因此，报盘方在报盘前要就这些问题的解释多加准备，以备应用。

④ 简短明确就是要求报盘方在进行价格解释时做到简明扼要、明确具体，以充分表明自己的态度和诚意，使对方无法从价格中发现破绽。

6. 价格分割

价格分割是一种心理策略。卖方报价时，采用这种技巧，能制造买方心理上的价格便宜感。价格分割包括两种形式。

(1) 用较小的单位报价　例如：茶叶每千克200元报成每两10元；大米每吨1000元报成每千克1元。国外某些厂商刊登的广告也采用这种技巧，如"淋浴1次8便士"、"油漆1平方米仅仅5便士"。巴黎地铁公司的广告是："每天只需付30法郎，就有200万旅客能看到你的广告。"

用小单位报价比大单位报价会使人产生便宜的感觉，更容易让人接受。

（2）用较小单位商品的价格进行比较 例如："每天少抽一支烟，每天就可订一份××报纸。""使用这种电冰箱平均每天0.5元电费，0.5元只够吃1根最便宜的冰棍。""一袋去污粉能把1600个碟子洗得干干净净。""××牌电热水器，洗一次澡，不到1元钱。"

用小商品的价格去类比大商品会给人以亲近感，拉近与消费者之间的距离。

7. 采用心理价格

人们在心理上一般认为9.9元比10元便宜，而且认为零头价格精确度高，给人以信任感，容易使人产生便宜的感觉。像这种在十进位以下的而在心理上被人们认为较小的价格叫做心理价格。因此，市场营销中有奇数定价这一策略。例如：标价49.00元，而不标50.00元；标价19.90元，而不标20.00元。这1分钱、1角钱或者1元钱之差，给人以"大大便宜"的感觉。心理价格在国内外都已被广泛采用。

8. 中途变价策略

中途变价策略是指在报价的中途，改变原来的报价趋势，从而争取谈判成功的报价方法。所谓改变原来的报价趋势是说，买方在一路上涨的报价过程中，突然报出一个下降的价格，或者卖方在一路下降的报价过程中，突然报出一个上升的价格来，从而改变了原来的报价趋势，促使对方考虑接受你的价格。

例如，美国商人约翰去圣多美和普林西比旅游，在街上一家皮件商店的橱窗里，看到了一只旅行皮箱和自己家里的一模一样，忍不住停下来看。皮箱店的老板正在门口拉生意，看见约翰，马上上来洽谈推销，好话说尽，约翰就是不为所动。因为约翰想看看店主到底有些什么推销手段，所以站着没走。店主看约翰不动心，便把价格一降再降，从30美元、24美元、20美元……降到17美元、15美元，可是约翰还是不买他的皮箱，而老板又不想再跌价了，在报出了"15美元"以后，突然改变了下降的趋势，报出了一个上升的价格"16美元"来。当感到奇怪的约翰揪住"15美元"不放时，老板顺水推舟以15美元的价格把皮箱卖给了约翰。

五、报价的顺序

即谁先报价，这是一个是先发制人还是后发制人的策略选择，报价的先后在某种程度上对谈判结果会产生一定的影响。这个问题尤其要引起每一个谈判者的重视。

1. 先喊的利弊

（1）利

① 先喊价能先声夺人，使对手感觉其先期准备报价差距过大，而不得已作一定调整。

② 先喊价等于先树一个目标，双方会围绕这个"目标"分别进行"攻击"与"保护"，则先喊的一方容易制订针对性方案以维护自己的"实际需求目标"。

③ 先喊价也是自信的一种表现，如配合以正统性权力和较充分的理由，往往能取得较理想的结果，尤其对实力较强的一方更加有利。

（2）弊

① 对方可针对你的报价，及时调整其开价，以获得本来可能没料到的利益。如卖方就某件商品报价为200元，买方原预期的初步报价为190元，并计划以200元成交，现在则可调整为170元甚至更低。这点尤其在双方价格冲突较小时确实先报不如后报。

② 对方以你报价为核心，不还价但不断地挑剔你的报价，逼迫你一次次让步，而始终不泄露自己底价。

2. 后喊的利弊

后喊的利弊正好和先喊的相反。其有利之处是可以根据对方的报价及时调整己方的策略，以争取到最大的利益，不利之处是被对方占据了主动，己方必须在对方划定的框架内谈判。

3. 先喊或后喊的实际运用

(1) 在冲突程度高的谈判场合，"先下手为强"，在合作程度高的场合则无所谓。

(2) 如自身实力强于对方，或者在谈判中处于主动地位：先报为宜（尤其是对方对本行业不熟悉时），反之可考虑后报，以观察对方并适当调整自己实际期望目标。

(3) 就一般习惯而言，发起人应先报价。

(4) 一般商务性惯例为卖方先报价，买方后报价。

第二节 还 价

在商务谈判中，一方报价后，另一方不可能无条件地全部接受所报价格，而是会对报价做出相应的反应。谈判中的还价实际就是针对谈判对手的报价做出的价格回应。一般情况下，在一方报价后另一方要经过一次或几次的讨价，估计对方的保留价格和策略性虚报部分，推测对方可接受的价格范围，然后根据己方的既定策略，提出自己的可接受价格，反馈给对方。双方在讨价还价的过程中不断调整自己的利益点，逐步走向"共赢"。

一、还价的方式方法

1. 还价的方式

在商务谈判中，还价的方式从性质上讲，可分为两大类：一是按比例还价；二是按分析的成本还价。这两种还价的具体做法如下。

(1) 逐项还价 即对主要设备可逐台还价；对每个项目，如对技术指导费、培训费、工程设计费、资料费等，均可分项还价，尤其是对一些内容熟悉的项目，可以按我方分析的成本逐项还价。

(2) 分组还价 根据价格分析时划出的价格差价档次，分别还价，如对贵得多的，还价时就要压得多，以区别对待，实事求是。

(3) 总体还价 这是把成交货物或设备的价格集中起来，仅还一个总价，如招标价，或者按总预算下浮若干个百分点。

以上方式采取哪种合适，要依据具体情况而定，不能生搬硬套。

如果卖方价格解释不清，买方手中比价材料丰富，卖方成交心切，没有耐心及时间，则买方可采用逐项还价更有利。

如果买方解释不足，掌握的比价材料少，但卖方有成交的信心，然而时间紧迫，则采用分组还价的方式，对双方都有利。

如果卖方报价粗，且态度强硬，或双方相持时间很长，但均有成交的愿望，在卖方已作一两次调价后，买方也可作总体还价。

2. 还价的起点

当选定了还价的方式以后，买方还要确定还价的起点，即以什么条件作为第一还价，这第一锤子敲得合适与否，对双方将起决定性的影响。那么，怎样才能确定还价起点呢？首先，应看卖方在买方讨价后，其价格改善了多少；其次，看卖方改善的报价与买方拟定的成交方案之间，还有多大的差距；再者，买方是否准备在还价后让步。以上几条是决定还价起点的基本条件。总体上应按对等原则还价，即发现对手开价很高，你的首次还价就一定要低了还再低。

3. 还价的次数和时间

还价次数取决于谈判双方手中有多少余地，如买方第一次还价高，手中余地不大，则再让价的可能性就小；反之，卖方态度强硬，买方手中也无可让的牌，这样不是逼卖方再让，就是自己退让，否则会陷入僵局。如果卖方在固守调整两次的起价后，仍有两次或三次价格调整的可能，买方亦应照此对阵，但每一台阶大小要视交易金额而定，卖方多以5％左右为一档，或把价格分先后几次来调，以制造"台阶"，保护期望价格水平。买方还价的档次也是根据交易金额而定，要是项目小，报价水平不大，则还价的台阶不宜太多，以免浪费时间；若项目小，但水分大，买方可用"台阶"去挤压，无论两次还是三次还价，没有"台阶"的做法是不行的。因为精明的商人不会相信"开口价"、"不二价"，卖方不觉得已把买方"挤干"是不会罢休的，所以买方的还价，一定要留有退路。

还价时间，也是买方"退"的时候，应十分讲究，否则会影响"退"的档次。时间"火候"掌握得好，可少退一个台阶，反之，则会多退。从原则上讲，要求双方靠拢，他不进你不退，具体要求如下。

(1) 走在对方后面 即让对方先出价，自己后还价。

(2) 把好"火候" 时间早晚对谈判心理有一定影响。

(3) 看准条件 以卖方价格条件改善的状况为还价前提。

二、还价的若干技巧

1. 投石问路

投石问路是指谈判者不知对方的虚实，在谈判中利用一些对对方具有吸引力或突发性的课题同对方交谈，或是通过所谓的谣言、密讯，或有意泄密等手段，捉摸和探测对方的态度和反应，了解对方情况的战略战术，可以尽可能多地了解对方的打算和意图。比如：在价格讨论阶段，要想试探对方对价格有无回旋的余地，就可提议："如果我方总价购买，你们是否可考虑优惠价格呢？"或者更具体一些："购买数量为100时，单价是5元。如果购买数量为1000、5000或10000，单价又是多少呢？"这样，买方就可以根据卖主的开价进行选择比较、讨价还价。

下列都是买方选择"投石问路"的主要方面。

(1) 如果我们和你们签订了为期1年的合同，优惠价是多少？

(2) 如果我们以现金支付和采取分期付款的形式，你的产品价格有什么差别？

(3) 如果我们给你提供生产产品所需的原材料，那么成品价又是多少呢？

(4) 我方有意购买你们其他系列的产品，能否在价格上再优惠些呢？

(5) 如果货物运输由我们解决，你们的价格是多少呢？

(6) 如果我们要求你们培训技术人员，你们可否按现价出售这套设备？

(7) 如果我方要求对原产品有所改动，价格上是否有变化？

(8) 假设我们买下你们的全部存货，报价又是多少？

反过来，如果对方使用投石问路策略，己方应采取什么措施呢？建议从以下几方面考虑对策。

(1) 找出买方购买的真正意图，估计其购买规模。

(2) 如果买方投出一个"石头"，最好立刻向对方回敬一个。如对方探询数量与价格之间的优惠比例，己方可立刻要求对方订货。

(3) 并不是提出所有问题都要正面回答、马上回答，有些问题拖后回答效果更好。

(4) 使对方投出的石头为己方探路。如对方询问订货数额为1000、5000、10000时的优惠价格，你可以反问："你希望优惠多少呢？""你是根据什么计算出的优惠比例呢？"

有时候买方的投石问路反倒为卖方创造了极好的机会。针对买方想要知道更多信息资料的心理，买方可以提出许多建议，促使双方达成更好的交易。

2. 抬价、压价

谈判中一方开价，另一方不会马上同意，双方要经过多次的抬价、压价，才会相互妥协，确定一个一致的价格标准。

抬高价往往会有令人意想不到的收获。许多人常常在双方已商定好的基础上，又反悔变卦，抬高价格，而且往往能如愿以偿。同时，卖方抬价能较好地遏制买方的进一步要求，从而更好地维护己方的利益。

美国谈判专家麦科马克参加谈判的一次亲身经历，很好地说明了这一问题。有一次，他代表公司交涉一项购买协议，对方开始的开价是 50 万元，他和公司的成本分析人员都深信，只要用 44 万元就可以完成这笔交易。1 个月后，他开始和对方谈判，但对方却又声明原先的报价有误，现在开价 60 万元，这反倒使麦科马克先生怀疑自己原先的估计是否正确。直到最后，当他以 50 万元的价格与对方成交时，竟然感到非常满意。这是因为，他认为是以低于对手要价 10 万之差达成了交易，而对方则成功地遏制了他的进一步要求。

压价是对抬价的破解。如果是买方先报价格，可以低于预期目标进行报价，留出讨价还价的余地。如果是卖方先报价，买方压价，则可以采取多种方式。

（1）揭穿对方的把戏，直接指出实质。比如算出对方产品的成本费用，挤出对方报价的水分。

（2）制定一个不能超过预算的金额或是一个价格的上下限，然后围绕这些标准进行讨价还价。

（3）用反抬价来回击。如果在价格上迁就对方，必须在其他方面获得补偿。

（4）召开小组会议，集思广益。

（5）在合同没签好以前，要求对方作出某种保证，以防反悔。

（6）使对方在合同上签署的人越多越好，这样对方就难以改口。

3. 目标分解

讨价还价比较复杂。是否善于讨价还价，反映了一个谈判者综合的能力与素质。不要把讨价还价局限在要求对方降价或己方降价的问题上。因为一些技术交易项目或大型谈判项目涉及许多方面，技术构成也比较复杂，包括专利权、技术先进性、人员培训、技术资料、图纸交换等方面，因此在对方报价时，价格水分较大。如果己方笼统地在价格上要求对方作机械性的让步，既盲目，效果也不理想。比较好的方法是：把对方报价的目标分解，从中寻找出哪些技术是己方需要的、价格应是多少，哪些是己方不需要的，哪一部分价格水分较大。这样，讨价还价就有利得多。

例如：我国一家公司与德国一家仪表公司进行一项技术引进谈判。对方向我方转让时间继电器的生产技术，价格是 40 万美元。德方靠技术实力与产品名牌，在转让价格上坚持不让步。双方僵持下来，谈判难以进展。最后我方采取目标分解策略，要求德商就转让技术分项报价。结果，通过对德商分项报价的研究，我方发现德商提供的技术转让明细表上的一种时间继电器元件——石英振子技术已被我国国内厂家引进并消化和吸收，完全可以不再引进。以此为突破口，我方与德方洽商，逐项讨论技术价格，将转让费由 40 万美元降至 25 万美元，取得了较为理想的谈判结果。

4. 吹毛求疵

吹毛求疵就是故意挑毛病。在商务谈判中，买主通常会向卖主再三挑剔，提出一大堆问题和要求，这些问题有的是真实的，有的却只是虚张声势。他们之所以这么做，是为了以下

4个目的。

(1) 使卖主把价降低。

(2) 使买主有讨价还价的余地。

(3) 让对方知道，买主是很聪明的，不会轻易被人欺蒙。

(4) 这个战术使销售员在以低价卖出货物时，仍有借口向老板交代。在向老板报告时，他可以说：买主已不再挑剔我们货物的许多缺点了，现在我们大家可以松口气了！不然事情可能会比现在还糟糕。即使这个价格，货还不见得卖得出去呢。

对付吹毛求疵的策略是：

(1) 必须要有耐心，那些虚张声势的问题及要求自然会渐渐地露出马脚来，而失去影响；

(2) 遇到了实际的问题，要能直攻腹地、开门见山地和买主私下商谈；

(3) 对于某些问题和要求，要能避重就轻或视若无睹地一笔带过；

(4) 当对方在浪费时间、节外生枝或作无谓的挑剔和无理的要求时，必须及时提出抗议；

(5) 向买主建议一个具体而且彻底的解决方法，但不去讨论那些没有关系的问题；

(6) 也可以提出某些虚张声势的问题来加强自己的议价力量。

5. 假出价

假出价是一种不道德的购买策略。买主利用出高价的手段消除了同行的竞争，取得购买的权利。可是，一旦卖主要卖给他时，他便开始削价了。讨价还价此时才正式开始。

举例而言：某华侨想卖掉自己老家的4间房子，买主纷纷前往求购。一位买主静静地观察着：大家报价大约1万，最高的报价14000，这位买主便出价16000，使那位华侨辞掉了其他人。但是，当华侨真正要办理转让手续时，买主突然说："房子墙皮脱落，需要维修，而且对面有厕所，应当把这些不利条件的折价扣除掉。"因为华侨早回绝了其他欲购买的人，又急于出国，便不得不以低价把房子卖给了这位买主。这位买主使用的是"假出价"策略，以退为进，先挤走其他竞争者，再以附加条件要挟对方，达到目的。

如何防备对方使诈呢？首先，我们必须认识到有的人是故意假出价。以下方法可以帮助你有效地阻止对方使诈。

(1) 要求对方预付大笔定金，使他不敢轻易反悔。

(2) 你自己先提出截止日期，逾期不候。

(3) 查查买主过去的诉讼记录，假如他曾与这类的诉讼牵涉，你就要提高警觉了。

(4) 对于条件过于优厚的交易，要保持怀疑的态度。

(5) 在交易正式完成之前，不要丢掉其他买主的名字和地址。

(6) 只要办得到，另请第三者在写就的合同上签名作证。

6. "蚕食"策略

"蚕食"是中国古代政治谋略术语，意思是像蚕食桑叶一样，步步为营，得寸进尺。

有位精明的顾客去店里买录像机时，将这一策略运用得淋漓尽致。

他对售货员说："我依赖你的诚实，我认为我了解你，你出的数字我决不还价。"（先以道德的压力使对方公平出价。）

"等一等，如果我还要买这台带遥控的索尼录像机，会不会在总价上打点折扣？"（以一揽子交易压价。）

"还有一件事我要给你提一下，我希望我付给你的价格是公平的——一次双方都获益的交易。如果是这样的话，3个月后，我的办公室也要买这么一套，现在就可以定了。"（以远利压价。）

这位顾客每次赶在对方报价之前提出新的条件，不动声色地使得售货员一再压价，最终得到了非常划算的价格。

第三节　让　步

谈判是一项合作的事业，是一个解决谈判各方利益冲突的过程，因此可以认为，在各方利益的获取过程中适当的让步、妥协是必要的，也是必需的（正所谓"施"与"受"兼而有之）。

一、让步的原则与内容

1. 让步的基本含义

如前所述，让步是一种为达成交易目标而作出的妥协或某种牺牲，这是谈判双方在磋商过程中必须考虑到的，但让步涉及双方的切身利益，切不可随意进行，它可能会带来其他利益（如双方让步或对方大于你的让步），也可能带来负效果（如大于对方的让步幅度，甚至助长了对方的自信心）。因此，让步也是谈判双方需共同面对的一个极微妙的"难题"。

2. 让步的原则

（1）在做出让步之前不要让对方明显觉察到己方的意图。

（2）不要做太大、太轻易的让步。

（3）要让对方感觉到己方所做的是一次重大让步，不能让对方理解为己方是迫于压力而做出退让，也不能让对方认为己方的让步是轻率的、仓促的。

（4）不要做无谓的让步。让步的根本目的是为了获得利益，己方的让步要带动分量相当的让步。

3. 让步的具体内容

卖方可以给买方的让步：

（1）降低商品的供应价格或某些项目的价格；

（2）对购买量大的给予必要的优惠；

（3）接受托收方式，简化支付程序；

（4）如对方付现则给予某种折让；

（5）接受买方提出的包装条件或运输要求；

（6）在对方要求期限内完成交货；

（7）保证商品质量有新的发展和提高；

（8）在特定期限内，采取价格稳定政策；

（9）提供良好的售后服务。

买方可以给卖方的让步：

（1）及时支付货款（甚至付现）；

（2）给予卖方某些有偿的技术援助；

（3）迅速反馈关于卖方商品的市场信息，帮助卖方不断提高产品适销性；

（4）批量采购，并与卖方订立长期合同；

（5）协助卖方进行广告宣传及渠道拓展；

（6）形成良好合作关系，让渡部分区内市场；

（7）增加采购数量，帮助卖方减少库存，把市场铺开；

（8）自己提货并负责运输；

（9）改为简易运输包装或不要运输包装。

二、让步的方式

1. 冒险型让步

该方式在让步的最后阶段一步让出全部可让利益。该方式让对方感觉一直没有什么妥协的希望,因而被称作坚定的让步方式。如果买方是一个意志比较软弱的人,当卖方采用此方式时,买方可能早就放弃讨价还价了,因而得不到利益;如果买方是一个意志坚强、坚持不懈、不达目的不罢休的人,那么买方只要不断地迫使对方让步,即可达到目的,获得利益。这种方式在运用时,买卖双方都要冒着可能形成僵局的危险。

(1) 特点　让步态度比较果断,往往被认为是强硬策略。在开始时寸步不让,态度十分强硬;到了最后时刻,则一次让步到底,促成和局。

(2) 优点　在起初阶段寸步不让,坚持几次"不"之后,足以向对方传递我方的坚定信念。如果谈判对手缺乏毅力和耐心,就有可能被制服,使我方在谈判中获得较大的利益。再者,在坚持了几次"不"之后,一次让出我方的全部可让利益,对方会有险胜感。所以他会特别珍惜这种让步,不失时机地握手言和。再次,会给对方既强硬、又出手大方的印象。

(3) 缺点　由于谈判让步的开始阶段一再坚持寸步不让的策略,则可能会失去合作伙伴,具有较大的风险性。同时,易给对方传递己方缺乏诚意的信息,进而影响谈判的和局。此外,在最后一次的大幅让步,极易导致对手在产生险胜感的同时,会重新估量谈判的结束时间,甚至要求继续还价。

(4) 适用　适用于对谈判投入少,依赖性低(如品牌生产厂商面对新经销商),在谈判中占有优势的一方。实践证明,谁在谈判中投入少,依赖性低,谁就有承担谈判失败风险的力量,或在某种意义上说,不怕谈判的失败。总之,此种让步方式有利,也有弊;有时在卖方一再坚持"不"的情况下,很有可能迫使恐惧谈判的买方作出较大的让步。

2. 规律型让步

这是一种等额地让出可让利益的让步方式。此种方法只要遇到耐心等待的买主,就会鼓励买方期待进一步的让步。

(1) 特点　态度谨慎,步子稳健,像挤牙膏一样,挤一步让一步,让步的数量和速度都是均等、稳定的,国际上称这种让步方式为均衡性让步方式。

(2) 优点　首先,由于此种让步平稳、持久,本着步步为营的原则,因此不易让对方轻易占到便宜。其次,对于双方充分讨价还价比较有利,容易在利益均沾的情况下达成协议。再次,遇到性情急躁或无时间长谈的对方时,往往会占上风,削弱对方的议价能力。

(3) 缺点　首先,每次让利的数量相等、速度平稳,给人的感觉平淡无奇,容易使人产生疲劳、厌倦之感。其次,该谈判效率极低,通常会浪费大量的精力和时间,因此谈判成本较高。再次,对方每讨价还价一次,都有等额利润让出,这样会给对方传递一种信息:只要耐心等待,总有希望获得更大的利益。

(4) 适用　等额让步方式目前使用得极为普遍,在缺乏谈判知识或经验的情况下,以及在进行一些较为陌生的谈判时运用,往往效果比较好。对于一些商务性质的谈判,讨价还价比较激烈,分利必争,价格的谈判也就采取步步为营的原则。

3. 诱发型让步

(1) 特点　比较机智、灵活,富有变化。在商务谈判的让步过程中,能够正确处理竞争与合作的尺度,在较为恰当的起点上让步,如果买方已知足,即可收尾。如果买方仍要穷追不舍,卖方再大步让利,在一个较高的让步点上结束谈判。

(2) 优点　起点恰当、适中,能够向对方传递合作、有利可图的信息。其次,使谈判富有变化,如果谈判不能在期中完成,则采取大举让利的方法,使谈判易成功。再次,在二期让步中减缓一步，可以给对方造成一种接近尾声的感觉，容易使对方尽快拍板，最终能够保住我方的较大利益。

（3）缺点　首先，这种让步方式是一种由少到多、逐步扩大的让步方式，易鼓励对方继续讨价还价。其次，由于二期让步就已向买方传递了接近尾声的信息，而后又作出了大步让利，让人感觉不诚实，因此，对于友好合作关系的谈判来说往往不利。再次，由于初期让步比较恰当，给对方留下了很好的印象，可二期让步却向对方传递了一个不真实的信息，还吊起了对方的胃口，因此这是一种最为不明智的让步行为。

（4）适用　这种方式适用于竞争性较强的谈判中，由谈判高手来使用。该策略在运用时要求技术性强，又富有变化性。同时又要时刻观察谈判对手对我方让步的反应，以调整我方让步的速度和数量，实施起来难度较大。

4. 递减型让步（一）

这是一种小幅度递减的让步方法。即先让出较大的利益，然后再逐步减让，到最后一期让出较小的利益。

（1）特点　比较自然、坦率，符合商务谈判活动中讨价还价的一般规律。以较大的让利做起点，然后依次下降，直到可让的全部利益让完为止。因此，这种让步策略往往给人以和谐、均匀、顺理成章的感觉，是谈判中最为普遍采用的一种让步方式。

（2）优点　首先，易为人们所接受，给人以顺乎自然，无需格外劳神之感，其次，由于让利采取先大后小的方式，这往往有利于促成谈判的成功。再次，让步的程度上一步较一步更为谨慎，一般不会产生让步上的失误。最后，达成的协议是在等价交换、利益均沾的条件下完成的。

（3）缺点　首先，第四期让步幅度过小，不利于向对手施加成交压力。让步由大到小，对于买主来讲，越争取利益越小，因而往往使买主感觉不十分良好，故终局情绪不会太高。其次，这是谈判让步中的惯用方法，缺乏新鲜感。

（4）适用　此种让步方式一般适用于商务谈判的提议方。原因是提议方对谈判的终局更为关切，理应以较大的让步作出姿态，以诱发对方从谈判中获利的欲望。

5. 递减型让步（二）

这是一种从高到低的，然后又微高的让步方式。这种让步方式往往显示出卖方的立场越来越坚定，表示着卖主愿意妥协，但不会轻易让步，也告诉买方，让步的余地越来越小，到最后，以一个适中的让步结束谈判。

（1）特点　合作为主，竞争为辅，诚中见虚，柔中带刚。在初期以高姿态出现，并作出较高的礼让，向前迈进两大步，然后再让微利，以其适中的让步结束谈判，效果往往不错。

（2）优点　首先，由于谈判的让步起点较高，富有较强的诱惑力。其次，大幅度的让步之后，到三期仅让微利，给对方产生获胜感而达成协议。再次，如果三期所作微小让步仍不能达成协议的话，再让出最后稍大一点的利润，往往会使对方很满意而达成协议。

（3）缺点　一是让步策略的一开始让步过大，容易造成我方软弱可欺的不良印象，加剧对手的进攻性。二是头两步的大让利和后两步小让利形成鲜明对比，也容易给对手造成我方诚意不足的印象。

（4）适用　适用于以合作为主的谈判。以互惠互利为基础的谈判，在开始时作出较大的让步，有利于创造出良好的合作气氛和建立友好的伙伴关系。

应该说第四种和第五种都是较高明的让步方式。第四种的报价幅度低于第五种；而第五种的最后一步要优于第四种。

6. 危险型让步（一）

这是一种开始时大幅度递减，但又出现反弹的让步方式，此种方式在初期让出绝大部分可让的利益，目的是表示我方的诚意。

(1) 特点　给人以软弱、憨厚、老实之感。这种方式在让步初期即让出绝大部分利益，二期让步即达到我方可让利益的边际，到三期拒绝让步，这就向对方传递了该让的利已基本让完了的信息。如果对方仍一再坚持，再让出最后一小步，以促成谈判的成功。

(2) 优点　首先以求和的精神，让出多半利益，因此有可能换得对方较大的回报。其次，三期让步时作出无力可让的假象，这有可能打消对方进一步要求我方再一次让利的期望。再次，最后又让出小利，既显示了我方的诚意，又会使通常的谈判对手难以拒绝签约，因此往往收效不错。最后，尽管其中藏有留利，但客观上仍表现了以和为贵的温和态度。

(3) 缺点　一是开始时表现软弱，大步让利，如果遇到贪婪的对手，会刺激对手变本加厉，得寸进尺。二是这种方式可能由于三期让步遭受拒绝后，导致谈判出现僵局。

(4) 适用　这种方式适用于在谈判竞争中处于不利境地，但又急于获得成功的谈判一方，它使我方有三次较好的机会获得达成协议的可能。

7. 危险型让步（二）

这是一种在起始两步全部让完可让利益，三期讨回（反要价），到四期出让小部分利益的让步方式。这是一种最具有特殊性的让步方式，也是最富有戏剧性的方式。

(1) 特点　风格果断诡诈，又具有冒险性。一期的大部分让利和二期的小部分让利后，便把可让利益全部让完。三期并非消极拒绝，而是反要价，讨回一部分原先出让的利益，然后再从另外的角度进行讨价还价，在第四期再让出该部分利益。可见，这是一种具有很高技巧的让步方式，只有非常富有谈判经验的人才能灵活运用。

(2) 优点　首先，开始两步让出全部利益，具有很大的吸引力，往往会使陷入僵局的谈判起死回生。其次，若前两期的让利尚不能打动对方，则干脆逆向思维，反要价回来一部分，使对方认定我方确无退路。最后，对方一旦上路，并为谈判付出了代价，则再在最后阶段出让那小部分利益，以促成终局。

(3) 缺点　一是开头两期的全部可让利益的让出，会导致对方期望值增大，在心理上强化了对方的议价能力，犯了让步之大忌。二是三期的反要价，在谈判让步原则中是一种违规行为，极易出现谈判破裂的局面。

(4) 适用　这种让步方式一般适用于陷于僵局或危险期的谈判。由于我方处于危险境地，又不愿使已付出的代价付之东流，因此不惜在初期就大步相让，以牺牲自己的利益为代价来挽救谈判，以促成谈判和局。

8. 愚蠢型让步

这是一种一次性让步的方式，即一开始就让出全部可让利益的方式。

(1) 特点　态度诚恳、务实、坚定、坦率。在谈判进入让步阶段，一开始即亮出底牌，以达到以诚取胜的目的。

(2) 优点　一是由于谈判者一开始就向对方亮出底牌，让出自己全部可让利益，比较容易打动对方采取回报行为，以促成终局。二是率先大幅度让步，富有强大诱惑力，会在谈判桌上给对方留下美好印象，有利于速战速决，降低成本。

(3) 缺点　这是最为不明智的让步方式，于利益与人际关系都没有好处，由于这种让步操之过急，给对方传递一种可能尚有利可图的信息，导致对方继续讨价还价（谁会相信你在首次那么大幅度让步之后，会"真的没有了"呢）。再者，由于一次性的大步让利，可能失掉本来能够力争到的利益。

(4) 适用　不鼓励使用。

以上八种让步方式基本上概括了实际谈判中的各种让步行为。从实际谈判的情况看，采用较多的是第四种和第五种，适应一般人心理，易为对手接受。第六种、第七种让步方式，

第十五章　谈判磋商

其运用时需要有较高的艺术技巧和冒险精神。有可能作少量让步，迅速达成交易，也有可能因运用得不好而造成僵局。第二种方式在实际中采用得较少，而第一种和第八种方式则基本上不采用。

三、让步的策略

1. 迫使对手让步的策略

谈判中的让步是必要的。没有适当的让步，谈判便无法进行。然而，一味地让步是根本不现实的，也有害于己方利益。"最好的防守便是进攻"。在谈判磋商中，迫使对方让步也是达到最终谈判目的的手法之一。迫使对方让步的策略主要有以下几种。

(1) 利用竞争 制造和创造竞争是谈判中迫使对方让步的最有效的武器和策略。当一方存在竞争对手时，其谈判的实力就大为减弱，对方面临的选择就是要么让步、要么放弃。在竞争日益激烈的社会，竞争对手的出现，会给对方造成很大的心理压力。因此，在谈判中，应注意制造和保持对方的竞争局面。

具体做法是：进行谈判前，多考察几家国外厂商，同时邀请他们前来谈判，并在谈判过程中适当透露一些有关竞争对手的情况，在与一家厂商达成协议前，不要过早结束与其他厂商的谈判，以保持其竞争局面。即使对方实际上没有竞争对手，己方也仍可巧妙地制造假象来迷惑对方，使对方不得不降低其条件，给己方提供诸多优惠条件，尽快促成协议的达成。

(2) 红白脸 一个唱红脸，一个唱白脸，称"红白脸"策略，是指在商务谈判过程中，以两个人分别扮演"红脸"和"白脸"的角色，或者由一个人同时扮演着两种角色，软硬兼施，使谈判有进有退，效果更好。谈判过程中，对方在某一问题上应让步或可以让步而又坚持不让步时，谈判便难以继续下去。在这种情况下，谈判人员就可利用"红白脸"的策略。

这种策略的基本做法是：在谈判过程中，由小组中的一个成员扮演强硬派即"白脸"的角色，在谈判开始时果断地提出较高的要求，以后又坚定不移地捍卫这个目标，在谈判中态度坚决、唇枪舌剑、寸步不让，几乎没有任何商量的余地。由之从气势上压倒对方，给对方在心理上造成错觉，迫使对方让步；或者索性将对方主谈者激怒，使其怒中失态。此时，由小组的另一个成员扮演温和派即"红脸"，以缓和的口气、"诚恳"的态度，调和双方的矛盾，寻求解决问题的办法，以便巩固己方已取得的优势，然后再以不损害"白脸"的"面子"的前提下建议作出让步。

(3) 虚拟假设 所谓虚拟假设，首先是分析利害，迫使对方选择让步。

1976年9月，美国环球公司一架班机被劫持，最后迫降于法国戴高乐机场。法国警方与劫持者进行了3天谈判。双方陷入僵局后，警方运用虚拟假设向对方发出了"最后通牒"："如果你们现在放下武器跟美方警察回去，你们将被判处最多不过2~4年的监禁；但是，如果我们不得不逮捕你们，按照法国的法律，你们将被判处死刑。你们愿走哪条路呢？"恐怖分子只好选择了投降。

(4) 最后通牒 谈判中的"最后通牒"策略有两种情况。一是利用最后期限。最后期限是指谈判的结束时间，也称为"死线"（Deadline）。让步往往在这个时刻才会发生。在谈判双方争执不下、对方不愿作出让步接受己方交易条件时，为了逼迫对方让步，己方可以向对方发出"最后通牒"，即如果对方在这个期限内不接受己方的交易条件并达成协议，则己方就宣布谈判破裂而退出谈判。二是面对态度顽固、暧昧不明的谈判对手，以强硬的口头或书面语言向对方提出最后一次必须回答的条件，否则将退出谈判或取消谈判。由此迫使对方改变态度，接受己方提出的条件。

(5) 声东击西 在谈判中，一方出于某种需要而有意识地将会谈的议题引到对己方并不重要的问题上，借以分散对方的注意力，达到己方目的。

例如：过去传统的马匹交易，马贩子从来不让卖马的人知道他真正喜欢哪匹马，否则价格就会飞涨。美国大富豪洛克菲勒想使纽约的不动产升值，就想把有影响的机构设在纽约，其中包括联合国大厦。当他已悄悄买下准备建联合国大厦的地皮后，立刻又公开扬言他要以两倍以上的价格购买纽约的房地产，由此房地产价格飞涨，他达到了自己的双重目的。

（6）踢皮球 "踢皮球"策略是一种形象的比喻，意即针对对方的要求，己方不便拒绝，便假借各种客观理由，左推右诿，把对方的"皮球"踢来踢去，不当一回事，对方在万般无奈的情况下，只得妥协让步。

（7）车轮战 "车轮战"应用在谈判中，是指谈判者一方轮流与对方主谈者辩论商谈，借以在精力上拖垮对方，迫使对方妥协让步。

2. 防止对方进攻策略

谈判中，除了需要有效地进攻以外，还需要有效地防守。因此，掌握一些能够有效地防止对方进攻的策略是很有必要的。

（1）限制策略

尼尔伦伯格在《谈判的艺术》中讲述了这么一件事：他的一位委托人安排了一次会谈，对方及其律师都到了，尼尔伦伯格作为代理人也到了场，可是委托人自己却失了约，等了好一会儿，也没见他人影。这3位到场的人就先开始谈判了。随着谈判的进行，尼尔伦伯格发现自己正顺顺当当地迫使对方作出一个又一个的承诺，而每当对方要求他作出相应的承诺时，他却以委托人未到、权力有限为理由，委婉地拒绝了。结果，他以一个代理人的身份，为他的委托人争取了对方的许多让步，而他却不用向对方作出相应的让步。

从上例可以看出，一个受了限制的谈判者要比大权独揽的谈判者处于更有利的地位，因为他的立场可以更坚定些，可以更果断地对对方说"不"。经常观看记者招待会的人，可能不会忘记那些老练的政治家、外交家、恪守规则的政府新闻发言人，在遇到很敏感或他本人无法回答的问题时，总是会在脸上堆出宛如春天般灿烂的微笑，双肩一耸，两手一摊："这个我无可奉告。"这是回避锋芒、保护自己不出问题的最常用办法。谈判中也一样，当对方有力进攻，而己方无充分理由驳斥时，以某种客观因素或条件的制约而无法满足对方的要求为由，可以阻止对方进攻，而对方就只能根据己方所有的权限来考虑这笔交易。

商务谈判中，经常运用的限制因素有以下两种。

① 权力限制 上司的授权、国家的法律和公司的政策以及交易的惯例限制了谈判者所拥有的权力。一个谈判人员的权力受到限制后，可以很坦然地对对方的要求说"不"。己方可以这样说："该问题很棘手，它超出了我的工作范围。""听起来，贵方的道理似乎很令人信服，但主管部门的先生们是否与我感觉一样，我不能代替他们做主，只有等转告他们之后才知道。"因为未经授权，对方无法强迫己方超越权限作出决策，而只能根据己方的权限来考虑这笔交易。因此，精于谈判之道的人都信奉这样一句名言："在谈判中，受了限制的权力才是真正的权力。"

② 资料限制 在商务谈判过程中，当对方要求就某一问题进一步解释，或要求己方让步时，己方可以用抱歉的口气告诉对方："实在对不起，有关这方面的详细资料我方手头暂时没有（或者没有备齐；或者这属于本公司方面的商业秘密或专利品资料，概不透露），因此暂时还不能作出答复。"这就是利用资料限制因素阻止对方进攻的常用策略。对方在听过这番话后，自然会暂时放下该问题，因而阻止了对方咄咄逼人的进攻。

（2）恻隐术 恻隐术是一种装可怜相、为难相的做法，以求得对方的同情，争取合作。在一般情况下，人们总是同情弱者，不愿落井下石，将之置于死地。这一招日本厂商常用。我们不能装可怜相，不能失国格、人格，但"为难"却是人皆有之，其影响力不小，有时候很能感动没有经验的对手。

恻隐术常见的表现形式有：装出一副可怜巴巴的样子，说可怜话，进行乞求，如"这样决定下来，回去要被批评，无法交差"、"我已退到崖边了，再退就要掉下去了"、"求求您，高抬贵手"、"请你们不看僧面看佛面，无论如何帮我一把"。有的日本厂商在谈判桌上磕头，请求条件。还有的商人精心策划，装可怜相。例如：某卖方在两次降价后，坚守价格，为了打破僵局，邀请买方去其住的旅馆洽谈。买方人员走进房间，只见主谈人头上缠着毛巾，腰上围着毛毯，脸上挂着愁容，显示出一副痛态。据他讲："头疼、胃疼，被你们压得心里急。"心里急不假，头疼也可能是真的。这一招很有感染力。买方有的人以为"他实在是可怜"，真的动摇了买方部分人的谈判意志。还有"流眼泪"的。例如：某卖方在其项目虽与买方达成协议但未签合同时，被第三者插入，该卖方愿以更低的价与买方签订合同。买方出于信誉，将形势告诉了卖方并想出可能挽救的措施。卖方估量了买方想出的建议，不想动实质性条件，反复解释，并流下了眼泪。这位年岁不小的代表所淌出的泪水产生了奇效。会谈气氛沉闷了，买方的攻击力被冻住了。

在使用这一方法请求合作时，一定注意不要丧失人格和尊严，直诉困难也要不卑不亢。

(3) 疲劳战术　在商务谈判中，有时会遇到一种锋芒毕露、咄咄逼人的谈判对手。他们以各种方式表现其居高临下、先声夺人的挑战姿态。对于这类谈判者，疲劳战术是一个十分有效的策略。这种战术的目的在于通过许多回合的拉锯战，使这类谈判者感觉疲劳生厌，以此逐渐磨去锐气；同时也扭转了己方在谈判中的不利地位，等到对手筋疲力尽、头昏脑涨之时，己方即可反守为攻，促使对方接受己方条件。

(4) 不开先例　不开先例是谈判一方拒绝另一方要求而采取的策略方式。当一方向对方提出最优惠政策时，对方承担不起，这时对方就可以"不开先例"回挡其过分的要求。如果买方提出的要求使卖方感到为难，卖方可向买方解释，如果答应了他的要求，对己方来说就等于开了一个先例，以后对其他买主要采取同样的做法，这不仅使己方无法负担，而且对以前的买主也不公平。例如："你们这个报价，我方实在无法接受，因为我们这种型号产品售价一直是××元。"又如："在30%的预付款上可否变通一下，我们购买其他公司的产品一律按20%交预付款。"再如："××公司是我们十几年的老客户，我们一向给他们的回扣是20%，因此对你们超过20%是不行的。"

(5) 亮底牌　"亮底牌"是在谈判进入让步阶段后实行的策略。谈判一方一开始就拿出全部可让的利益作一次性让步，以达到以诚制胜的目的。

这种让步策略一般在本方处于劣势或双方关系较为友好的情况下使用。在谈判中，处于劣势的一方虽然实力较弱，但并不等于无所作为、任人宰割，可以采用各种手段积极进攻，扭转局面。在采用这种让步策略时，应当充分表现出自己的积极坦率，以诚动人，用一开始就作出最大让步的方式感动对方，促使对方也作出积极反应，拿出相应的诚意。在双方有过多次合作或者是关系比较友好的谈判中，双方更应以诚相待，维持友谊。所以，在这种情况下，当一方作了一次性让步、袒露真诚后，对方一般不会无动于衷，也会作出积极的反应。

第四节　僵局与破解

僵局是指商务谈判的参与各方对所谈问题的期望值差距过大，且各方互不让步，而使谈判出现一种僵持的局面。谈判陷入僵局后，谈判双方的情绪都比较激动，双方的分歧也越来越大，如果处理不好，很有可能导致谈判的最终失败。因此，了解僵局的成因及破解措施是谈判者必须熟知的内容。

一、僵局成因分析

1. 立场之争

在谈判磋商的过程中，双方往往不是在分歧中寻求解决问题的途径，而是各自坚持立场，不作妥协，力图以硬式谈判迫使对手就范，致使气氛逐渐紧张，甚至上升到面子问题，而不再顾及双方利益，导致达成协议的可能性愈来愈小，最终有可能导致谈判的失败。双方都为此付出巨大的代价，僵局致使两败俱伤。

2. 强迫性压力

在商务谈判中，个别谈判者凭借企业自身经济实力或个人争强好胜的性格及谈判技巧向对手施压，以求最大获利。这种强迫手段与谈判原则相悖，也易给谈判带来更大风险。因为接受那种无谓的风险或损益期望值失衡的风险，就意味着接受不公平，屈服于强权，可是谁也不愿束手就缚，僵局就因此而形成，往往压力越大，僵局就越发难以被打破。

3. 沟通障碍

这是指双方在交流、商洽过程中，可能遇到的由于主观与客观的原因所形成的理解上的障碍。产生沟通障碍的原因通常有以下几方面。

(1) 双方文化背景差异　如日本人常说的"嘿"其实并无任何意思，不能理解为"好的"、"行了"；我们中国人也常说"是的"，它也不表示同意或接受，而只是一种客气的口语。

(2) 语言沟通障碍　如一方长时间陈述、解释，不给对方发言的机会，对方自然会感到失望和不满，形成潜在僵局；反之一方长时间沉默，对对方叙述不置可否，使场面非常难堪，导致对方猜疑，也会形成僵局。

(3) 内容上理解错误　如"原木制作"可以理解为"用原木板材制作"也可理解成"用原木加工成纤维合成板制作"。一旦在达成基本意向后才发现认识误差，就极易给双方造成"对方不讲信用"、"出尔反尔"、"故意作梗"的感觉而导致僵局。

4. 人为故意制造

人为制造僵局的出发点有两种。其一，处于不利地位时，改变双方地位态势。由于双方实力差距，弱小的一方无法与对方抗衡，在整个谈判过程中往往处于不利地位，希望运用僵局达到提高自身地位的目的。其二，处于平等地位时，争取有利的谈判条件。即利用僵局向对方施压，降低对方期望值，再利用折中的方法达成协议。

二、僵局应对原则与防范

1. 僵局应对原则

(1) 冷静思考　谈判者在处理僵局时要防止和克服过激情绪所带来的干扰。

(2) 欢迎不同意见　作为一名谈判人员，不应对不同意见持拒绝和反对的态度；而应持欢迎和尊重的态度。这种态度会使我们更加平心静气地倾听对方意见，从而掌握更多的信息和资料，也体现了谈判者的宽广胸怀。

(3) 避免争吵。

(4) 加强沟通　一方面双方多沟通信息，争取信息共享，这样会减少双方因信息占有量不均等所带来误会的可能性；另一方面，通过经常性沟通密切人际关系，减少敌视心态。此外还应注意沟通的方式方法，如多倾听、多探求、少冲动、少辩论。

2. 僵局防范

(1) 以互惠的谈判模式取代传统的谈判模式

如1967年以色列发动"六日战争"占领了西奈半岛，为此埃及开始了长达11年的谈判，但一直未能达成一致意见，埃及认为西奈半岛是经希腊人、罗马人、法国人、土耳其人及英国人长期占领后收回没多久的领土,不能再沦入他族之手。而以色列认为决不能将西奈半岛归还埃及,以免埃及坦克随时可以直冲进以色列,双方互不妥协。1978年,美国总统卡特出面与埃及总统萨达特和以色列总理贝京进行为期12天的"戴维营谈判",通过互相探寻对方的需求,最终达成协议,以色列将西奈半岛交还埃及,而西奈半岛大部分地区变成"非军事区",使埃及获致领土完整,以色列也得到了国防安全保证。

(2) 报价时采用"多项齐头并进策略" 即指同时谈论有待解决的多个项目,如将价格、付款条件、交货方式、售后服务等项目一一展开,进行全方位谈判。若其中一项谈不拢,可转移到另一项,或是当某一项不得不作退让时,可设法由其他项目获得补偿。这种策略的主要缺点是进展缓慢,且容易扰乱头绪,但却能较好地避免僵局的发生。

三、打破谈判僵局的策略

1. 一般僵局的处理方法

经一些咨询专家总结经验,以下15种方法是扭转僵局行之有效的手段。

(1) 改变付款的方式和时限。在成交的总金额不变的情况下,加大定金,缩短付款时限,或者采用其他不同的付款方式。

(2) 撤换谈判组成员或组长。

(3) 转移不确定因素。把协议中有分歧的部分搁置起来,等到信息充分时再重新谈判。

(4) 改变风险承担的方式和时限。在交易的所得所失不明确的情况下,不应该讨论分担的问题,否则只会导致争论不休。

(5) 改变对对方要求的时限。

(6) 通过提议补偿程序和保证手段来改善成交后的双方满意程度。

(7) 改变谈判的重心,从相互竞争的模式变为相互合作的模式。把双方的工程师、执行人员以及高层管理者集合到一起。

(8) 改变合同的类型。

(9) 改变百分比的基数。一个大基数配上小百分比或大百分比配上较小的可预见的基数,往往能把谈判重新引入正轨。

(10) 寻找能在中间调停的人。

(11) 安排一个双方的最高层会议或者高层热线电话。

(12) 增加其他真实又明显的可选择项,使本来有争议的交易可能变得可以接受。

(13) 改变明细或成交条件。

(14) 设立一个联合的研究会。

(15) 讲一些风趣的故事。

2. 严重僵局的处理方法

在谈判过程中,尽管一方几经努力,但僵局仍未出现缓解之势,双方都已"被套住",则僵局业已相当严重了。特别是在履行协议过程中,双方对于争议、纠纷之类问题的谈判,涉及双方的权利与义务,致使谈判双方对立情绪十分明显,气氛异常紧张。这类谈判难度大,政策性、专业技术性强。妥善的办法,是本着己方利益不受损失,同时亦应顾全对方的自尊与利益的原则,在灵活运用各种策略与技巧的同时,采取仲裁缓解的做法。

仲裁缓解法是指商务谈判陷入僵局时,谈判的双方因为争执不下而请第三者来仲裁调停,从而缓解谈判僵局的策略方法。商务谈判不常用到仲裁者,事实上应该有仲裁者。

运用仲裁缓解法的主要条件:①谈判陷入僵局,双方再也无法协商解决问题,而问题又非解决不可,只能由第三者出面仲裁、调停;②能够找到一个双方都信得过又和谈判双方没有直接关系的第三者。这个第三者具有足够的社会经验和学识,对所仲裁和解决的问题具有一定的权威性,而且能够主持公道。

回顾与总结

报价 是谈判的重要环节，是指谈判参与各方交易条件地抛出。

报价的形式 包括：书面报价和口头报价。

报价应遵循的一般原则 ①设立"最低可接纳水准"；②报价要"凶"。

还价的方式方法 主要包括：逐项还价、分组还价、总体还价。

让步 是一种为达成交易目标而作出的妥协或某种牺牲。

让步的原则 ①在做出让步之前不要让对方明显觉察到己方的意图；②不要做太大、太轻易的让步；③要让对方感觉到己方所做的是一次重大让步；④不要做无谓的让步。

僵局 是指商务谈判的参与各方对所谈问题的期望值差距过大，且各方互不让步，而使谈判出现一种僵持的局面。

僵局成因分析 主要有四个方面的原因：①立场之争；②强迫性压力；③沟通障碍；④人为故意制造。

僵局应对原则 ①冷静思考；②欢迎不同意见；③避免争吵；④加强沟通。

僵局防范 ①以互惠的谈判模式取代传统的谈判模式；②报价时采用"多项齐头并进策略"。

练习与思考

1. 案例分析题

甲到商店里买皮鞋，在两种不同的样式面前犹豫了起来。其中一双要价195元，比较便宜，但颜色差些；另一双要价245元，比较贵，但颜色和质量比较好。售货员看到这种情况，指着那双比较贵的皮鞋说："您穿这双皮鞋特别好！这是我店刚刚进的新产品，卖得特别快！"显然，她是想让甲买贵的，以便多赚钱。

"好是好。就是贵了些！"甲说。

"贵是贵了些，但质量、样式好。您想过没有，一双鞋能穿几年呢？"甲回答道："大概两年吧。"

"好，咱们就按两年计算吧，这双比那双贵50元……"售货员一边说着，一边按计算器，"每年贵25元，每月平均贵2.1元，每天还不到7分钱。"说到这里，售货员望着甲说："您看，您每天抽一包烟要10元左右，却不心疼，每天多花7分钱还犹豫什么呢？更何况每天多花7分钱就可以让您在至少两年中都更潇洒、更有风度，难道这还不值得吗？"

售价员的一番计算和解说产生了明显的效果。甲爽快地掏钱购买了这双皮鞋。

问题：

(1) 售货员运用了何种报价技巧？

(2) 假设你是甲，想购买这双皮鞋，该如何与这位售货员讨价还价？

2. 思考题

(1) 报价时应遵循哪些原则？

(2) 还价时应注意哪些原则？

(3) 报价和还价的策略各有哪些？

(4) 一般来说，僵局由哪些原因形成的？怎样应对僵局？

第十六章 结束谈判

【学习目标】
学习完本章后，你应该能够：
- 掌握结束谈判的方式与方法
- 把握最后一次报价
- 熟悉结束谈判或退出谈判的一些信号
- 初步具备起草合同文本的能力

第一节 结束的方式

在各方共同经历了实质性磋商阶段，尝试了可能运用的各种策略与方法后，无论最终是否成交，通常可以认为谈判已转入到结束阶段。

1. 可能的谈判结果

依照谈判成功与否的三条基本原则要求，可以这样认为，就相互间在交易条件上的差距而言，谈判过程可能是一个收敛的过程（即通过谈判，分歧缩小，并逐步趋于一致），也可能是一个发散的过程（分歧反而扩大，无法达成统一）。不管何种过程，都是谈判的正常结果，只不过前者是一场成功的谈判（各方利益得到兼顾前提下），后者则是一场不成功的谈判，但这绝非失败（为保护切身利益而舍弃协议不能认为是失败）。

2. 结束谈判的方式

（1）结束谈判的三种方式　依照谈判目标达成状况不同，结束谈判的方式也可分为三种。

① 双方成交结束谈判　应该说这是谈判最理想的结局，也是参与谈判各方都能认可的"双赢"结果，符合在冲突中寻求合作、以合作结束冲突的谈判基本原则。

② 结束（中止）谈判，将问题留待将来解决　即谈判各方在对未能达成交易表示遗憾的同时，又表示出对各方将来再度合作的共同期望，正所谓"买卖不成仁义在"。这种结束方式不能等同于失败的谈判，至少它达成了人际关系建立与改善这个目标，所以从另一个角度看也属于一种成功的谈判。

③ 一方退出，谈判结束　即由于某一方缺乏合作诚意，迫使另一方退出谈判，这是最令人不快的结束。

（2）发出谈判结束信号　下面是谈判者常用的结束信号。

① 谈判者用最少的言辞，阐明自己的立场。谈话中表达出一定的承诺意思，但不包含讹诈的成分，"好，这就是我最后的主张，现在就看你的了。"

② 谈判者所提出的建议是完整的，绝对没有不明确之处。这表示，如果他的建议不被接受，除非中断谈判，否则没有别的出路，"这是我们研究再三后提出的最好的建议，就到此为止吧。"

③ 谈判者在阐明自己的立场时，完全是一种最后决定的语调，坐直身体，双臂交叉，文件放在一边，两眼紧盯对方，不卑不亢，没有任何紧张的表示。

④ 回答对方的问题尽可能简单，常常只回答一个"是"或"否"，使用短词，很少谈论据，表明确实没有折中的余地。

⑤ 一再向对方保证，现在结束对他最有利，告诉他一些好的理由，"你已经得到了你最需要的。"

第二节　结束谈判

1. 签约前的最后总结

在交易达成之前，各方都有必要对本次谈判进行最后的回顾和总结，其主要内容包括：

（1）明确是否所有的预期内容都已谈妥，是否还有一些未能得到解决的问题，以及这些问题的最后处理；

（2）明确所有交易条件的谈判结果是否已达己方期望的交易目标或谈判目标；

（3）最后的让步项目、幅度及目的是否达到；

（4）着手安排交易记录事宜；

（5）整个谈判过程还存在着什么问题；

（6）合同文本准备齐全了吗？

这种回顾的时间和形式取决于谈判的规模及复杂程度，可以安排在一天，谈判结束后的20分钟休息时间里，也可安排在一个内部会议上。

2. 签约

无论国内、国际商务谈判，经过双方认真谈判并达成一致意见后，都要签订合同或协议书、备忘录等形式的契约，以明确双方的权利和义务。签约作为商务谈判的重要环节，有许多必须掌握的知识，包括条款的拟定和书写的内容与形式等。

（1）签约的重要性

① 签约能使原则性意见表述准确规范　签约是谈判工作人员以双方主谈人达成的一致性意见为基础，对谈判内容加以整理，并采用协议或合同形式，用准确规范的文字加以表述，最后由主客双方代表正式签章或签字，使它生效并具有法律效力的工作过程。但是，谈判中双方主谈人达成的原则性一致意见，与经过准确表述的正式协议或合同之间是有一定差距的。这种差距需要参加谈判的技术人员遵循"拍板"议定的内容，进行推敲、加工来解决。常言说："白纸写成了黑字"，这就需要特别谨慎，以防止给一方谋份额外之利的可乘之机，同时给另一方造成意想不到的损失。比如，谈判时双方同意："为对方提供交通方便，并且在一定范围内免费。"当写成合同时，就要求明确"一定范围"的含义。因此，写文字时又加入了"在距离××公里汽车路程以内免费"。

② 签约能维护双方的正当权益　订立的协议或合同一经签字，这个协议或合同就成为约束双方的法律性文件，双方必须遵守和执行，任何一方违反协议或合同规定，都要承担法律责任。因而，签约对维护双方正当权益有着重要作用。如果这一环节的工作发生失误或差错，即使谈判过程是顺利的、成功的，也会给以后协议或合同的履行留下引起纠纷的隐患，甚至会给交易带来重大损失。只有对这一环节的工作采取严肃认真的态度，才能使整个商务谈判达到预期的目的。

（2）购销合同的主要条款及注意事项　商务谈判合同的种类很多。这里主要介绍商品购销合同的主要条款及注意事项。

购销合同是指供方出售商品给需方，需方接受商品并按规定支付的协议。购销合同即买卖合同，出售商品的一方称为卖方，接受商品的一方称为买方。

购销合同的主要条款及注意事项如下。

① 产品的名称和质量 供需双方在签订合同时，应尽量采用产品标准名称或通用名称，并注明产品的牌号、商标、产地、品种、规格、型号、等级、花色等。对产品的质量，有国际标准的执行国际标准；没有国际标准而有国家标准的执行国家标准；没有国际标准和国家标准而有部颁标准的按部颁标准签订；没有国际标准、国家标准和部颁标准的可按企业标准签订；没有上述四个标准的，应由供需双方商定技术标准或按封存的样品标准执行。

② 产品的数量和计量单位 供需双方在签订合同时，应该根据有关部门的规定或实际情况的需要，规定交货数量及其计量单位。其中还应明确允许的正负尾差，运输途中的自然损耗和验收时的合理超欠幅度。例如：合同规定，超交5％或欠交5％都算履行了合同，但要按实际交接量计算价款。

③ 产品的包装 包装及包装物的标准，有国际标准、国家标准或部颁标准的，按国际标准、国家标准或部颁标准执行；没有这些标准的，由当事人双方共同协商确定。对包装物的供应与验收，双方当事人要依据或参考有关主管部门的规定，商定可行的办法，写进合同或作为合同的附件。

④ 产品的价格 包括单价、等级价、运费的承担等均应尽量明确。

⑤ 产品的交（提）货期限和验收 双方当事人在签订合同时，必须明确规定交（提）货期限和地点。交（提）货日期的计算，实行送货或代运的，以发运时运输部门的戳记日期为准；实行提货的，以供方通知的提货日期为准。产品的验收，实行供方送货或代运的产品，一般应在需方收货地点或车站、码头进行；由需方自提自运的产品，一般应在需方提货地点进行。

⑥ 产品货款的结算 用托收承付方式结算的，合同中应注意验单付款或验货付款。验货付款的承付期限一般为十天，从运输部门收货单位发出提货通知的次日起算。凡当事人在合同中约定缩短或延长验货期限的，应当在托收凭证上写明。对于延期付款的处理，也应尽量作出明确规定。

⑦ 违约责任 具体违约责任，供需双方应参照有关的违约责任的规定，协商偿付违约金和赔偿损失的办法，并明确载入合同，严格执行。

(3) 商务合同条款的拟定

① 拟定合同条款应注意的问题 为了准确、规范地反映各项交易条件，在草拟合同各项交易条款时，应注意如下几个问题。

a. 交易条款要尽可能订得严密、具体，防止错列和漏列必要的事项。如果合同的条款疏漏，将会发生纠纷。

b. 概念必须明确，切忌使用含糊不清和模棱两可的词句。

c. 各项交易条款必须相互衔接、保持一致，防止它们相互之间发生矛盾。

② 合同书写的基本原则 合同是商务谈判成果的体现。书写合同是一项非常严肃、细致的工作。合同条款的书写应遵循以下基本原则。

a. 准确表达：即合同条款的书写要准确反映磋商达成一致意见的各项交易条件。也就是合同的内容应与磋商达成的协议完全一致。

b. 有法律依据：我国的《合同法》规定："订立经济合同，必须遵守法律和行政法规"。"下列经济合同为无效：一、违反法律和行政法规的合同"。

c. 符合国际惯例：即进出口合同条款的书写要符合国际贸易惯例。

3. 正面评价对手

除非对手太过恶劣，不仅使协议无法达成，人际关系也被恶化。一般情况下，一切谈判在最后结束之前不要忘记给对方以正面评价。

4. 对谈判过程的反思

每次谈判结束后，自我评估是你应该进行的最重要的活动之一，不要计较结果。

想想你所处理的最令人满意的谈判。回忆每一个步骤，并把它放到你想象的空间中重演一遍，想象当时如果你不那么做会产生什么后果。在谈判结束时重温一下过去的谈判，你下次的表现就会有所改进。

评估不成功谈判可以使你发现错误，可能你会意识到如果没有结束这个谈判就好了。谈判中的一个问题预示着在谈判结束时会出现更多更大的问题。对成功的谈判的自我评估与不成功的一样重要。即使你在游戏中获胜，也还有需要改进和提高的余地，而且评估一个获胜的游戏是件有趣的事。

第三节　商务谈判实训

实训一：小组讨论

背景：我国某经销商与日本某化妆品公司谈合作。双方将就品种、价格、品质、交货期、付款方式等问题展开谈判。

任务1：组成谈判班子　分配角色，并说明每个成员的主要职责。

任务2：拟谈判议题。

实训二：情境模拟

背景：广州嘉美化妆品有限公司与日本资生堂集团谈合作。嘉美化妆品公司准备代理部分资生堂产品。双方就品种、价格、品质、交货期、付款方式等问题展开谈判。

任务1：分组讨论　根据性格特点，定好角色；讨论产品、策略，设计情节。

任务2：布置场景　安排座次，制作座牌，准备样品。

任务3：角色扮演　运用谈判技巧，帮中方经销商达成较为理想的目标价格。

任务4：小组互评，教师点评。

回顾与总结

结束谈判的方式　①双方成交结束谈判；②结束（中止）谈判，将问题留待将来解决；③一方退出，谈判结束。

谈判者常用的结束信号　①谈判者用最少的言辞，阐明自己的立场；②谈判者所提出的建议是完整的，绝对没有不明确之处；③谈判者在阐明自己的立场时，不卑不亢，没有任何紧张的表示；④回答对方的问题尽可能简单，很少谈论据；⑤一再向对方保证，现在结束对他最有利。

购销合同的主要条款　包括产品的名称和质量、产品的数量和计量单位、产品的包装、产品的价格、产品的交（提）货期限和验收、产品货款的结算、违约责任等内容。

练习与思考

1. 案例分析题

甲农场派人到乙饲料公司联系购买家禽饲料,乙饲料公司的负责人当即从储备库中拿出相应的样品,并出具质量检测部门对本公司产品质量检测报告的复印件。甲农场在看过相关资料及进行现场考察后,与饲料公司签订了金额为6000元的家禽饲料购销合同。过了一段时间,甲农场收到乙饲料公司派发的家禽饲料,甲农场的负责人在收货验收时却惊奇地发现这批货的质量与合同中规定的相差甚远,于是要求退货。但乙饲料公司声称是按照样品标准发货的,坚决不同意退货。双方争执不下,甲农场随即向人民法院提起诉讼。经法院及相关质检部门共同努力,发现乙饲料公司所提供的样品虽然符合合同中的规定,但所发货与样品不符,究其原因是乙饲料公司出具了假的质检报告。

问题:

你认为该购销合同是否有效?购销双方可以采取哪些措施使不利后果降至最低?

2. 思考题

(1) 谈判者常用的结束信号有哪些?

(2) 签订购销合同应遵循怎样的原则?

(3) 购销合同应该具备的主要条款有哪些?具体要求如何?

参 考 文 献

[1] 玛丽·蒙特著. 管理沟通指南：有效商务写作与交谈. 钱小军, 张洁译. 第4版. 北京：清华大学出版社, 2007.
[2] 竹潜民. 应用写作案例实训教程. 杭州：浙江大学出版社, 2004.
[3] 傅春丹. 样板式常用应用文写作. 广州：广东高等教育出版社, 2004.
[4] 傅春丹. 案例式演讲与口才. 广州：广东高等教育出版社, 2005.
[5] 李晓. 沟通技巧. 北京：航空工业出版社, 2006.
[6] 王水华. 公关与商务礼仪. 南京：东南大学出版社, 2004.
[7] 宫捷, 孙乐平. 现代商务谈判. 青岛：青岛出版社, 2004.
[8] 郑方华. 业务谈判技能案例训练手册. 北京：机械工业出版社, 2006.
[9] 李品媛. 现代商务谈判. 大连：东北财经大学出版社, 2004.
[10] 丁建忠. 商务谈判. 北京：中国人民大学出版社, 2003.
[11] 张亚军, 包立军, 王业军. 商务谈判与推销技巧实训. 北京：科学出版社, 2007.
[12] 肖华. 商务谈判实训. 北京：中国劳动社会保障出版社, 2006.
[13] 金波. 职业经理商务谈判能力训练. 北京：高等教育出版社, 2004.
[14] 金正昆. 商务礼仪. 北京：北京大学出版社, 2006.
[15] 朱迪·詹姆斯. 工作中的身体语言. 北京：机械工业出版社, 2006.
[16] 内山辰美, 樱井弘. 专家指点提问的技巧. 陈诚译. 北京：科学出版社, 2006.
[17] 内山辰美, 樱井弘. 专家指点回答的技巧. 江洋译. 北京：科学出版社, 2006.
[18] 魏翠芬, 王连廷. 公共关系理论与实务. 北京：北方交通大学出版社, 2007.
[19] 陈福明, 王红蕾. 商务谈判. 北京：北京大学出版社, 2007.
[20] 王伟娅. 公共关系理论与实务. 北京：清华大学出版社, 2009.
[21] 王建民. 管理沟通实务. 第2版. 北京：中国人民大学出版社, 2008.
[22] 韩国廷, 陈德富. 实用公共关系. 北京：化学工业出版社, 2009.
[23] 冯华亚. 商务谈判. 第2版. 北京：清华大学出版社, 2009.
[24] 周琼, 吴再芳. 商务谈判与推销技术. 北京：机械工业出版社, 2005.